国家社科基金专项项目"东北亚视野下的高句丽、渤海史研究"（17VGB006）成果

陕西师范大学 2018 年度优秀著作出版基金资助出版

TANG EMPIRE
AND
EAST ASIA

A Study on
East Asian Relations History In
Tang Period

唐朝与东亚

冯立君 著

社会科学文献出版社

SOCIAL SCIENCES ACADEMIC PRESS (CHINA)

目　录

序

临近暑假，去年刚入职的同事冯立君博士微信联系我，希望能给他即将出版的《唐朝与东亚》写序，几天后见面正式提及此事，我却有点忐忑！为他人新著写序，一者觉得兹事体大，自己能否胜任？二者感到自己似还没有到这个份儿，虽此前曾给毕业学生著作写过一篇序，但前几年就听到过某人揶揄笑话某学者——"某某也能写序了"。三者是天气炎热萌生的懒惰：西安7月中旬开始持续一个多月的40摄氏度上下高温天气，即使在空调下也心慌意乱，翻看电子书稿写序着实考验人的毅力。鉴于此，就婉言推辞，让立君博士找学界其他高人。最终还是推辞不过未能如愿。当然，之所以最后欣然接受，还与我们均从事古代东北亚史专业方向的教学科研工作，一直以来过从甚密私交不错，以及襄助后学有关！

和冯立君认识还要追溯到八年前。记得2010年12月某日，无意间收到来自延边大学一位硕士生的邮件，信中言辞诚恳、恭敬睿智，提到曾认真读过我的书并很受启发；他想报考复旦大学历史系的博士，希望我能作为推荐人；邮件附件有已发表的五篇习作和翻译韩国学者申滢植教授论文的译文。翻看论文稿，我感到很吃惊，因为一般硕士生毕业前发表五篇论文者很少见，懂韩语到能译出名家论文者更是凤毛麟角。我随即回复，建议其最好还是请本校专家老师推荐，并说如确实需要我推荐的话再说。这位写信求助素昧平生的研究生就是冯立君。不过，此后可能其他原因，冯君并未报考复旦博士，而是成为中国社会科学院社会科学文献出版社的一名编辑，我们的联系也因此多了起来。

2012年5月冯君为出版社公干来西安，他专门到陕师大拜访。初次见面，一个干练洒脱、温文尔雅、好学深思的年轻学者型编辑出现在面前。从谈话中了解到他似不满足编辑现状，隐约有重续考博的意愿。我本人喜欢踏实肯干的年轻人，有时确实有点好为人师的"恶习"，鼓励他在做好本职工作的前提下，扎扎实实准备，实现自己的愿望。很快，2013年7月、9月我们在北京大学、南京师范大学学术会议上又见面两次。他有报考博士的想法，我则给其分析得失优劣，建议报考北京地区高校，并列出几位学问大家供他选择，而德高望重的民族史名家李鸿宾教授就在其中。恰好李先生也莅临南京会议，李先生和我也颇为熟悉，他们因此见面交谈，冯君获李老师的目测过关。2014年冯君如愿以偿考取中央民族大学历史文化学院的博士研究生，跟随李先生攻读民族史方向博士。"有志者事竟成"在冯君这里得到很好的体现。

此后不时听到冯君的好消息。其间他以娴熟的专业水准，为我校池田大作香峰子研究中心出版了两本论文集，作为"甲骨文"等丛书的策划人，出版数十部专业书籍；还活跃于学术活动之中，每年多次参席民族史、东亚区域史学术研讨会，提交高水准论文，成为北京学术界众多好学有为的年轻学人之一。这样，2017年5月许，冯君发来三十余万字的博士论文稿，此后通过陕西师范大学历史文化学院试讲、教学、学术委员会审查，最终确定来校工作。2017年9月份冯君正式入职，我们因此成为学院同事——栖身西安从事东北亚历史研究少有的同行。

2017年9月至今，冯君在西安独自生活，除了每天起早贪黑伏案研究，为本科生讲授一门课程，出席众多学术研讨会之外，还获得国家社科青年基金、国家民族委员会研究基金、陕西师范大学中央高校基金的资助，编辑出版《中国与域外》集刊、出版译著《武瞾》等书，发表多篇论文，并获得陕西师范大学优秀著作出版基金资助。当然，也幸运地集资到学校校园内的新建住房。应该说，他是最近几年入职历史文化学院年轻人中个性鲜明、勤奋好学，极具发展潜力的青年学者之一。

啰唆完我们的交往和同行之谊之余，再谈冯君的这部书稿。据作者介绍，该书是其研究生毕业之后和最近几年发表的论文结集之作，内容涉及东亚关系史的诸多问题。翻看书稿，其多为古代东亚关系史研究中不可回避的重要问题，很值得重视。总的来说，我认为书稿有以下特点。

其一，重点突出，问题性强。众所周知，古代东亚史涉及的问题很多，但作为一部新著，面面俱到既没有必要，也会增加驾驭难度。作者选取唐代东亚贸易、东亚汉字文化圈、东亚学术史、辽东经略等自己相对熟悉的领域，而这些问题恰恰和海内外学界研究关注点相契合，故而可发挥度颇高。如东亚贸易问题，作者紧紧抓住9世纪东亚三大政权唐朝、新罗、日本各自贸易管理机构的设置变迁，对外贸易环境形态的构筑，贸易主体的养成，贸易关系的最终实现，使读者从对东亚三国各自具体的贸易实践，以及双方或多方贸易关系的论述中，明了这一时期东亚贸易的性质和特点，以及实现畅通贸易的主导因素。作者从唐朝的押新罗渤海使、新罗的清海镇、日本的大宰府三者对比研究中，得出"日本大宰府源于唐代官制，但在对外贸易管理上具有与唐、新罗截然不同的特点，即完全以地方政府形态处理外交外贸事务，构成日本外交制度之一环，且未破坏原有的律令制度"的结论，此无疑卓有见地。再如东亚汉字文化圈问题，虽然此前西嶋定生、高明士、韩昇、周有光等学者从不同角度有过各自的研究，冯君在此基础上另辟蹊径，在探讨东亚汉字文化圈的构造、内涵、变迁前提下，具体论述新罗的汉字文化涉及的问题，并从评介戴卫红探讨韩国木简的论著中，阐发东亚汉字文化圈在朝鲜半岛的传布普及，东亚汉字文化圈在东亚地域各自文化发展过程中的重要性等。书稿还涉及西嶋定生发端的"东亚世界"，以及"高句丽"到"高丽"的变迁，高句丽、渤海的归属，新罗与渤海关系等一直困惑中韩学界的重大问题。对此，年轻的作者在史料的积累和对研究动态的掌握上，均达到相当高的水准，有助于论述的展开和结论的达成。

其二，引用广博，论述精密。探讨上述宏大庞杂的学术问题，无疑需要雄厚的史料储备和缜密的论证才能达成。据笔者不完全统计，书稿参考文献中标出中、韩、日三国史籍52种，文中亦有引用但参考文献并未标出者；引用朝韩文字著作论文136种，西文著作论文12种，日文著作论文58种，引用中文论作约400种。作者能够熟练阅读、翻译英、日、韩三国书籍论文，并粗通突厥文字，已有多篇韩、日文译文发表，与他人合作翻译的英文著作《武曌：中国唯一的女皇帝》已出版发行，这在同年龄段青年学者中并不多见。正因有得天独厚的语言优势，不仅使得作者能对涉及问题的海内外研究动态了如指掌，而且比对各方研究并精心论述，最终得出自己的见解。如对新罗与渤海关系的论述，作者广征博引日本学者滨田耕策、上田雄、龟井明德、妹尾达彦，韩国学者宋基豪、金恩国、赵二玉、权惪永、韩圭哲、尹载云、郑炳俊、徐荣教、李相勋，朝鲜学者朴时亨，日本殖民地时代申采浩等日、韩文论作，中文论著更是不计其数，不仅使读者了解本论题在韩、日学界的研究历史和现状，而且从韩、日学者缜密仔细，中国学者宏阔概观比对中找出问题，以此引发更加深入的探讨，最终形成自己的看法。这样的例子在书稿中仍有很多，兹不一一列举！

其三，继往开来，关注学术史。书稿收入三篇学术史综述论文，即《韩国古代对外关系史的新视角》《百济及其对外关系史研究现状》《中古东亚史研究的新视野》，从学术史角度，追溯中、韩、日学界对韩国古代对外关系史，百济史及百济对外关系史，以及从中原视野到东亚视野、《天圣令》研究等。众所周知，和其他研究领域一样，古代东亚关系史研究的处女地已少之甚少，故探讨任何学术问题，必须遵循一定的学术规范，即在已有研究基础上做进一步的考察探讨。虽然学界已采取了诸多努力，翻译出版韩、日学界的名著大作，对方也翻译出版诸多中文著作，但是拘泥于语言和自身知识积累等原因，一些研究对学术规范的执行尊奉仍未能令人满意，这样就出现对已有研究缺乏了解、炒冷饭、重复研究等现象，这种现象首先是不科学不道德的，也不利于学术研究的良性推进。冯君书稿中对韩、日学界有关对外关系史问题的追溯综述，无疑对国内韩国古代百济史、对外关系史，以及了解韩国学界《天圣令》的翻译研究均有帮助，并推动关联问题的研究在此基础上进一步提升。与此同时，书稿收录作者多篇发表在"澎湃·私家历史"上的网络推送论文，无疑推动了学术研究的大众化，使一般读者了解更多的不为人知的学术问题，当然这也是对学术研究和普及的一种贡献。

除了上述三点之外，书稿可资宣扬的还有很多。如书稿中编采有多个表格，有的是作者自行编写，有的是引用其他著作，列举、统计所论述内容，使读者对论述问题一目了然，增加了论证的信凭性和说服力。同时，遵循越来越多书后编制"索引"的出版范例，书稿编有详细的"索引"，有助读者检索阅读。而附录的作者"学术档案"很有意思，希望能够坚持这么做，在以后出版的著作中持续展示，以便从中了解作者研究成长历程。

很显然，这是作者从事学术研究的第一部专著，对其此后的研究生涯无疑具有重要的意义。另外，客观来讲，书稿也有一些瑕疵。具体表现为论述问题中个别地方表达略显拖沓，这种情况在前两章有不同程度的体现。当然，此或许也可看作作者论文撰写成长的一种跋涉体验。无论如何，从书稿总体看，这些问题瑕不掩瑜，丝毫不会影响书稿的总体贡献。

冯君才三十岁出头，以后的研究道路还很长，其博士论文还有待修改提高并最终出版，新的研究更需要有持续坚韧的后劲和爆发力。相信冯君会以此为起点，在以后的研究中更加努力，取得更多令人惊叹的成就，为我国学术研究事业增光添彩！

是为序！

拜根兴

2018 年 8 月 18 日

于西安南郊陋室

唐朝与东亚
（代前言）

　　这部专集内容涵盖唐代东亚贸易关系、汉字文化圈、辽东地区史以及东亚研究史多方面的议题，是我在完成博士论文前后的史论杂稿，极不成熟，并且带有"学步集"的意味，既是温故结集，也是重新出发。由于全书主题并不集中，只是在唐朝与东亚关系的大框架内打转乱撞，结合编审的意见，索性改书名为《唐朝与东亚》。这样一个宽泛的主题，实在有必要在正文具体问题的探讨之外，约略以唐代为中心阐述东亚史相关的先驱学术史，及作为其续貂之作的本书之主旨内涵，一来收拢全书散乱的结构，增添必要的理论背景；二来节省读者宝贵的时间，便于迅速了解核心内容。

一

　　"东亚"正如"亚洲"一样，是一种来自外部建构的概念。欧洲人创造了亚洲用以区分他我，而其实亚细亚、欧罗巴和阿非利加是一块连在一起的大陆。现代地理意义上的东亚，在广义上指的是东北亚与东南亚，也就是"东盟＋中日韩"，再加上经济活力稍显边缘化的蒙古和朝鲜；狭义上则仅包括中国、朝鲜半岛、日本列岛，其实就是后来从韩国叫开的"东北亚"（"东亚"这一用法在韩国学界不太流行，因为日本自 1910 年吞并朝鲜并大举入侵中国之后，"大东亚共荣圈"的历史记忆无疑使得亚洲各国尤其是经济实力跃升、民族自尊心极强的韩国在情感上难以接受这一概念）。本书的东亚取其狭义，等同东北亚，是人为划定的地理范畴而非天然的历史空间。因为有了现代地理意义上的东亚，便自然生成了所谓的东亚历史。

实际上，古代中国人称呼今日东亚地区时有独特的名词，语义最为接近、使用最为广泛的一个是"海东"①，具体又可解释为辽海之东、鲸海之东。"海东三国"则特指高句丽、百济、新罗，大唐永徽二年（651）高宗皇帝在给百济义慈王的玺书中，回顾了海东三国之间疆界交错、互相攻伐的历史："至如海东三国，开基自久，并列疆界，地实犬牙。近代已来，遂构嫌隙，战争交起，略无宁岁。遂令三韩之氓，命悬刀俎，寻戈肆愤，朝夕相仍。"这里还将三国与三韩相对应。② 唐承隋祚，初期似曾具有一种将三国视为一体的意识，"高祖既闻海东三国旧结怨隙，递相攻伐，以其俱为藩附，务在和睦"。③ 除了海东，唐代语境中"朝鲜""辽东"也是高频词，但涵盖地理范畴不如"海东"广阔，具体含义也不稳定。④

在东亚史的研究实践中，有一些学者又将与中国关联紧密但

---

① 韩昇：《海东集：古代东亚史实考论》，上海人民出版社，2009，第 19～29 页。
② 《旧唐书》卷 199 上《百济传》，中华书局，1975，第 5330 页。
③ 《旧唐书》卷 199 上《新罗传》，中华书局，1975，第 5335 页。
④ 关于唐代"朝鲜""辽东"语义演变相关情况，可参阅冯立君《唐代朝鲜郡王考论》，《中国古中世史研究》第 42 辑，韩国中国古中世史研究会，2016；《隋唐辽东之役延续性问题》，周伟洲主编《西北民族论丛》第 17 辑，社会科学文献出版社，2018。

与日本列岛和朝鲜半岛关联十分松散的越南置于东亚考察框架①，加之这一区域洎乎近代，先是长期的侵略与反侵略，继而是日、韩、中三国相继经济腾飞，因而民族自尊意识与历史观念葛藤缠绕②，导致东亚历史叙述问题争讼不断，这种现状愈发使"古代东亚史"的叙事、共享甚至能否成立成为不可回避的话题。至少单独将古代中国与其东方的朝鲜半岛、日本列岛抽离出来隔绝为一个历史单元来叙述，从最初就具有一种姑且存之的暂时性意味，现在十分有必要重新检验。然而，从方法论意义而言，东亚区域史和将地表分割为或大或小的单位作为研究范畴的一般区域史之间，在本质上毕竟并无不同。东亚区域史首先在第二次世界大战之后的日本学界绽放满地鲜花，随之受到日本学术影响的中国和韩国学者也展开了各具特色的东（北）亚史建构大业，其研究成果之丰、水准之高，学界有目共睹，这也使得东亚史研究日显兴旺。东亚史的研究成绩令人瞩目。近年学界出现了关于区域史长时段学术史的深刻反思性作品，譬如钟焓专门以方法论检视内亚史研究史的力作，功力令人叹服。③ 其实在东亚史领域何尝不是缺乏一部类似的检视性学术史回顾作品呢？在有限的篇幅内，如果要无一遗漏地总结东亚古代史的业绩，其困难之大是不言而喻的，因此本文只能尝试从若干现在看来是无法绕开的代表性议题来梳理先贤论著的学术谱系。

众星璀璨之中，最为首要的当是"东亚世界论"。西嶋定生是无可置疑的东亚世界论学说的奠基者，迄今为止任何一部东亚史学术回顾都要从这位巨匠开始书写。在东亚史研究中，关于朝

---

① 譬如朱云影《中国文化对日韩越的影响》，台北黎明文化事业股份有限公司，1981（又见广西师范大学出版社 2007 年简体字版）。

② 李宗勋：《东亚传统华夷观与中韩日三国的自尊历史意识》，氏著《东亚中韩日三国文化之交融与葛藤》，延边大学出版社，2009。

③ 钟焓：《重释内亚史：以方法论的检视为中心》，社会科学文献出版社，2017。

贡和册封关系的理论最为著名，西嶋定生率先提出的册封体制论便是其中产生较早、影响深远的一种。概括来说，西嶋定生册封体制论基本观点是唐以前的中原王朝通过将东亚各国君长册封为王以与之建立君臣关系，使之名义上获得与中国内地封王爵者相似的地位，从而确立周邻秩序。周邻政治体首领从中国获取王/侯爵号的事实即为"册封"，因结成册封关系而形成的包括文化传播在内的体制则为"册封体制"。东亚古代国际关系以册封体制为基础，各国以汉字、儒教、律令、汉传佛教为基本要素，受到中国古代文化的强烈影响，由此中国、朝鲜、日本、越南构成一个自成体系的文明区域和历史世界——"东亚世界"。西嶋定生的东亚世界论可以归结为一方面是政治视角的"册封体制论"，另一方面是文化视角的"东亚文化圈论"。①

"东亚世界论"出现于 20 世纪 60 年代，系统的阐释来自西嶋定生发表的《6—8 世纪的东亚》一文②，该文是对东亚世界作为具有自我完善性政治构造机理的册封体制的阐述，详细论证了 6 ~ 8 世纪中国王朝通过与东方各国（高句丽、百济、新罗、日本、渤海）缔结关系，将以中国王朝为中心的政治机制发展为东亚国家互动的基础，明确地规范了东亚各国间关系的政治秩序，即册封体制。这种体制一经实现，就开始了基于其理论的自我运动，同时伴随着文化的传播。西嶋定生随后发表的《东亚世界的形成》③ 一文，比较全面地阐述了东亚世界论的理论框架，可以看作西嶋所构想的"东亚世界论"的宣言，与前一篇论文形成互

---

① 冯立君：《隋唐辽东之役与东部欧亚政治关系研究》，博士学位论文，中央民族大学，2017，绪论。

② 西嶋定生：《六 ~八世紀の東アジア》，《岩波講座日本歷史》第 2 卷，岩波书店，1962；西嶋定生：《東アジア世界と冊封體制 – 六 ~八世紀の東アジア》，《中国古代国家と東アジア世界》，東京大學出版會，1983，第 415 ~ 467 頁。

③ 西嶋定生：《總説》（1970），收入李成市编《古代東アジア世界と日本》，改题为《序説——東アジア世界の形成》，岩波书店，2000。

补。"东亚世界"作为一个历史性世界，是具有自我完整性的文化圈，并且是一个由独特的政治构造形成的有机关联的区域，是自古以来贯穿于整个前近代时期且具有历史依据的区域性世界。①

<h1 style="text-align:center">二</h1>

在日本国内，堀敏一较早对西嶋定生的理论提出质疑，他认为册封反映的更多是刚性的实力运用，而中原王朝更强调柔性应对复杂的国际关系，他因此提出"羁縻体制论"，来补充、完善东亚世界论。② 他与西嶋定生的分歧主要在东亚国际关系的形式而非本质方面，堀敏一强调在东亚世界相互联系前提下各国社会动态和接受中国文化的阶段性差异。③ 他认为："中国同东亚各国之间的关系不仅仅局限于册封，还包含从羁縻州到单纯的朝贡等多种形式，它们随着中国与各民族之间的实力关系而呈现多种形态，并因此而缔结比较宽松的关系。……宽松的关系是东亚世界的特征。"④ 同时堀敏一也指出，以中国为中心的东亚历史不能无视与北亚、中亚诸民族的关系，因为中国适用于朝鲜、日本的政策许多是在同北亚诸民族相互作用中形成的。因此对于东亚世界的范围，他阐释说："长城以北的游牧民族，他们的生活伦理、文化性格和社会构造，都与此（指东亚——引者注）不同。因此，可以将他们视为另外一个统一的内陆亚细亚世界。然而，内

---

① 李成市：《日本历史学界东亚世界论的再探讨》，王坤译，《唐史论丛》第21辑，三秦出版社，2015；又载拜根兴、冯立君编译《古代东亚交流史译文集》第1辑，中国社会科学出版社，2018。
② 堀敏一：《東アジア世界史への提言》，《歷史學研究》第276號，1963。
③ 韩昇：《导读》，堀敏一：《隋唐帝国与东亚》，韩昇、刘建英编译，兰州大学出版社，2010，第3~6页。
④ 堀敏一：《隋唐帝国与东亚》，韩昇、刘建英编译，兰州大学出版社，2010，第11页。

陆亚细亚世界与其周边的文明世界有着不可分割的关系。……割裂同北方游牧民族的关系，就无法叙述东亚世界的历史。"① 第二次世界大战以后，日本学界深刻反省批判无视史实、否定日本传统文化是在中国文化的熏陶下培育起来的理论。前田直典、西嶋定生、堀敏一对东亚世界的探讨就是在这种背景下产生的。"羁縻体制论"针对西嶋的理论不足而提出，既吸收了西嶋理论的合理成分，又注重中国对外关系的主导思想与基本原则，更加客观、深刻、全面地揭示了东亚世界的联系性和多样性。堀敏一注意内政、外交的互动关系，譬如对中国州府与羁縻州的比较、唐朝对境内外国人的政策研究，加深了对唐朝世界帝国特性的认识。②

继堀敏一之后，金子修一、李成市针对西嶋定生的东亚世界论学说，撰写了一系列反思文章。金子修一将西嶋定生和堀敏一的学说概括为"两种东亚世界论"。西嶋以册封体制的存在为线索，说明划定东亚世界的必要性，显示出其册封体制论始终与东亚世界论存在紧密联系。金子修一认为堀敏一对册封对象的界定比西嶋更为广阔，他承接西嶋提出的问题，但不像他那样强调日本立场，而是坚持中国王朝的观察角度，因此堀氏的册封体制论和东亚世界论更应引起注意。③ 堀敏一认为羁縻是描述中国统治异民族方式更为合适的用语：中国王朝和异民族之间诸如册封、朝贡、和亲等关系都可概括为羁縻。册封之语意味着臣属，较为适用表示魏晋南北朝时期的日本、朝鲜与中国的关系，册封在中

---

① 堀敏一：《隋唐帝国与东亚》，韩昇、刘建英编译，兰州大学出版社，2010，第12页。

② 韩昇：《译者的话》，《隋唐帝国与东亚》，韩昇、刘建英编译，云南人民出版社，2002，第9～10页。

③ 金子修一：《古代東アジア研究の課題——西嶋定生・堀敏一両氏の研究に寄せて——》，（専修大学社会知性開発研究センター《東アジア世界史研究センター年報》一），2008。

国的异民族统治全体之中的地位固然重要，但并非通行做法。西嶋从隋唐东亚国际关系视角论证册封体制的存在，而堀敏一则认为册封体制在魏晋南北朝时最能发挥效力。"羁縻"一词广为人知，而羁縻州制度的实行是从唐代开始，唐代羁縻府州大为盛行，但不能将汉代形成的"羁縻"一词与羁縻州混为一谈。在何种爵号授予属于册封这一点上，堀氏的见解与西嶋亦不相同，在册封体制及东亚世界的适用范围上二者有差异，堀氏认同唐代授予吐蕃赞普、突厥及回鹘可汗等固有称号也是册封。由于西嶋重视将东亚世界的存在作为考量日本历史发展的条件，没有言及在自己设定的日本、朝鲜、中国和越南北部这一东亚世界以外的地域是否存在册封，堀氏则认为不能将北亚民族与中原关系排除在外考察以中国为中心的东亚历史，将西域纳入东亚的历史世界也很有必要。从重视日本地位的西嶋立场来看，将西域及西藏地区都纳入东亚世界来考虑，会有一种过于扩张东亚世界的范围的印象。除了这些分歧，堀氏的东亚世界论中完全没有提及西嶋设定的四项文化要素，即使运用册封、东亚世界这些名词，也与西嶋含义范围迥然相异。西嶋将炀帝远征高句丽的原因归结为从基于爵制秩序的国际秩序中脱离，而堀敏一并不注重国际关系中的爵制秩序方面，却重视将爵位以外的可汗等称号的授予作为册封范畴来把握，将中国与北亚诸国的关系作为东亚世界外交的前提。

金子修一认为，正如西嶋引用温彦博之言而指出的那样，历史上的玄菟郡、乐浪郡及带方郡的存在，反映在了隋唐对高句丽的封疆意识上。基于中国王朝和东亚诸国的历史关系，并且将中国与内亚诸国关系纳入视野之中，重新探讨东亚世界设定的意义是有必要的。西嶋主张不应以与日本史研究无关的立场来进行中国史研究，中国史研究必须以其直接结果或从中掌握的方法服务于日本史研究。① 西嶋反复论述日本虽然是被大海从亚洲大陆割裂出来的岛国,但日本的历史不局限于国内,而应划定东亚世界这一区域并从中考察日本历史的发展。② 日本历史要排除独善其身的观念,与中国史、朝鲜史联系起来理解,因此有必要设定东亚世界。

金子修一从时空范畴批判东亚世界论在实证上存在的问题:比如,西嶋氏所言的册封体制是基于爵制的国内君臣关系向国外的延伸,其界限是否应当限定在东亚诸国? 而且,"册封"是在明清时代的国际关系中频见的用语,但元以前的使用事例极少,在唐以前的正史中使用的事例几乎没有。③ 再者,关于册封体制发挥作用的时代,在《6—8世纪的东亚》的叙述中可以理解为4世纪后半期至唐代,但其结语中说册封体制从汉代既已存在。因此,亦有人严厉地批判,西嶋氏首先说册封体制这一政治构造以中国文化向"东边诸国"扩展的事实为前提,然后没有论证就进一步将地域和时代延扩,形成以册封为媒介的文化圈。④ 金子修一最近再次提出以囊括东亚和内亚的"东部欧亚世界"视角,弥补"东亚世界"理论视角的诸多自设之限囿和理论阐释力的不足。⑤

李成市《日本历史学界东亚世界论的再探讨》一文提出,"迫切需要一种新的可以替代东亚世界论并能够概括性地阐述区域历史的理论"。日本史学界所使用的"东亚"概念,有意无意

① 西嶋定生:《西嶋定生東アジア史論集》第四卷,岩波書店,2002,第377页。
② 西嶋定生:《東アジア世界》(1973),收入《西嶋定生東アジア史論集》第三卷,改题为《東アジア世界の形成と展開》,岩波書店,2002,第63~64页。
③ 金子修一:《東アジア世界論と册封体制論》,田中良之、川本芳昭编《東アジア古代国家論 プロセス・モデル・アイデンティティ》,すいれん舍,2006。
④ 李成市:《東アジア文化圈の形成》,山川出版社,2000,第44页。
⑤ 金子修一:《東アジア世界論の現在》(2015年度駒沢史学会大会記念講演),《駒沢史学》第85号,2016,第67~75页。

地都受东亚世界论的影响，东亚世界论对战后的日本史学界起着通用性理论的作用。"东亚世界论"曾受到日本国内外的各种批判，但该理论仍然确定了日本世界史教科书的历史性叙述，以及现今国际学术界相关学术论文的框架，迄今为止学界依然没有提出可以替代"东亚世界论"的理论。大多数论者运用个别的、具体的历史现象来批驳东亚世界论是难以成立的。当然，一种理论若无法解释个案，其自身也就无法成立。[1]

东亚世界论及其构筑和描绘的历史相，是要求产生理论的时代产物。西嶋在东亚区域的设定方面，首先是着眼于东亚固有的文化圈。该文化圈是以中国文化为中心形成的，具体而言，即以汉字为媒介，接受了儒家思想、佛教、律令制等源于中国文化的区域。这个文化圈大致相当于现在的中国、朝鲜半岛、日本、越南等区域。倘若"东亚"就是中国文化圈、汉字文化圈，那么，作为形成该文化圈的前提——以中国为中心与周边各国、各民族间的关系就存在问题。册封体制忽视了限制国际关系发展的各国间的实力关系，是对国际关系主体及周边各国、各民族主体性外交和发展的轻视。"册封关系"不过是中国帝王与周边关系中极其有限的一种关系，它只是确定了这一关系的一部分，这是册封体制论的本质性问题所在。西嶋所尝试论证的归根到底只不过是6~8世纪的中国王朝与东方各国（高句丽、百济、新罗、倭、渤海）的关系，以爵位为媒介将中国文化扩展至除倭国以外的其他四国。

李成市也曾就西嶋定生原本通过魏晋隋唐作为册封体制成立的前提，其后却以册封体制广泛应用于后来的时代，提出异议。[2]

---

[1] 李成市：《日本历史学界东亚世界论的再探讨》，王坤译，《唐史论丛》第21辑，三秦出版社，2015。

[2] 李成市：《東アジア文化圏の形成》，山川出版社，2000。

如果仔细考察唐代的国际关系就会明了，唐代国际关系重心在于与中亚及西部各民族的关系，唐以后中国王朝的国际关系才波及更大范围。近来日本史学界主张将东亚世界的概念，从这种国际关系的存在方式向东部欧亚区域扩大的见解占据上风。不仅是国际关系展开区域的问题，东亚各国对于儒家思想、佛教、律令等的接纳与中国各王朝形成的册封关系之间直接性关联事例也不多见。最近，李成市又从朝鲜半岛在中日间交流中的角色，对东亚世界论再次提出反思意见。① 譬如，近年来在朝鲜半岛发现的石碑及木简等，表明汉字文化与"册封体制"之间并无关系，而是在朝鲜半岛内，或在朝鲜半岛与日本列岛之间的区域内得以传播和接纳。关于汉字使用的历史和空间范围是否如西嶋氏所言仅限于东亚世界，例如"高句丽—新罗—日本"这种以非中原形式的汉字传播事实。佛教、儒教、律令也同样如此，未必是以与中国帝王的政治关系为媒介在上述区域间传播的。册封关系在东亚是产生政治变化的原动力，但不能认定文化圈的形成只与中国帝王间册封式的政治关系有联系，况且中国文化的传播绝不是通过册封来实现的。东亚世界文化圈的形成机制中虽然包含册封关系，但是仍有必要根据具体情况，按照相邻各国间的传播和接受的方式进行总括性的探讨。

东亚世界论的一位重要的实证研究者和推动者是高明士先生，他的天下秩序理论② 被不少中国学者借鉴和吸收，例如拜根兴《七世纪中叶唐与新罗关系研究》③ 全面引介天下秩序理论作

---

① 李成市、葛继勇：《从韩国出土木简看东亚世界论——以〈论语〉木简为中心》，《郑州大学学报》2016 年第 6 期，第 104～110 页。

② 高明士：《从天下秩序看古代的中韩关系》，收入《中韩关系史论文集》，韩国学会，1983，第 1～165 页；韩文版：《韩中关系研究论集》，高丽大学校亚细亚问题研究所，1983，第 97～186 页；补正版收入高明士《东亚古代的政治与教育》，台大出版中心，2004，第 1～175 页。

③ 拜根兴：《七世纪中叶唐与新罗关系研究》，中国社会科学出版社，2003。

为探讨唐代初期与新罗关系问题的基石，将唐朝出兵辽东、百济之役、唐罗战争等决策问题视为唐朝追求天下秩序的实践。同时，在东亚学术交流中，天下秩序观念也受到日本学者渡边信一郎的理论批判。① 高明士 2008 年大陆版专著是在繁体字版《东亚古代的政治与教育》基础上修订而成，或许是为突出核心理论，索性以《天下秩序与文化圈的探索》为题出版②。这部专著编为三篇，分别论证中国的天下秩序原理、天下秩序与东亚世界、东亚文化圈与东亚教育圈，可以说是立足东亚政治和教育，研究汉代初步成型、隋唐定型完备的天下秩序及在此秩序影响下形成的东亚文化圈的力作。关于天下秩序的理论阐释，作者注意到上古以来的理想化的天下观、汉唐的羁縻府州制度等问题。作者关于天下秩序的主要观点在于：天下实为中国与四夷，而非现代概念的"国际"。天下是以中国为中心所构筑的同心圆政治秩序，从圆心算起，基本上分为内臣、外臣、不臣的三层次。内臣指中国本土，外臣为臣属诸四夷，不臣即是敌国者。借助礼的亲疏原理，展开讨论中国与四夷的关系，这种关系自汉以来至隋唐而完备。君主为有效建立政治秩序，乃将部分较亲近者，以内臣原理加以结合，而成为"外臣的内臣化"，实现"君长人身支配"统治原理，此制度也运用于册封四夷君长。到唐朝时，官僚制完成阶（品）、官（职）、勋、爵四要素，此制同样也运用于四夷君长。在制度上，凡是来朝贡者，皆为臣属诸国，也就是外臣，但并非所有朝贡者（外臣）皆有册封。隋唐对天下秩序的贡献，在

---

① 渡边信一郎：《中国古代的王权与天下秩序》，徐冲译，中华书局，2008，第 9～17 页。渡边氏对包括高明士在内的东亚各国学者"天下"学说史进行的是批判式的回顾。他认为高氏"天下秩序"概念并非源自史料，而是"自儒家普遍思想中抽象而成的结果"。

② 高明士：《天下秩序与文化圈的探索——以东亚古代的政治与教育为中心》，上海古籍出版社，2008。

于致力完成一元化的政治秩序。尤其从礼的亲疏原理建立秩序，乃至有隋唐天子亲征高句丽之事。在建立亲疏秩序过程中，唐朝完成羁縻府州体制，羁縻府州体制实是内地州县制度的延长，大部分建于边地乃至边外，其特色除保有州县制及由都护府作军事监控以外，仍保全其部族或国家，其酋长被任命为都督、刺史，并予世袭，但有华官兼治。兼顾官僚制与部族制，是"外臣的内臣化"。唐朝一元化天下秩序建立过程中最大的贡献是将外臣地区具体再规划为三："有贡无封"者；"有贡有封"者；"有贡有封"同时又是建置羁縻府州者。羁縻府州的建立使唐朝疆域由正州边界推广至羁縻府州的边境。但这一边境随着国力的消长而变动。唐朝开元以前贡输不绝，维持天下秩序的基本原理是德和力，唐朝天下秩序是礼、刑世界的典范。[①] 作者强调德、礼是其重要特色，在思想原则的抽象化理解的程度上也超越前人。关于天下秩序构建的东亚世界，作者梳理了秦汉、魏晋南北朝的东亚关系，隋唐时期的"中韩渤海关系"[②]、隋唐与倭国的外交关系；关于东亚文化圈与东亚教育圈的形成，作者从东亚教育的角度推动东亚文化圈走向深入，论述东亚文化圈形成及其与教育圈的关系、东亚古代士人的共通教养、新罗高丽时代"庙学"制等问题。高明士这部《天下秩序与文化圈的探索》，宏观总论与微观细考相结合，高屋建瓴地提出抽象理论，而又谨小慎微地列举史料史实，将汉唐东亚史大势中蕴含的天下秩序原理层层剥揭开来：东亚世界因天下秩序而有律可循，天下秩序因东亚世界而彰

---

① 高明士：《东亚古代的政治与教育》，台大出版中心，2004，第 1~64 页；高明士：《天下秩序与文化圈的探索——以东亚古代的政治与教育为中心》，上海古籍出版社，2008，第 3~61 页。

② "中、韩、渤海"三者并置显然是作者的当代国家疆界在历史认识上的投射，意在强调渤海或曰中国东北史的独特性。这是东亚史的一个特殊问题。韩国学者金翰奎干脆将"辽东"作为中国东北的代称并视之为"中国""韩国"之外的第三历史空间。参阅金翰奎《辽东史》，文学与知性社，2004。

显外化。显然，作者在西嶋定生、堀敏一等人的理论框架内将东亚世界理论大为细化和具化。

<h1 style="text-align:center">三</h1>

从范式意义上讲，日本学者的东亚世界论的两个内核——汉字文化圈与册封体制论目前仍然是中国学术界唐代东亚史研究的基础。但这并不代表中国学者没有自己的创建，实际上恰好相反，中国学者在这方面最主要的贡献正是几乎从各个方面细化、拆解、阐诠、反思东亚世界论。中国学术界承认西嶋定生的册封体制论批判了东亚各国不存在结构性关系的见解，从整体上把握具有内在联系的东亚世界，富于推进意义和学术启发力。同时，他们也根据自己的研究提出不同意见。李宗勋认为，在册封关系之外，东亚还存在佛教、贸易等国际关系结构性要素，朝贡名义下有大量一般性非册封外交活动，无强权和隶属含义，并且册封体制只强调中国宗主地位而忽视周围国家的自主性的一面，因此册封体制远非东亚国际关系全部，他着重提出了东亚各国的"实利外交"问题。① 韩昇认为，册封关系只是君臣权力关系的表现形式，不足以涵盖东亚世界各种形态，东亚存在向中国朝贡但未受到册封的政治体或所谓"属国"。② 他认为东亚是"依文明截取的区域"，韩昇对西嶋定生以汉字、儒学、律令制度和佛教四要素建构的东亚世界的完整、独立、自律特性予以确认，并补充了教育和技术两个要素。他的理由至少包括东亚作为地理概念虽来自西方，但其所限定地理范畴作为文明区域（包括日本和朝鲜，

---

① 李宗勋：《唐·新罗·日本政治制度比较研究》，延边大学出版社，1999，第16～30页。

② 韩昇：《东亚世界形成史论》，复旦大学出版社，2009，第37～39页。

但排除了越南）是"历史形成的事实"。① 对移民作用的强调使他的研究与前人关于东亚世界形成的见解有着本质区别："东亚古代文化圈的形成过程中，人口迁徙起着至关重要的作用。"②

在学术研究中，学者们的相同或相似的理论、视角、路径、方法的研究共同点，称为研究范式（paradigm）。③ 本文所谓研究范式侧重于研究之思维方式，不同范式之间也并非不可通约，而是有所交叉。中国学界唐代前后东亚关系史领域是否存在某些代表性研究范式？我认为按照代表性研究专著来看，可以归结为区域整体史（东亚世界史）、区域文化比较、双边关系史三种研究范式。

第一种范式是东亚世界史。发轫于日本学者的"东亚世界"研究，强调中国、朝鲜半岛、日本古代形成共同文化要素的历史过程和整体联系。重视从东亚区域整体视角来系统考察其历史进程、总结其历史规律。韩昇《东亚世界形成史论》④ 对东亚世界史的研究系统全面，是此范式代表。这部著作积二十年之功，"用一块块坚实考证的砖瓦构建而成"⑤。论述时间范围是4世纪至7世纪中叶，其中关于隋唐与东亚关系约占一半篇幅，在前几章至隋朝建国为止东亚局势的演变与各国的互动和文化传播基础

① 韩昇：《东亚世界形成史论》，第53~85页。甘怀真所持认知类似，参阅甘怀真《导论：重新思考东亚王权与世界观》，收入氏编《东亚历史上的天下与中国概念》，台大出版中心，2007；甘怀真：《皇权、礼仪与经典诠释：中国古代政治史研究》，台大出版中心，2004（又见华东师范大学出版社2008年简体字版）。

② 参阅韩昇《日本古代的大陆移民研究》，文津出版社，1995。

③ Thomas S. Kuhn, *The Structure of Scientific Revolutions*, The University of Chicago, 1962；托马斯·库恩：《科学革命的结构》，金吾伦、胡新和译，北京大学出版社，2003。

④ 韩昇：《东亚世界形成史论》，复旦大学出版社，2009（本文论述以此版为准。作者2015年新出增订版，其最大的变化是新增第十三章《来自日本的"遣唐使"》，主要通过新见《井真成墓志》研究其留学生/遣唐使身份以及唐朝学校制度、外事制度等问题，参阅韩昇《东亚世界形成史论》，中国方正出版社，2015）。

⑤ 仇鹿鸣：《韩昇：在东亚世界研究开疆拓土》，《中华读书报》2010年3月24日。

上，系统考证隋唐与高句丽、百济、新罗、倭国关系，特别是东亚大博弈——白江口之战前后的东亚局势和各国关系剧烈变动，将新罗统一、日本全面接受唐文化作为以唐朝为中心的东亚世界格局形成标志。作者对中国古代对外关系理论、外交实践及原则、东亚世界基本特点等重大理论问题做了梳理，从宏观视野逐一阐释了先秦至汉代的华夏意识与夷狄观念、大一统、天下秩序，中国外交实践中的建构以君臣关系为核心的国际体系原则，以及学界长期关注的册封体制、羁縻政策与羁縻府州、朝贡、征伐与和亲等概念，并以教育和技术①两大要素补充西嶋定生东亚世界基本文化基础（汉字、儒学、律令制度和佛教），强调人口迁徙即移民的重要作用。作者独到之处在于对移民问题的探索，通过移民问题的理论阐释与具体移民事迹的考察，使学界对东亚世界演进过程的理解更加深入。对于相互联系紧密的东亚，作者提倡将中国、日本、朝鲜结合作为整体研究，东亚存在"中日关系、中朝关系、日朝关系"，但实际上三者难以割裂，由此作者对东亚史研究提出很高要求。② 此外，作者还著有《日本古代的大陆移民》③、《海东集：古代东亚史实考论》两部东亚史作品。《海东集》如副题所示，以魏晋隋唐东亚史具体问题考论为主，如魏晋南北朝册封高句丽所显示的羁縻意义，"新罗统一朝鲜"体现的唐朝对外关系体制特点等，是对传统问题提出的新见；而百济武宁王陵和南朝文化关系、空海过所文书与日本国书问题

---

① 技术要素作为东亚世界共通文化是一个发覆之见。此外，关于东亚技术文明传播方面的专著还有：王巍《东亚地区古代铁器及冶铁术的传播与交流》，中国社会科学出版社，1999。

② 作者认为："首先，要有良好的外文训练。其次，要熟悉所涉及国家的历史。第三，要对国外积累十分深厚的研究成果有相当的了解和掌握。第四，要对所研究国家的社会风俗有切身的体悟。"参看韩昇《海东集》，上海人民出版社，2009，前言。

③ 韩昇：《日本古代的大陆移民》，文津出版社，1995。

等，则着眼于新见或新出史料增订史实。《日本古代的大陆移民》探讨的重大线索是大陆、朝鲜半岛移民与日本的关系，流动的人群成为研究的主体，凸显的却是古代东亚世界令人惊叹的内在紧密联系。具体史实的考证，如谱牒伪造及其历史内涵、日本佛教传入时间等，给日本学界带来不少颠覆性认知。①

第二种范式是唐、新罗、日本文化比较。朱云影《中国文化对日韩越的影响》② 是这一范式较早的作品。该范式注意对比历史现象和文化成果，寻找文化传播轨迹，要求研究者掌握三国原始史料和语言；在此基础上，研究者还要独到地选取适当的研究对象，充分论证三国间历史事项的可比性及其价值，难度较大。近年新著中，李宗勋《唐·新罗·日本政治制度比较研究》是此范式的代表。该书主体结构是：首先讨论东亚汉字文化圈相关理论概念及"隋唐时期中朝日关系"演变大势，随后依次对中央、地方、军事、官吏四种政治制度进行严格对应的比较，涵盖唐三省制与新罗执事部、日本太政官制，唐州县制与新罗、日本地方制度，唐府兵制与新罗幢停兵制、日本军团制，唐朝官吏制度与新罗官等制、日本官位制等内容，其路径是结合最近研究进展，先分别考释出唐、新罗、日本单项制度，再进行多层次比较。全书最后总论隋唐时代东亚关系的理论以及唐朝、新罗、日本政治制度传播—变异原理，并提出古代朝鲜、日本受中国之影响既深且久"但毕竟走上了自己的历史发展道路"的认识。全书所论及的核心理论与概念有：隋唐时期国际新秩序、朝贡关系、册封体制、实利外交、华夷观、慕华思想、东亚汉字文化圈。作者较少使用"东亚世界"来指称以汉字、律令、佛教、儒学等构成共通

①　参阅池田温为《日本古代的大陆移民》一书所作序言，第 3 页。
②　朱云影：《中国文化对日韩越的影响》，台北黎明文化事业股份有限公司，1981（又见广西师范大学出版社 2007 年简体字版）。

文化基础的古代东亚，而代之以"东亚汉字文化圈"，并且强调册封体制论及朝贡关系理论固然使东亚各国关系史研究推进了一大步，但用"册封体制来包罗东亚国际关系的全部内容似乎有些不当"，因此提出"实利外交"概念来补充册封体制论。① 在对唐、新罗、日本的制度比较中，通过具体微观的政治制度和其他历史现象的剖析，揭示了一个重要现象：新罗和日本在引进唐朝制度削弱贵族势力、增强王权的基础上，留存着本民族大量的特有遗俗，如新罗的和白会议、日本的神祇官。作者还着重指出朝鲜和日本的"慕华思想"，认为东亚汉字文化圈的形成并不意味着"中韩日越等国的传统文化基本相同或大致一样"，东亚各国"除了表层文化、高层文化外，在语言生活习俗、社会结构、宗教思想等方面还存在巨大差异，即使在趋同的文化因素中亦有许多变异、嬗变、本土化的成分"②。这对学界津津乐道于中国文化影响东亚，而不深究或忽视东亚古代邻邦的主体性的做法，有纠正作用。东亚文化比较的研究范式提供了一种周边和中国视角互相结合的路径，应给予重视。

第三种范式是唐与新罗关系史研究。双边关系史研究是学界盛行的研究类型，中日或中韩（朝）关系都有不少成果。③ 实际上，双边关系研究作为一种具体论证环节广泛应用于三边关系或三种文化的比较研究中。而作为一种研究范式，双边关系的研究已趋于论题的细化，它着重考察政治行为体间互动关系的断面或

---

① 作者提出三点理由："一是册封关系之外，在当时的国际关系结构中还有许多佛教、经济贸易等因素；二是在很多情况下，册封关系只是一种表现形式，实际上在朝贡的名义下进行的则是一般性外交活动，其中无强权和隶属的含义；三是册封体制论只强调了中国对其他国家的宗主地位，却忽视了周围国家外交的自主性因素。"（第20页）

② 李宗勋：《东亚中韩日三国文化之交融与葛藤》，延边大学出版社，2009，序言。

③ 关于中韩（朝）古代关系史研究成果，参阅冯立君《韩国学的"古代对外关系史"视角》，《当代韩国》2015年春季号，收入本书第四章。

线性变化。拜根兴两部政治关系史著作是这一范式的代表。《七世纪中叶唐与新罗关系研究》对 7 世纪中叶"东亚世界大变革、大整合时代"唐朝、新罗交涉的历史细节进行了实证分析。上篇分别对真德王时期对唐交涉、新罗与唐联合及征伐百济行动、文武王时期的对唐交涉、金仁问交涉活动、罗唐战争问题予以考论；下篇从唐朝赴朝鲜半岛军将苏定方、刘仁愿、薛仁贵、柴哲威等的行迹考察 7 世纪中叶的罗唐关系；附篇分别是高句丽与唐关系和高句丽遗民高足酉墓志铭的考释。《唐朝与新罗关系史论》①从新史料角度对 7 世纪唐朝新罗关系予以补充，还对 8 ~ 9 世纪唐、新罗关系的关键问题如新罗僧人、使节以及张保皋等进行细密考证。通过大量微观考证，实际上已勾勒出 7 ~ 9 世纪唐朝与新罗两国关系的特征，这标志着作者这一研究范式的成功。作者在方法和路径上特色鲜明：一是实证解决具体问题，以探明历史细节为主旨。比如在《七世纪中叶唐与新罗关系研究》中的金法敏入唐举讼百济事件、苏定方角色与身亡问题、"罗唐密约"问题、金仁问入唐问题、薛仁贵以及刘仁愿活动考；再如《唐朝与新罗关系史论》中的白江口之战新考、《三国遗事》所见唐罗关系、入唐僧侣及其影响、唐中后期新罗使者动向、9 世纪初唐罗交往与张保皋海洋活动。二是着重以石刻碑志等新史料考察新问题。中国与朝鲜半岛新发现的或以前未曾措意的金石文资料的搜寻和利用贯穿于其著作中。从《刘仁愿纪功碑》、《刘仁愿等题名》摩崖石刻、薛仁贵造像记、《含资道总管柴将军精舍草堂之铭》、《高足酉墓志》，到《大唐平百济国碑铭》、《唐李训夫人王氏墓志》、昭陵真德王石像底座铭文、登州石刻，再到洛阳、西安出土的多方高句丽百济移民墓志，作者依据金石文进行的研究

---

① 拜根兴：《唐朝与新罗关系史论》，中国社会科学出版社，2009。

比重越来越大；此外还有旧史料的新发现，如《三国遗事》的研究，皆是足见功力的研究。三是极为重视在总览已有成果特别是韩国学者的前沿成果基础上，重新发现问题和解决问题，这使得他的每项专题研究始终处于中韩学术前沿。作者同样重视综述与书评及翻译相关论文，这些都体现出注意细节问题的实证分析之风，其凡所论者必先追述研究史，穷究其竟，代表着中韩关系史实证研究的较高水准。作者新著《唐代高丽百济移民研究》除对入唐移民研究本身有突破外①，在研究范式上也有新进展，正如李鸿宾在《跋》中所指出的，对于朝贡体系的"宗—藩"型解说模式，作者围绕入唐移民进行了具体而细致的填充，这种从中原看周边的观察视角是传统中原核心说即朝贡体系的进一步伸展。②

这三种研究范式在理论、视角、解决历史问题等诸多方面都存在巨大差异，比如前两者从宏观视角和理论上对册封体制论等舶来理论修正和补充，后者注重补充新史料，善于从微观和具体史实对双边关系进行细密考证，三者对东亚关系问题的探究无疑殊途同归。他们的一个共同特征是，每种研究范式的代表学者皆精通研究对象国两种或三种语言，并借助于此保持与国外学界密

---

① 拜根兴：《唐代高丽百济移民研究》，中国社会科学出版社，2012。在前言中，作者论以"移民"代替"遗民"一词的原因。其实，仅就唐朝迁徙百济、高句丽人而言，区分强制移民、自发移民以及强制移民中的"遗民"成分显然很重要，值得注意的是学界在"遗民""移民"之外，还有选用"徙民"一词者，不易与现代移民意涵相混淆。参看蒙曼《唐朝军事系统中的朝鲜半岛徙民》，《中央民族大学学报》2007 年第 2 期。

② 李鸿宾结合农耕与游牧"内外二重结构"王朝形态理论，针对高句丽和百济移民研究涉及的"中心—边缘"书写范式等学术问题有深入剖析，指出了学界盲点所在，如因为"史籍文献缺少相关的记载"，"我们至今还缺乏半岛方面对此——高丽、百济入唐者的相应的描写"（李鸿宾：《唐代高丽百济移民研究·跋》，同书，第 338 页）；再如，"（高句丽）与其东北西各方势力（这些均非中原势力）同样存在着各种交往和争战，因此它的移民旨向就不只是中原一方"（李鸿宾：《移民：事项背后的隐喻》，《中国边疆史地研究》2013 年第 2 期）。

切联系、掌握国外研究动态。其实这与东亚史的国际性有很大关系。新史料的占有、新研究方法的采用、新视角的转换常常是推动研究思维方式整体创新和突破的前提。所谓新史料，有时是新出土、新发现的考古资料（如金日晟、祢寔进等人的墓志铭），有时是旧史料的新研究（如《三国遗事》的研究），有时也是对前人未曾注意的金石文的考释（如《大唐平百济国碑铭》）。所谓新方法，有些是借自其他研究领域，乃至自然科学的方法和理念，有些则是历史学本身的新研究理念和取径，有些是借鉴于国外同行（如对日本学界"册封体制""东亚汉字文化圈"等理论的批判吸收）。所谓新视角，主要是跳出民族国家本位、摆脱既有模式。①

王小甫是另一位对唐代东亚史问题做出重要创建的学者，《盛唐时代与东北亚政局》②及《中国中古的族群凝聚》③两部著作收录的多篇论文，以及作者执笔的《中韩关系史》古代卷部分④，集中体现了作者的独特的研究范式——可以归结为隋唐五代东北亚政治关系的先驱研究。《盛唐时代与东北亚政局》是一部王小甫、范恩实等学者合著的论文专集，《中古中国的族群凝聚》则是王小甫先生个人专著。两部书以收录论文的形式对隋唐五代东北亚政治关系问题进行了多方面研讨。前书《总论》题为《隋唐五代东北亚政治关系大势》，从《新唐书·四夷传》总序对渤海、靺鞨、契丹等东北民族的忽视入手，提出宋元以来东北民族崛兴问题要回溯至隋唐五代东北亚政治关系考察的问题，并分

---

① 关于以上三种研究范式，参阅冯立君《东亚抑或东部欧亚？——隋唐东亚关系史研究的理论、范式与成果》，《江海学刊》2019 年第 2 期。

② 王小甫主编《盛唐时代与东北亚政局》，上海辞书出版社，2003。

③ 王小甫：《中国中古的族群凝聚》，中华书局，2012。

④ 王小甫等：《中韩关系史》（古代卷），社会科学文献出版社，2014。

别对中原王朝尚德抑武传统与新罗的外交拉动、唐代周边盛衰连环、契丹的倔强、靺鞨女真之递兴、日本转向内敛五个问题予以阐释，结论与前人大为不同：中国的尚德抑武传统和唐廷关陇本位政策，是紧缩边防、重用蕃将、册封渤海为藩属等一系列东北消极防御政略的根源。加上唐与新罗盟好的制衡，维持东北亚近两百年和平并给予契丹最终勃兴以机会，影响深远。中国因尚德抑武精神而无意于向外做体制性经营，因此不存在以中原王朝为中心的国际政治体系，只有盛衰连环产生的相互制衡，而学界构造的各种静态体制恐非历史实情。在《唐朝与新罗关系史论》①《新罗北界与唐朝辽东》② 两篇文章中，作者运用同样的宏观视野把握唐朝与统一新罗长时段关系，剖析两国关系的脉络，再次强调唐朝并无体制性建构，新罗发挥了强力的拉动和制衡作用，新罗固守旧三韩地域无意于北上进占高句丽故地，辽东仍属中原王朝，渤海国的地理空间无法构成"南北国"，东北亚全局观贯穿始终，辨析对话的特点也十分鲜明。《汉唐中日关系与唐代东亚新格局的形成》③ 同时强调渤海国成立对东亚格局的影响；《中韩关系视野下的〈三国史记〉撰作》④ 则凸显《三国史记》的独特史料价值。绝非人云亦云，而是独出机杼，其学术观点本身及其论证中展现出的宏阔视域，使其唐代东亚史研究独树一帜。

① 王小甫：《唐朝与新罗关系史论——兼论统一新罗在东亚世界中的地位》，荣新江主编《唐研究》第 6 卷，北京大学出版社，2000，第 155～171 页，收入《盛唐时代与东北亚政局》，第 326～342 页。

② 王小甫：《新罗北界与唐朝辽东》，《史学集刊》2005 年第 3 期，第 41～47 页，收入《中国中古的族群凝聚》，附录（柒）。

③ 王小甫：《汉唐中日关系与唐代东亚新格局的形成》，《中国中古的族群凝聚》，附录（伍）。

④ 王小甫：《中韩关系视野下的〈三国史记〉撰作》，《韩国学论文集》第 16 辑，辽宁民族出版社，2007，收入《中国中古的族群凝聚》，附录（捌）。

中国东北"在地学者"对于东亚史的研究则另具特色。① 杨军等《东亚史》②、《中国与朝鲜半岛关系史论》③ 两部著作竭力构建一种东亚史和中国与朝鲜半岛关系史的体系，运用阶段论大而化之地将东亚史分为早期东亚世界（远古至公元前 3 世纪末）——区域结构的形成（前 3 世纪末至 8 世纪末）——多族多国竞相发展（8 世纪末至 13 世纪末）——封贡体系（13 世纪末至 1874 年），将中国与朝鲜半岛关系分为前国际体系、方国体系、郡县体系、羁縻体系、宗藩朝贡体系等。④ 作者致力于体系化把握东亚史的努力此后也并未停步。⑤ 程妮娜《古代东北民族朝贡制度史》⑥ 则是近年来从中国东北区域史角度研究东亚史的

---

① 这里的"在地"主要受杨念群先生在中国社会史研究中，对研究者"生活身份"与"研究对象"之间的契合重要特征描述的启发。杨念群：《"在地化"研究的得失与中国社会史发展的前景》，《天津社会科学》2007 年第 1 期。

② 杨军、张乃和：《东亚史》，长春出版社，2006。

③ 杨军、王秋彬：《中国与朝鲜半岛关系史论》，社会科学文献出版社，2006。作者以朝鲜半岛内存在国名"朝鲜"的政权存在时间总计约 1456 年，以"韩国"为国号最多只有 216 年为由，认为将古代中国与朝鲜半岛的关系简称为"中朝关系"或"中韩关系"都是不正确的。

④ 在这些明确是以东亚史框架展开讨论的著作之外，杨军还在夫余、高句丽、渤海具体历史研究中提出独特的创见，例如《夫余史研究》（兰州大学出版社，2011）、《高句丽民族与国家的形成与演变》（中国社会科学出版社，2006）、《渤海国民族构成与分布研究》（吉林人民出版社，2007），或对史料稀缺的夫余史基本问题予以文献考辨钩沉，或对高句丽国家形成史剖解分析，或对渤海国民族分布构造特别是渤海族是否存在相关问题胪陈详论，是少有的在东亚史、东北史内外两层都有高产作品的史家。另一位贯通朝鲜半岛古代早期史的学者是苗威，她虽然没有撰写以东亚史为题的专著，但是同样在乐浪郡、古朝鲜、高句丽史研究方面分别有专门的著作，《乐浪研究》（高等教育出版社，2016）、《古朝鲜研究》（香港亚洲出版社，2006）是目前中国学界仅有的两部古朝鲜与汉四郡研究专著（乐浪考古研究则有王培新：《乐浪文化——以墓葬为中心的考古学研究》，科学出版社，2007），论证了箕子朝鲜在朝鲜半岛南部创建的具体过程，认为三韩之辰国即为箕子所建，"她的这一观点主要受蒙文通、罗继祖等人影响"（李宗勋：《近二十年来中外学界对古朝鲜的研究与课题》，《延边大学学报》2016 年第 3 期）。

⑤ 杨军：《朝鲜半岛的古史分期》，《黑龙江社会科学》2015 年第 2 期。

⑥ 程妮娜：《古代东北民族朝贡制度史》，中华书局，2016。

代表作。该书将朝贡制度作为解读中国中原与东北民族古代关系史的锁钥，在继承四大族系的分类法的实践中，将迭兴递嬗的东北古代民族分别置于"朝贡活动"及其相关政治关系之下予以全面论述，能够感到作者试图在费正清"中国的世界秩序"、西嶋定生—堀敏一"册封体制论"、黄枝连"天朝礼治体系"[1]、滨下武志"中华朝贡贸易体系"之外重新寻找诠释中国古代与东北（亚）民族的独立话语。全书的努力可以解读为以朝贡视角来书写的中国东北古代民族史，和作者此前从地方行政建置视角书写的中国东北古代史《古代中国东北民族地区建置史》[2] 堪称姊妹篇，是从纵贯的视角将东北民族与古代中原二元联系阐述最为完整和清晰的著作。而朝贡制度的研究最主要的核心观点是以东北亚地区为中心提出中国古代的朝贡制度"内圈"和"外圈"两种体系，即前者属于王朝内部中央与地方关系，后者则为王朝与邻国交邻关系。不难发现，作者受到世纪初中外历史争端的深刻影响，此论题仍带有明显的与之对话的特性。关于朝贡体制的研究，还有一些学者基于宋以后所谓朝贡体系的研究，具有将其不加区别地泛化至宋以前时代模糊论述的倾向，与历史实际相去甚远；这些学者所追述的费正清、滨下武志的朝贡研究[3]也都是基于明清时代甚至晚清近代的历史，与中古时期东亚关系内涵截然不同。

在唐朝与东亚的关联研究中，除了具有重要范式革新兼具见解创新的宏观、中观研究之外，关于具体人群、地域的微观研究

---

[1] 黄枝连：《天朝礼治体系研究》（全三卷），中国人民大学出版社，1992~1995。

[2] 程妮娜：《古代中国东北民族地区建置史》，中华书局，2011。

[3] John King Fairbank ed. , *The Chinese World Order: Traditional China's Foreign Relations*, Harvard University Press, 1968. 费正清编《中国的世界秩序：传统中国的对外关系》，杜继东译，中国社会科学出版社，2010。滨下武志：《朝貢システムと近代アジア》，岩波书店，1997。滨下武志：《近代中国的国际契机：朝贡贸易体系与近代亚洲经济圈》，朱荫贵译，中国社会科学出版社，2004。

无疑也是大宗。例如关于高句丽、新罗、百济、加耶、渤海国、倭国等研究。① 在此领域多有斩获的诸多学者，恕不能一一阐发其学术精妙，这里仅选取渤海对外关系研究为例，从一侧面勾勒、揭示其研究理路。我曾针对中韩关系史的研究，从韩国学角度提出"古代对外关系"的研究理念，强调以朝鲜半岛古代政治体为研究主体，考察其与周边世界之间的关系。② 其实，如果将研究对象从朝鲜半岛一隅扩大到整个东部欧亚古代的其他政治体，这一类研究将形成另一种研究范式，譬如中国东北的渤海国与东亚诸邻关系。渤海国是一个十分特殊的事例，因其与周边四邻政治关系的复杂多元而十分富于典型意义。正如铃木靖民所说："靺鞨、渤海的200余年的对外关系（交流），与唐、日本、新罗、东突厥及其它各部族、各地区之间相互关联，互相影响……也成为一部东亚世界史。"③ 渤海国对外关系史研究的主要代表作品是王承礼的《中国东北的渤海国与东北亚》和马一虹的《靺鞨、渤海与周边国家、部族关系史研究》。④ 王著的对外关系部分突出的是唐朝与渤海中央—地方关系以及册封体制下二者的"宗主国—藩属国"交往，并梳理日本渤海之间的经济贸易关系，

---

① 高句丽史、渤海史目前都有多部研究史、文献目录面世，大为便利学人参考。耿铁华：《高句丽研究史》，吉林大学出版社，2012；尹铉哲：《高句丽渤海国史研究文献目录》，延边大学出版社，2016。百济史研究史参阅冯立君《韩国与中国近30年百济史研究述要》，《朝鲜·韩国历史研究》第15辑，延边大学出版社，2014（收入本书第四章）。

② 缘起于在中山大学亚太研究院2012年11月召开的中国韩国学国际学术研讨会，我当时的用语是"韩国古典外交"。滨下武志在讨论中对我表示，"韩国古典外交史"这一提法很有启发，但对于东亚历史，他更提倡区域视角而不是国别视角。这促使我思考，在研究范式转换之间，怎样做到兼顾区域内在联系、跳脱现代国家本位窠臼。参阅冯立君《韩国学的"古代对外关系史"视角》，《当代韩国》2015年春季号，收入本书第四章。

③ 参阅铃木靖民为马一虹《靺鞨、渤海与周边国家、部族关系史研究》所写序言（中国社会科学出版社，2011，第1~3页）。

④ 王承礼：《中国东北的渤海国与东北亚》，吉林文史出版社，2000；马一虹：《靺鞨、渤海与周边国家、部族关系史研究》，中国社会科学出版社，2011。

将契丹灭亡渤海与唐朝此前的衰亡联系在一起，通过都城、陶器、墓葬等考古文化对比，得出渤海文化与高句丽文化有各自渊源，自成序列。马著则在总览中朝韩日俄诸国学术前史的基础上，全面梳理剖析靺鞨、渤海与周邻关系演变，几乎对全部单项议题都有所推进，在这样一部以靺鞨—渤海为中心展开讨论的唐代东亚史中，国际联系的诸多面相得到透视。因此，这是一部以东亚关系史视角写就的靺鞨史，也是一部靺鞨视角的东亚关系史。相较而言，韩国学者韩圭哲的《渤海的对外关系史》①虽题为渤海的对外关系史，实际上只论述渤海与新罗关系，将其分为渤海新罗交涉关系（可译为外交关系）、对立关系两部分：交涉关系以渤海建国初期交涉（8世纪初）、抗争期交涉（8世纪末到9世纪初）、渤海灭亡期交涉（10世纪初）三部分；对立关系则分别论述渤海新罗武力对抗、唐渤海战争、渤海日本协力攻新罗及其"争长"三个问题。该书其他部分仅涉及渤海国与之前的高句丽靺鞨关系、渤海遗民与之后的高丽关系问题。正如其副标题"南北国的形成与展开"所示，这是一部意在建构所谓"南北国"历史，而非探究渤海国整体对外关系史的著作。

四

现在我们回过头来讨论一下似乎是不证自明的"唐朝"。在开成、会昌年间入唐求法的日本高僧圆仁的日记中，"大唐"是用以称呼与"本国""新罗""渤海"相对的唐朝的称谓。而在唐朝对外正式书写中，也有"大唐"和"唐"并用者，例如唐玄宗开元十九年（731）亲撰《阙特勤碑》汉文部分有云："北蠻眩

---

① 韓圭哲：《渤海와 對外關係史——南北國와 形成과 展開》，新書苑，1994。

纛之境，西邻处月之郊，尊撑犁之□□，受屠耆之宠任，以亲我有唐也。"① 文末则落"大唐开元廿年岁次"。实际上在海量的墓志铭文、造像题记等唐人文本中，"大唐"才是正式用语，这些大多数并非涉外场合的语境与唐人对外自称、外国人对唐朝的称呼显然具有一致性。

大唐帝国是一个巨型政治体，幅员辽阔的版图及其与周边世界内容丰富的文化交流和多元复杂的政治关系构成那个时代的半部全球史。从这一角度而言，东亚只是唐朝产生联系的一个面向（唐朝还有内亚边疆、西域诸国、吐蕃天竺、南诏南海等其他面向），但反过来，东亚处于极东位置，背靠地球上面积最大的海洋，因此东亚诸国主要的——有时甚至是唯一的——面向就是唐朝。这是唐朝与东亚关系的基本面。具体史实的展开中，唐帝国在东亚的政策中与其西面、北面的内亚也存在密切联系，对于这些问题我的博士论文《隋唐辽东之役与东部欧亚政治关系研究》做了相当大篇幅的讨论。在我看来，围绕唐帝国的东亚史必将迈向东部欧亚史，或许正因为这一学术理路存乎胸中，目前这部专集的内容聚焦点反而更为集中在东亚区域内。

在学术史上，唐朝视域的研究实践也在关怀东亚史。李鸿宾先生对于内亚边疆与唐朝帝国互动关系的研究，极大地启发了我们通过隋唐帝国"对外关系"将内亚与东亚相结合进行研究：唐朝帝国特别是其前期与突厥势力的互动关系中，唐朝与西域高昌、辽东高句丽之关系在东部欧亚区域内的长时段历史脉络得以重新梳理，高句丽、高昌被作为唐朝向东、西拓展的限域，在他的解读中成为帝国北进草原征服突厥从而跨入游牧

---

① 吴玉贵：《突厥第二汗国汉文史料编年辑考》下编，中华书局，2009，第1217页。

区域的基石。① 作者从一开始对于隋朝帝国创建的论述实际上就是从亚洲大陆（后来多使用"欧亚大陆"代之）的宏大视野来对广义的东亚诸族历史联系做出的诠释②，因此在其笔下的唐朝与东亚则呈现出不同于上述诸学者描述的面貌：唐朝作为最重要的研究对象及活动主体，欧亚大陆东部的广袤地理范围内的政治联系由此牵出，特别是唐朝突厥的对抗与融合裹挟着帝国东西周邻——其中就包括高句丽、新罗等。显然这是一种广义的东亚史（亚洲东部史）。当然，作者并未过多涉入辽海区域历史细节，主要的论述重点为中原—草原的二元互动。

作者曾以兼跨长城南北的唐前期为例，分析以汉人为主体建构的唐朝政权超越农耕区进入草原所受到的限制及其因缘，认为农耕王朝兼跨的局限乃在于自身的生计方式与草原游牧生计存在难以兼容的张力。此种衍化的路径似乎暗示"纯粹"的农耕王朝尚不足以跨越南北兼跨的障碍。③ 唐建立兼跨长城南北两种或多种迥然有别的地域及其族群为一体的政权，并成功地实施达50余年，主要建基于传统的天下观的思想意识，尤其是统治集团北方胡系文化血脉的促动使然。④ 而针对农牧交错地带，作者认为唐朝前期北部疆域的变迁蕴含着疆域本质属性特点，在以中原为核心区、周边为外缘区的二元制王朝构架内，北部边疆地区是在唐与草原帝国多方面交往互动过程中以夹处二者之间的定位而存在

---

① 李鸿宾：《唐朝前期的南北兼跨及其限域》，《中国边疆史地研究》2016 年第 2 期；《中华正朔与内亚边疆——兼论唐朝北部长城地带的意涵》，《学术月刊》2017 年第 2 期。

② 李鸿宾：《隋朝帝国的创立与东亚关系的整合》，石源华等编《东亚汉文化圈与中国关系》，中国社会科学出版社，2005。收入氏著《隋唐五代诸问题研究》，中央民族大学出版社，2006，第 187～198 页。

③ 李鸿宾：《唐朝前期的南北兼跨及其限域》，《中国边疆史地研究》2016 年第 2 期。

④ 李鸿宾：《中华正朔与内亚边疆——兼论唐朝北部长城地带的意涵》，《学术月刊》2017 年第 2 期。

的。因受制于南北两个性质迥然有别的帝国外层地缘之非确定性因素的影响，边疆地区不是以明确的间隔线索而是以游移不定的模糊状态呈现出来的，它自然就受制于双方对它的拉动和吸引。唐朝北部边疆之战略地位，就存在于唐与草原帝国的较量与博弈中。边疆地带的模糊性实质上受制于活跃其上的群体，正是出自对群体的控制而产生的制度性设计，边疆的概念才得以萌生和定型。疆域的本质是人群，人群的归属通过行政的设置而呈现。①同时，作者也从更大范围的全球史视角，反思唐朝史的重写。他认为以实证为主的唐史研究范式的转换亦成为学人考量的重要内容且续有新说，全球史视角的考察能从另一个层面开启唐史研究的新境界。考虑到唐朝拓展幅度及其影响范围对自身限域的超越，尤其是农耕、游牧兼纳所蕴含的南北统合的内外联动，既往的学术研究的观照和讨论已发挥出了中外交相辉映般的效能，这样的基础对确立唐史研究领域的全球史观新范式的形成非但具有可能性且实属必然。②

在唐朝历史的大视野下，李鸿宾对拜根兴、苗威几乎同时出版的高句丽移民问题专著第一时间提出了学术反思。针对苗威《高句丽移民研究》撰写的动机，指出高句丽移民的主旨方向与中原勾连，主要出自后者对周边的吸引力；而此种吸引力则系中原中心与周边外围二元制构架中前者具有的主导性所致。这个体系也被学界描述为东亚社会特有的宗藩与封贡体系，体系内外政治体之间存有非均等的差序地位，《高句丽移民研究》的撰写正是建立在这一范式之上，从而将移民的中原旨向赋予价值论断，契合了主流话语的叙述惯例。但是，"（高句丽）与其东北西各方

---

① 李鸿宾：《唐朝北部疆域的变迁——兼论疆域问题的本质与属性》，《中国边疆史地研究》2014 年第 2 期。

② 李鸿宾：《从全球史语境看唐史研究新范式出现的可能性》，《陕西师范大学学报》2018 年第 3 期。

势力（这些均非中原势力）同样存在着各种交往和争战，因此它的移民旨向就不只是中原一方"。① 同样，对于拜根兴《唐代高丽百济移民研究》，李鸿宾指出，对于朝贡体系的"宗—藩"型解说模式，作者围绕入唐移民进行了具体而细致的填充，这种从中原看周边的观察视角是传统中原核心说即朝贡体系的进一步伸展。李鸿宾结合农耕与游牧"内外二重结构"王朝形态理论，针对高句丽和百济移民研究涉及的"中心—边缘"书写范式等学术问题有深入剖析，指出了学界盲点所在，如因为"史籍文献缺少相关的记载"，"我们至今还缺乏半岛方面对此——高丽、百济入唐者的相应的描写"。② 实际上指出非中原视角的必要性。由此不难看到，李鸿宾与前述王小甫两位先生从唐朝与周边关系史不同角度的深入研究，也给唐朝与东亚关系的定位带来广泛的影响和启迪。

五

相对于成绩斐然的唐代东亚史研究前史，本书总体上只是一部未尽去陈言且不成系统的论文汇编，选取一些感兴趣的问题或试做实证考释，或妄加理论阐述，着实难以称得上有什么推进。

本书的第一章是关于唐、新罗、日本三国对外贸易制度的比较研究。这是个人最初想在唐代东亚史领域着力突进的一个入口。在东亚文化比较史的影响下，与唐代前期大为不同的后期缘边地方，特别是东部的淄青镇涉外贸易的管理与运营实为一体，

① 李鸿宾：《移民：事项背后的隐喻——苗威著〈高句丽移民研究〉书后》，《中国边疆史地研究》2013 年第 2 期。

② 李鸿宾：《唐代高丽百济移民研究·跋》，同书，第 338 页；李鸿宾：《移民：事项背后的隐喻——苗威著〈高句丽移民研究〉书后》，《中国边疆史地研究》2013 年第 2 期。

新罗的清海镇在张保皋大使的统领之下实际上也有割据一方、军政合一、贸易管理与运营等特点，日本大宰府相应地也在对中国、朝鲜半岛的经济文化交流中占有独特地位，从制度史角度划分为设置、性质、职能多层次多角度进行比较研究可以获得当时唐、新罗、日本以及渤海国经贸关系的一些具体历史实貌。除了作为制度来研究的对外贸易管理机构，实际上管理的内容也就是贸易本身折射出相当多的历史内容，例如唐朝淄青镇、新罗清海镇、日本大宰府在东亚海上贸易中的不同分工与角色，再如这种贸易的性质与白江之战以前那种官方有限的朝贡贸易相比蒙上了浓厚的"官商"色彩，等等。研究的一个意旨是在学者主流话语中唐、新罗、日本三国鼎立的东亚政治格局之外寻觅物质文化交流的历史细节，在东亚制度文化静态比较之外探索动态互动关系内容。

第二章是关于东亚汉字文化圈的几个层面的思考。第一个层面立足于建构东亚汉字文化圈的历史流变及其在唐代时的横向构造，这其中固然带有对西嶋定生等人理论的承袭、剖解和变通，但旨趣有所不同，我没有强调东亚是一个历史世界，而是更多地描述以汉字为载体的诸多文化要素的传播共享在某个时期缔造的文化通融特征及其历史现象，也注意到政治体的崩毁导致文化圈的断裂。实际上，文化圈的概念因其高度的抽象化而难以和发生在广袤地理空间内错综复杂的东亚交流历史实际相符契。① 因此，撷取新罗这一被认为最重要成员来考察其汉字文化的实情，主要基于文献记载中从历时性角度对新罗受容汉字及其承载的具体文明展开考述，因为新罗前后期历史的差异，考察范围也适度囊括

---

① 参阅拜根兴、冯立君编译《古代东亚交流史译文集》第 1 辑，中国社会科学出版社，2018。书中收录日韩学者在东亚关系史方面的多角度研究论文，学术论题的多元和细化客观上反映了历史实际的多样和复杂。

了高句丽、百济，进而从共时性角度横向剖析新罗汉字文化的具体形态，新罗国家成长中典章、教育、修史、宗教等最为重要的领域都显示出汉字文化即中国文化的引入及其成效。除通论和个案之外，又借助对《韩国木简研究》一书的评论，对东亚汉字文化圈相关学说中似乎不证自明甚至想当然的现象予以揭橥：西嶋定生以降东亚史的总体趋势有两个特征值得警惕，一是日本学者有意无意构建的日本中心视角，二是中国学者津津乐道的中国（文化）中心意识。由此，对居于东亚地理区位中央位置的朝鲜半岛之历史进行深入研究的迫切性亟待引起重视。朝鲜半岛汉字简牍，钩沉出东亚汉字文化的纵深面相，但细致的比对又可以发现朝鲜半岛作为中国—日本文化传递的中环在文化要素"传播—变异—再传播"发挥的重要作用，换言之，朝鲜半岛如同犍陀罗作为印中文化交流中继站一样，使得原生文化羼入本土因子并再次向外传播，接受者获取的汉字文化带有半岛的突变基因。以往学者们也在对比东亚具体文化现象时与之类似地强调过日本和朝鲜等域外民族在吸收汉字文明时有保留本民族传统的一面，但这些都被浓烈的中国文化辐射说掩盖了。东亚汉字文化圈"异"而非"同"的一面或许值得再探讨。

第三章是对极为关心的辽东史问题的"试掘"工作。唐朝辽东史研究牵涉面较大，这里选取了三个面向：一是在中国古代东北管理体制中的历史地位问题，二是与同时期中原、东亚、内亚的多元联系问题，三是区域内部人群的政治凝聚问题。关于第一个问题历来东北史的撰著皆牢牢拴住一条红线，那就是东北与中原悠久而紧密的历史联系，或者更浅白地说是中原如何控驭东北、东北诸族如何朝贡中原，笔者也难以免俗，未能跳脱这一窠臼。唐代在灭亡高句丽后首置于平壤的安东都护府（后迁辽东、辽西、平州等）与明代置于辽东北部的奴儿干都司之间相比较，在制度表相及其反映的中原—东北政治关系实相即为其中一个有趣的问题。对于安东都护府更大规模的整体研究、对于古代东北行政设置的系统论述后续都不断有学者完成了，十分值得参考。[①]但是至今这两个时代对于辽东不同区域不同民族的行政措置的比较仍然是有意义的。关于第二个问题是本人后续细化研究的重点，本章涉及的是高丽与高句丽的区别与联系、渤海国与唐朝关系始末；此外东亚史上屡屡涉及以平壤为中心诸政体，目前尚未有对此给予专门的关注和梳理的论著，本章专题论述自卫满朝鲜以降的行政变化，实际上这是为一项有待完成的专门研究准备的极简提纲。关于第三个问题，同样是一个章节篇幅无法容纳的大课题，本章第三节抉出渤海国对外关系的总体特征，着重考察渤海与新罗关系的多面性，梳理并驳斥南北国的历史观。从渤海国与东部欧亚世界的多元关系视角，能够更为超脱地观察渤海与新罗关系的特点。在唐朝看来，渤海国和新罗都属于其藩臣，唐代"押新罗渤海两蕃使"设置初衷便是管理涉及渤海与新罗"两蕃"事务。渤海国通过辐射状的陆海交通线，完成了与唐、日本、突厥、契丹、新罗、靺鞨的多元外交。而渤海新罗关系，经历了从册封关系、和平交往关系到外交竞争甚至兵戎相见的战争关系的演变和反复交叉，呈现出复杂的变化和多面性，而不是始终处于对峙状态的单面性。关于渤海与新罗两国关系性质的定位，朝鲜、韩国是将渤海与新罗纳入"南北国"的历史认识体系，这是一个长期累积、因袭的结果，它源自李朝时代对北方土地的现实考虑与历史想象，以及近代民族主义史学的历史书写等。渤海国自己的文字记录显示出鲜明的"自尊"意识，而所谓新罗的"同族意识"则并无直接的证据。渤海国对外关系更丰富的细节，仍

---

① 程妮娜：《古代中国东北民族地区建置史》，中华书局，2011；辛时代：《唐代安东都护府研究》，博士学位论文，东北师范大学，2013。

有赖于今后更多考古资料的及时发布和深入解读，以及东亚各国学术界在历史研究上的对话和交流。

第四章集中了学术史相关问题的讨论。在对朝鲜半岛古代政权对外关系史进行思考的同时，提出一个阶段性的研究理念，就是彻底将前近代时期（自古朝鲜与三韩起一直到李氏朝鲜）作为研究主体，将其全部的对外关系演变作为研究对象，贯通以半岛为中心的东亚史。需要强调的是，这不是要将朝鲜半岛夸大为居于历史活动的中心，而是以中国、日本为中心视角的研究已经大大遮蔽了朝鲜半岛的地位，所以这是一个阶段性的研究目标，是为了克服目前过度强调的中原王朝的文化中心，或者从日本历史与东亚联系的角度建构东亚世界的两种偏颇。也正因为此，我提倡的这种研究与朝鲜半岛南北双方一部分具有民族主义倾向的历史研究模式具有本质的不同。同时对于中国学界在中韩关系史等领域取得的成绩，理应进行回顾和总结，一方面表彰先进，另一方面发现问题。因为对于唐代东亚的兴趣，专门从朝鲜半岛古代政权中一个备受轻视的百济入手，整理中韩两国学术界近 30 年（1985～2014）的百济史研究史，包括韩国百济史研究机构与人员、主要研究论著的内容，特别对百济对外关系的研究予以关注。还包括中国学界在不同框架下进行的百济史探索及其成绩。汉唐时代百济对外关系的丰富性是一个客观的历史实际，其中蕴含的学术思考催生了本人后来的一些研究成果。① 而对于东北古史，则是通过对《东亚视野中的东北史地研究》一书②的评论，阐释从中原视野到东亚视野的学术思路转变的意义，同时注意到林沄先生早已提出的东北史研究中中原—东北二元关系建构的缺

① 冯立君：《百济与北族关系问题》，《韩国研究论丛》2016 年第 2 期；《带方郡王爵号考——中国与百济关系为中心》，韩国《百济学报》第 19 号，2017；《百济与中古中国政治关系新探》，《中国中古史集刊》第 5 辑，2018。

② 王禹浪：《东亚视野中的东北史地研究》，社会科学文献出版社，2015。

失，试图引入草原内亚新视野充实东北史这一原本属于多元文化区域的研究领域。这一部分还包括对一部韩国学者集体完成的《天圣令译注》① 的介绍和评论，有趣的是，天一阁藏《天圣令》明代抄本残卷发现之后特别是中国社会科学院历史研究所《天圣令校证》② 出版以来，中国大陆学界唐宋社会史、法律史等学科得到巨大的推动，日本、韩国、中国台湾的学人也展开了各自的解读和研究工作，形成了一种东亚知识共享的新气象，这本身就是东亚汉字文化圈的特有奇观。韩国学者效率最高，最先出版译注成果，可惜因为韩国语在中国史学界不如日语等那样流行，几乎没有得到利用，因此受到《天圣令》读书班研读时的启发，计划先撰写书评予以总体介绍再逐条翻译出来以供读书班参考。这一领域的研究充满趣味，在这之后台湾也出版了高明士先生领衔主编的《天圣令译注》③，渡边信一郎先生一如既往细绎令文、发布研究成果，中国社会科学院历史研究所《天圣令》读书班继续稳扎稳打，每年不断推出一两种反复锤炼的研读译注成果。中国史领域的交流对话启示我们，东亚史领域的国际对话同样具备可行性而且应当更为深入。

附章是关于唐代丝绸之路与东亚文明关系的讨论。学界以往对丝绸之路的关注面主要集中在长安以西。在长安之东，作为欧亚帝国的大唐帝国，其境内腹地纵深的文化交流及其向周边的延伸，以及往来于长安的陆上、海上文化贸易通道，构成了丝路文明向东延展的两条"纵贯线"，从而交织成一张文明之网。通过中原视角、草原视角、东北视角审视中国古代帝国及其周边世界构成的东部欧亚世界，可以发现东部欧亚的广域文化交流不是单

---

① 金铎敏、河元洙主编《天圣令译注》，慧眼，2013。
② 中国社会科学院历史研究所天圣令整理课题组《天一阁藏明钞本天圣令校证（附唐令复原研究）》，中华书局，2006。
③ 高明士主编《天圣令译注》，元照，2017。

向的、一元的，而是方向不一、多样文化混融交织。辽东与朝鲜半岛受到内陆欧亚文明的影响，与整个丝路文明发生联系，同时发展出自己独特的文明样态。通过幽营区域的东西衔接作用、古夫余国区域的文化蓄积作用、靺鞨世界文明演进的推动作用，高句丽、百济、新罗、渤海国政治体对外多元外交和文化联系带来的内生性涵化作用，促使处在汉字文化圈强力辐射范围内的东亚区域仍然持续吸收汉字文明以外的其他文明。

主要征引文献，基本是本书直接引用的中外论著，为方便读者查阅，有些尽量恢复为日文、韩文；索引，最大限度地收录全书涉及的人名、地名等；作者学术档案，主要是从在韩国发表第一篇论文迄今的学术轨迹和研究成果；彩色插图，除学界友人供图外，多为我近年考察途中采撷，亦有纪念意义。这些辅文配合正文，希望能聊补不足。

总体而言，一如开头所说，本书讨论的议题涉及唐朝与东亚关系史的基本面，通过全书在具体问题上的史实揭示、脉络解剖、关系重组，希望能给读者带来些许启示。唐朝与东亚各自成为一个庞大的课题，值得年轻学人将学术生涯投入其中。既然是个人最初的唐朝东亚研究，固然不乏"邯郸学步"和"东施效颦"，恐怕也难免"汲深绠短"甚或"好高骛远"。答卷分数未必很高，但的确没有偷懒，字迹也不敢潦草，坦然呈上，敬请读者师友批评。

未来的未来，像惠果对空海说的那样，"努力努力！"也像崔致远说的那样，"实得人百之，己千之"①。

---

① 成尊：《真言付法纂要抄》，《大正藏》第77册，第419页上；崔致远：《桂苑笔耕序》，《桂苑笔耕集校注》，党银平校注，中华书局，2007，第13页。

第一章
唐代东亚的贸易关系

唐代对外贸易与东亚海域

唐代是中国古代社会空前强大繁盛的时代，在政治、军事、经济、文化等方面普遍超越前代，实行开放政策，成为一个世界性帝国。唐朝以农业、手工业生产的增长为基础，以交通、造船和航海业的进步为条件，对外贸易非常兴盛。唐朝前期在边疆分设六都护府（安西、北庭、安北、单于、安东、安南），有唐一代，通过海陆通道，与世界四十余国保持友好贸易关系，是当时亚洲地区的贸易中心。① 唐代达到中国古代经济和文化发展的一个高峰时期，其对外贸易呈现空前繁荣的局面。

唐代对外贸易不仅陆路贸易有所发展（中唐以前），且海路贸易尤为兴旺。促进海路贸易发展的因素很多，除东南沿海经济的腾达外，还与造船航海业的进步、对外政策的开明、宗教的传播等有密切的关系。随着陆、海贸易的发展，一些对外贸易的港口和城市日趋昌盛，海路贸易的管理制度也应运而生。唐朝通过

---

① 吴慧主编《中国商业通史》第二卷，中国财政经济出版社，2006，第133页。

陆路和海路，即通过丝绸之路和海上丝绸之路，同东、西方各国开展了互通有无的友好贸易往来，从而促进了彼此间的经济、科学技术和文化的交流。这不仅有益于彼此间经济和文化的发展，对古代社会和人类文明的进步也产生深远的影响。[1] 关于唐代陆海贸易的繁盛情况，许倬云有精简的概括。

> 唐代的对外贸易十分活跃，陆路有许多说粟特语的商人经过丝绸之路往返贩卖，他们也有不少在中国落户生根。唐政府对他们的管理方式是：委派他们自己选举的"萨宝"管理内部事务，有点像今天外国侨民的领事官，只不过是他们自己选举的领袖而已。这种处理外朝事务的方式，从唐朝一直延续到清朝。同样地，经由海道出入中国的海商，大多数是阿拉伯人或犹太人，唐政府也是让他们的宗教领袖管理这些居住在中国的外商。这些制度又一次说明了一国多制的管理形态和传统的天下国家相当不同。[2]

特别是海上贸易的繁盛，除了物质和商品的发达之外，还与航海技术和造船技术的提升密切相关。唐朝民间造船业十分发达。由于唐代对外贸易的兴盛，需要大量船舶航行；以及国内各地物产交流和贸易，也多利用自然的江河，这样遂使制造船舶的手工业得到很大发展，成为唐代手工业的重要部门。唐代造船手工业，除了大的战舰和一些大型的船舶由官府船场营造外，大部分船舶都是民间制造。举凡有江河水运的州郡，大都有造船手工业。在全国水运发达的地方，形成造船业中心，如江南的杭州，

---

① 夏秀瑞、孙玉琴编著《中国对外贸易史》（第一册），对外经济贸易大学出版社，2001，第67页。

② 许倬云：《大国霸业的兴废》，浙江人民出版社，2016，第34页。

不仅是商工汇集的都市，也是造船业极盛的地方。其他如山东的登州，江南的洪州、鄂州、广州等，都是造船业发达的中心地带。①

《旧唐书·崔融传》载：

> 且如天下诸津，舟航所聚，旁通巴、汉，前指闽、越，七泽十薮，三江五湖，控引河洛，兼包淮海。弘舸巨舰，千轴万艘，交贸往还，昧旦永日。②

所引史料说明唐代各地港湾众多，江河港口密布，舟楫运输繁忙，航运利润巨大。唐朝境内民间造船数量因此而巨大。

> 凡东南郡邑无不通水，故天下货利，舟楫居多。舟船之盛，尽于江西，编蒲为帆，大者八十余幅。……大历、贞元间，有俞大娘航船最大，居者养生送死婚嫁悉在其间。开巷为圃，操驾之工数百。南至江西，北至淮南，岁一往来，其利甚大，此则不啻载万也。洪、鄂水居颇多，与一屋殆相半。凡大船必为富商所有，奏声乐，役奴婢，以据舵楼之下。③

除了陆海贸易、造船业发达，唐代对外贸易的盛况还可以通过全国各地大港口来考察。有唐一代，唐代主要贸易港口有广州、明州（今宁波）、扬州、交州（今越南）、杭州、福州、泉

---

① 史念海主编《中国通史》第六卷《中古时代·隋唐时期》上册，上海人民出版社，2015，第497页。
② 《旧唐书》卷94《崔融传》，中华书局，1975，第2998页。
③ 李肇：《唐国史补》卷下《叙舟楫之利》。据《唐语林校证》卷8《补遗》，中华书局，2008，第727页。

州、登州以及两京。[①]

但是，大多研究唐代对外贸易的学者都较为忽视来自东方的贸易，即唐朝与渤海国、新罗、日本之间的贸易。目前多数的研究集中在广州等地的市舶贸易、明州等地的海上贸易以及北方边境贸易。

唐·新罗·日本三国贸易关系

一 唐·新罗·日本三国贸易的条件

7~9世纪的欧亚大陆上并立着几个在世界历史上声名远播的古代帝国，自东向西依次为：东亚的大唐帝国、西亚北非的阿拉伯帝国、地中海北部的拜占庭帝国、欧洲中央的加洛林帝国。这些帝国都拥有辽阔的土地和众多的人口，但唯有唐朝既长久有效地统治整个国家，又以其辉煌的文化深远地影响了周边的世界。唐帝国及其周边的新罗、日本被认为是构成了一个内在关系紧密，具有自律性的独特世界——东亚世界。唐代的东亚关系空前活跃、密切，而政治交往、文化交流与贸易往来是东亚国家间关系的三个层面，三者间相互影响，互为制约。[②] 因此，考察9世纪东亚中韩日三国之间的贸易关系，首先要审视三国间的政治交往与文化关系，也正是东亚政治的互动与文化交流构成了东亚国家间贸易最基本的环境。

唐朝与统一新罗的关系历来为中外学者所称道，因为正是唐罗双方开创了中韩关系史上最为紧密的友好关系。新罗原为

---

① 夏秀瑞：《唐代对外贸易的港口和城市》，中国商业史学会编《货殖：商业与市场研究》第一辑，中国财政经济出版社，1995，第549页。

② 黄约瑟：《略论古代中韩日关系研究》，见《古代中韩日关系研究》，香港大学亚洲研究中心，1987。

朝鲜半岛东南端一隅小国，长期紧密地依靠"大国"唐朝，抗击百济和高句丽，最终统一朝鲜半岛大部并成为经济文化繁荣的国家。676 年，唐朝承认新罗对浿江以南的统治，这是统一新罗时代的开始。唐与统一新罗政治关系趋于稳定后，新罗成为朝贡中国王朝最为频繁和虔诚的国家，终唐一世，仅新罗派往中国的使节就达到平均每两年多一贡的程度，且每逢新王登基，唐朝都要册封。因此，在中国古代帝国的礼制邦交体系中，新罗堪称典型的朝贡国。新罗与唐朝政治关系如此亲密，其文化交流也极为频繁，成长中的新罗掀起全面学习唐朝的浪潮。总体来说，主要表现在新罗国家建设中大规模引进唐朝先进的典章制度，包括各种政治制度、教育制度、经济制度等；派遣大量的留学生（包括宿卫）、留学僧等入唐深造，为国内建设提供大批人才。①

唐朝与日本关系和唐罗关系的最大不同，是不具有朝贡－册封性质，日本在对唐关系上表现出更为强烈的民族意识和独立意识。在东亚 7 世纪大海战白江之战以前，日本追求与唐对等外交的声浪甚嚣尘上，但唐朝在周边世界具有绝对优势的军事经济实力，这在白江之战中充分地为日本统治者所认识，因此战后日本开始全面学习中国文化，醉心于盛唐文化中。7~9 世纪中日关系还包括东北的渤海国与日本之间的关系，虽然渤海国在名义上是

---

① 严耕望：《新罗留唐学生与僧徒》，载氏著《唐史研究丛稿》，香港新亚研究所，1969；李宗勋：《唐·新罗·日本政治制度比较研究》，延边大学出版社，1998；池田温：《论天宝后期唐朝、新罗与日本的关系》，《唐研究论文集》，中国社会科学出版社，1999；朴文一、金龟春：《中国古代文化对朝鲜、日本的影响》，黑龙江朝鲜民族出版社，2000；王小甫：《唐朝与新罗关系史论——统一新罗在东亚世界中的地位》，《唐研究》第六卷，北京大学出版社，2000；拜根兴：《七世纪中叶唐与新罗关系研究》，中国社会科学出版社，2003；高明士：《东亚教育圈形成史论》，上海古籍出版社，2003；拜根兴：《唐朝与新罗关系研究》，中国社会科学出版社，2009。

唐朝的一个羁縻州（忽汗州都督府），但其与日本单独的交往意义超出此范围。渤海朝贡中原，全面模仿唐朝制度，史书称之为"宪象中国"，其与新罗、日本之关系具有影响东亚政治格局的能量——渤海、新罗之间长期处于对峙状态，渤海国内虽存在一条通往新罗的交通道"新罗道"，但两国官方交往并不密切。而渤海与日本，却不为苍茫的日本海所阻，来往频繁，酬和不断，可谓"海内存知己，天涯若比邻"。渤海在唐日之间的经济、文化中的桥梁作用并不逊于新罗，迎藤原清河使高元度的环东亚世界行程就是以渤海航线为开端的。

总之，7世纪后东亚世界格局逐步形成，唐与新罗、日本之间来往交流不断。7～9世纪的大部分时间里，东亚各国家、民族以大唐为中心形成区域世界的秩序，其在文化上的共性则显现为汉字文化圈。[①] 而唐代东亚国际贸易则是这个紧密的区域世界的另一个剖面。总体而言，东亚国际环境稳定，且无战事，各国长期的和平发展使经济获得较快增长，商品充足，这是国际大规模贸易的首要条件。

8世纪中期以后，经历了安史之乱的大唐帝国面临藩镇割据局面，地方军政势力在对外交往和贸易上的权力越来越大。与之

[①] 中外学者历来对东亚世界及其秩序问题颇为关注，美国费正清在《中国的世界秩序》（*The Chinese World Order: Traditional China's Foreign Relations*, Ed. by Fairbank, John King, Harvard University Press, 1968）一书中提出中国的亚洲世界秩序，美籍华人学者杨联陞也有独特研究。久负盛名的"东亚世界"理念提出者是日本学者西嶋定生，堀敏一完善了该理论和册封体制论。中国的韩昇和李宗勋各自的"东亚世界形成论"和"东亚汉字文化圈"认识都是在吸收日本等国学者理论基础上分别提出的，在历史上东亚三国组成的文化圈是基于汉字、律令、儒学和佛教等要素的认识上趋同，可谓殊途同归。高明士致力于东亚教育圈的研究，黄枝连侧重于礼治（实质是儒家文明），提出"天朝礼治体系"框架，黎虎则提出"东亚外交圈"。在韩国，全海宗对中韩古代的以朝贡为主的关系形态有翔实论述，具有代表性；金翰奎也有专著讨论中国的世界秩序。

相似，步入下代①的新罗王朝也在 9 世纪后经历了真骨贵族争夺王位导致的王权频繁更迭情况，再加之灾荒不断引发的自耕农的大量破产和流民增加，新罗中央王权急剧衰落，从而导致地方势力兴起。地方势力背景的海贼活动，以及地方势力把持对外贸易的状况司空见惯。7 世纪后半期积极模仿唐律令体制使国家面貌一新的日本，到 8 世纪后半期由于集权体制的各种矛盾持续累积，律令体制也开始发生动摇，并于 9 世纪前半期进入衰退期。东亚三国类似的政治社会的变化，为新罗人的地跨唐、新罗、日本的海上贸易活动提供了绝好机会，因为仅有朝贡贸易绝不能满足对海外贸易的需求。② 这可以说是东亚国际贸易环境的一个国际条件。

此外，东亚各国该时期也处于物质经济空前大发展的阶段，东亚海上交通得到空前发展，造船技术的航海能力也有巨大提高，这些条件使 9 世纪东亚世界内国际贸易的环境较前代为优。

二 唐·新罗·日本三国贸易的形态

有些学者将古代东亚国际贸易关系以"东亚贸易圈"相称③，而贸易作为 7 ~ 9 世纪东亚国家间形成密切联系的一个要素，其重要性之于东亚作为一个"自律的内在整体"④ 不言而喻，地位堪

① 金富轼：《三国史记》卷 12《新罗本纪·敬顺王》："自初至真德二十八王，谓之上代；自武烈至惠恭八王，谓之中代；自宣德至敬顺，谓之下代。"即 780 年至 935 年为新罗下代。

② 李基东：《张保皋及其海上王国》，见《张保皋的新研究》，韩国莞岛文化院，1985，第 104 页。

③ 杨军：《东亚史》，长春出版社，2006；林士民：《再现昔日的文明——东方大港宁波考古研究》，上海三联书店，2005。

④ 西嶋定生：《东亚世界的形成》，高明士译，刘俊文主编《日本学者中国史研究论著选译》第二卷，中华书局，1993。

比学者们所津津乐道的汉字、律令、科技、儒学和佛教。特别是9 世纪后期唐与新罗、日本之间的贸易，是后来宋辽、高丽、日本间东亚古代贸易繁盛期的发端。9 世纪东亚三国间的贸易已成为区域性整体贸易，比如张保皋等新罗商人（以及后期的唐、渤海商人）主导的东亚海上贸易，完成了从中国运送货物至日本（驶向日本的船称为延回船），再购买日本货物贩至中国（买物船）的三角贸易全部环节。商品贸易与政治、文化关系一样，使得东亚各国之间的联系日益紧密。

唐与新罗的经贸关系基本上可分为政府间利用外交使节来往进行的朝贡贸易和官商贸易两种。朝贡贸易长期占绝对主要的地位，后来随着双方联系的日趋紧密，非朝贡的贸易也大大发展了。唐与新罗的国家贸易极为频繁，有唐一代 289 年间，新罗以朝贡、献方物、贺正、表谢等各种名义共向唐派出使节 126 次，唐以册封、答赍等名义共向新罗派出使节 34 次，双方使节往来，总计达 160 次。在唐朝外贸输入总额中，新罗物产居各国首位。新罗与唐这种以物易物的官方贸易物品极其珍贵，种类繁多。新罗统一后，随着两国社会的发展和经济的繁荣，双方往来的主题更多地转移到了经济、文化方面，礼品的交换逐渐演变成正常性的官方贸易，交换的种类和数量也大大增加了。王小甫的《唐朝与新罗关系史论》[①] 认为，除了奢侈品的交换，政府间也有一些对平民生活产生影响的物品交换，依据是新罗遣唐使携带回茶种的记载，[②] 这与日本遣唐使带回柑子相映成趣。[③] 全海宗则认为茶种并非通过贸易而得，但不否认这种使节附带的物质交流传播意

---

① 王小甫：《唐朝与新罗关系史论》，荣新江主编《唐研究》第 6 卷，北京大学出版社，2000。
② 《三国史记》卷 10，新罗兴德王三年（828），"入唐回使大廉持茶种子来，王使植地理山。茶自善德王时（632～647）有之，至于此盛焉"。
③ 《续日本纪》神龟二年、十一年。

义重大。[1] 9 世纪，由于唐与新罗两国中央集权的衰落，两国官方贸易也逐渐衰落。原来由政府控制的贸易也逐渐转到了私人手里。唐罗民间贸易性质也是以物易物，主要由新罗商人进行。其商品与国家贸易大体相同，规模也很大。其实古代贸易政府性强，以物易物，奢侈品占比大。因此，唐朝考虑到中央的财政收入，曾于建中元年（780）下令禁止这类私人贸易。[2]

　　唐与日本的贸易，按性质也可分为国家间贸易和商人贸易；国家间主要是指遣唐使在其出入唐朝往返过程中，带有官商贩运的性质和作用。商人贸易指大唐商人（其中含有新罗与渤海商人）赴日的贸易活动。第一种，遣唐使贸易。由日本政府派出赴唐朝的遣唐使代表团，一项重要任务就是贸易。遣唐使携带日本政府对唐政府的贡物，这些贡品可换回唐廷更高价值的回赐品。仁明天皇承和六年（839）遣唐使带回的回赐礼物和向唐天子要求的药品，数量之大竟然需要"差检校使，取陆路递运"至京。在长期的政府间贸易中，双方的贡品与回赐礼品已成定例。这种以物易物的变相贸易，也归为朝贡贸易。据《延喜式》统计，除政府的贡品，遣唐使团成员携带物品合计起来也不少（详见表 1–1）。由于遣唐使成员从大使到水手都积极购买唐商品，致使回国时载货量骤增。唐商品在宫廷贵族及大臣间进行交易之后，有一部分流入京城市场。与此同时，遣唐使的成员以及水手所带回的个人商品，也都进入京城市场，这就是遣唐使的官商作用。[3] 第二种，唐商赴日贸易。9 世纪后半期兴起的大唐商人赴日商业贸易，交易地以日本大宰府为主。唐

---

[1]　全海宗：《中世纪韩中贸易形态初探》，《中韩关系史论集》，中国社会科学出版社，1997，第 245 页。

[2]　仁井田陞：《唐令拾遗》，长春出版社，1989，第 715 页；王钦若：《册府元龟》卷 965《外臣部》。

[3]　张声振：《中日关系史》上卷，吉林文史出版社，1986。

商都是单船行商，每船人数最多为六十三人，少者四十余人。据木宫泰彦对《入唐求法巡礼行记》记载的统计，唐商船来日和返唐的次数共有 22 次之多，[①] 如果加上日本正史的加载，前后则达 30 余次。从唐商船最早入日的年代 841 年算起，至唐亡国前有记载可查的唐商周汾入日的 893 年止，前后 51 年间，唐商船往返 30 余次。这个往返次数不仅远远超过遣唐使的往返次数，甚至也超过新罗商船自唐赴日的次数。由此可见，唐商对日贸易的频繁程度。

表 1-1　遣唐使成员携带品与特赐品一览[②]

遣唐使成员	携带品	日本朝廷特赐品
大使（1 人）	绝六十、绵一百五十屯、布一百五十端	彩帛一百十七、贳布二十端
副使（1~2 人）	绝四十、绵一百屯、布一百端	彩帛七十八、贳布十端
判官（2~4 人）	绝十、绵六十屯、布四十端	彩帛十五、贳布六端
录事（2~4 人）	绝六、绵四十屯、布二十端	彩帛十、贳布四端
知乘船事、译语、请益生、主神、医师、阴阳师、画师（每种不止 1 人）	绝十、绵四十屯、布十六端	（知乘船事、译语）彩帛五、贳布二端
史生、射手、船师、音声长、新罗译语、奄美译语、卜部、留学生和学问僧的侍从	绝四、绵二十屯、布十三端	
杂使、音声生、玉生、锻生、铸生、细工生、船匠、拖师（每种不止 1 人）	绝三、绵十五屯、布八端	
谦人（仆人）、挟秒（不止 1 人）	绝二、绵十二屯、布四端	
留学生、学问僧（不止 1 人）	绝四十、绵一百屯、布八十端	（学问僧、还学僧）彩帛十

---

① 木宫泰彦：《日中文化交流史》，胡锡年译，商务印书馆，1980。
② 根据张声振《中日关系史》（上卷，吉林文史出版社，1986）制成。

遣唐使成员	携带品	日本朝廷特赐品
还学僧	绝二十、绵六十屯、布四十端	
水手长（不止1人）	绝一、绵四屯、布二端	
水手（每船约120人）	绵四屯、布二端	

唐代渤海国与日本的关系以8世纪60年代为转折点，由政治、军事交往为主转向以贸易交流为主。和对唐、新罗贸易9世纪主要以民间为主不同，日本与渤海的贸易性质自始至终都保持在国交关系层面上。渤日贸易，主要在日本进行交易，按地点可以分为：平安京贸易、登陆地贸易和大宰府贸易。所谓平安京贸易就是渤海使臣将"方物""土毛"等献上，再从日本朝廷得到"赐禄"的所谓"朝贡贸易"方式。在渤海使节抵日后，并不能全员进京，未获准入京的这部分使团成员就停留在登陆地（或归国出航地，一般为能登、加贺等地），他们趁机秘密从事私人贸易，这就是登陆地贸易。大宰府贸易提出者马一虹认为大量唐商船驶向九州，拉动了渤海以大陆江南地区为中介的面向日本九州的民间贸易，得出"渤海将贸易活动延伸到日本九州地区"的推测性结论。[1] 其依据包括渤海商人打着"大唐商人"的旗号活动，对此黄约瑟也曾予以专论。[2]

新罗与日本的贸易除并不活跃的政府贸易外，集中体现为新罗商人9世纪前半期的赴日贸易（见表1-2），而其中张保皋为最杰出代表。以上各国间贸易形态，可从表1-3中大略体现。

---

[1]　马一虹：《9世纪渤海国与日本关系》，《日本研究论集》6，天津人民出版社，2001，第190页。

[2]　黄约瑟：《"大唐商人"李延孝与九世纪中日关系》，《历史研究》1993年第4期。

表 1-2　新罗商人赴日一览①

公元纪年	日本纪年	事件	出处
814	弘仁五年	新罗商人 31 人漂着长门国丰浦郡	《日本后纪》
818	弘仁九年	新罗人张春等 14 人来大宰府，献上驴四头	《日本纪略》
819	弘仁十年	新罗人载大唐越州人周光翰、言升则等来日	《日本纪略》
819	弘仁十年	新罗人王请与唐人张觉济兄弟等为交易之故，从唐出发，经三个月，漂流至出羽国	《入唐求法巡礼行记》
820	弘仁十一年	李少贞等 20 人漂着出羽国	《日本纪略》
820	弘仁十一年	新罗人张长行等进献□□羊二头、白羊四头、山羊一头、鹅一只	《日本纪略》
824	天长元年	新罗人张宝高（张保皋）到大宰府	《入唐求法巡礼行记》
835	承和二年	顷年新罗商人来壹岐岛不绝	《续日本后纪》
840	承和七年	张宝高（张保皋）遣使献方物	《续日本后纪》
843	承和十年	新罗人张公靖等 26 人，从唐楚州出发来着长门国	《续日本后纪》
847	承和十四年	新罗人金子白、钦良晖、金珍与唐人江长等 43 人从苏州出发，到达大宰府	《入唐求法巡礼行记》

表 1-3　东亚各国间贸易品比较②

新罗→唐	金银铜器、工艺品、纺织品（朝霞锦、大花鱼牙锦、小花鱼牙锦、鱼牙锦、三十斤绸衫段、龙绡、布）、药材（人参、牛黄、茯苓）、动物（马、果下马、狗、击鹰、鹞子）、皮毛类（海豹皮）
唐→新罗	金属工艺品、服饰、纺织品、茶、书籍
日本→唐	银两、水织纯、美浓纯、细纯、黄纯、黄丝、细屯绵、彩帛、叠绵、屯绵、纻布、望陀布、木棉；出火水精、玛瑙、出火铁、海石榴油、甘葛汁、金漆
唐→日本	佛经、佛像、药品、香料、文房用具、书籍、瓷器、金属用具、高级丝织品、高级服饰、名贵家具、手工艺品等

---

① 除史籍外，本表还参考了朱云影《中国历代商业活动对日韩越的影响》（《中国文化对日韩越的影响》，广西师范大学出版社，2007）与吴玲《九世纪唐日贸易中的东亚商人群》（《西北工业大学学报》2004 年第 9 期）。

② 根据中国的新旧唐书、韩国的《三国史记》、日本的《续日本纪》和《日本后纪》及金毓黻《渤海国志长编》等辑录而成。

续表

唐→渤海 →日本	帛、锦彩、彩、绢、练、绵、粟、金银器、器皿、袍带、药材、经籍→皮革（虎、豹、熊、罴）、玳瑠杯、暗模靴、蜜、人参、药材、唐文物（历书、佛典、诗文集）
日本→渤海 →唐	绢、绵、丝、绝、绫、彩帛、绸布、庸布、黄金、水银、海石榴油、金漆、水晶念珠等→皮革（虎、豹、熊、海豹、貂鼠等）、各种水产（鲸鲵鱼睛、昆布等）、畜禽（鹰、鹘、海东青等）、药材（人参、麝香、牛黄、蜜、白附子等）、金属、纺织品、工艺品及黄明、奴子等
新罗→日本	佛像、金塔、舍利、各种唐物
日本→新罗	黄金、明珠、砂金、绵等

三　唐·新罗·日本三国贸易的特点

通过从国别贸易与官私贸易两个角度的综合考察，9世纪的东亚贸易可以看作整个前近代东亚三国贸易的缩影：其前期是唐王朝与朝鲜半岛政权、日本政权之间主要盛行朝贡－回赐贸易，后期则活跃地开展着由新罗和唐朝商人先后主导的海运贸易。朝贡贸易、商人贸易并存，9世纪东亚世界由朝贡贸易时代向商人贸易时代过渡是最大的特点。

而朝贡贸易的逐渐衰落与民间贸易的勃然兴起并非一蹴而就，在历史发展进程中，二者之间也并没有绝对的界限，整个9世纪可以看作古代东亚贸易史的转折期或过渡期。9世纪初期，新罗人是通过东亚海域进行国际贸易无可争议的主导者，9世纪中后期，这一地位则由大唐商人（包括部分渤海国人、在唐新罗人）取代。再将视野向前向后延伸：自9世纪上溯，先是汉武帝在朝鲜半岛设乐浪等四郡加速了东亚诸民族与中国通交与贸易的肇始，然后是高句丽与慕容鲜卑兴起后在东亚北部的冲突[1]和"五胡十六国"时代多国体系下催生的贸易勃兴，继而是百济、

---

[1]　李宗勋、冯立君：《试论高句丽与慕容鲜卑对辽东地区的争夺》，《白山学报》总第83号，白山学会，2009。

新罗、大和国等各政权与隋唐帝国的遣使朝贡贸易的兴起。自 9
世纪向下观察，10 ~ 14 世纪的时间纵轴上宋、元政府及其商人将
东亚的海运贸易拓展到更大规模，由于商品经济的发达，海外贸
易达到更为繁荣的程度。

总而言之，第一，在时间上，9 世纪兼具朝贡贸易与商人贸
易，也具有时代分水岭意义，此后直到近代，国家间官方贸易难
再成主流，商人的民间贸易越来越重要（东亚闭关时代是一个特
例）。第二，在地域上，9 世纪第一次出现了东亚区域贸易一体化
的特征，国家间海运贸易使得各国都参与进来。在此之前，只有
唐与新罗为一方、由高句丽支持的百济与倭国水军为另一方的白
江之战是东亚各国直接参与、规模最大、影响最深远的历史事件，
而战争毕竟是短暂的事件。9 世纪的商品贸易是和平、持续、活跃
的经济往来，如同 7 世纪东亚国家间以政治军事交往为主、8 世纪
东亚国家间以文化传播为主一样，9 世纪的东亚国家是以贸易为主
要交流方式。以东亚海域为交通纽带进行的政治往来、文化交流与
国际贸易使 7 ~ 9 世纪的唐罗日三国高度紧密地联系在一起。

唐·新罗·日本对外贸易机构

唐代中央与地方相关官职机构相互配合，组成对外贸易
管理体系，其制度周密而健全，有效地管理、运营着全国的
对外贸易，其中的押新罗渤海两蕃使，专门负责对东亚新
罗、渤海两国的贸易与交往；新罗外交制度尚未健全，但对
外贸易经营管理尤为发达，清海镇网络化、开放化、国际化
的机构设置为东亚制度史上首创，意义重大；日本大宰府源
于唐代官制，但在对外贸易管理上具有与唐、新罗截然不同
的特点，即完全以地方政府形态处理外交外贸事务，构成日

本外交制度之一环，且未破坏原有的律令制度。

　　唐、新罗、日本三国的对外贸易机构分别是押新罗渤海两蕃使（府）、清海镇和大宰府，三者属于东亚古典外交制度的研究内容。除对外贸易等外交机构外，东亚古典外交制度还包括外交决策制度、外交使节制度、外交仪礼制度等多方面内容。

　　迄今为止，学界关于唐押新罗渤海两蕃使（府）、新罗清海镇、日本大宰府三机构的研究成果主要有两类，第一类基本上是中韩日三国学者各自对本国古代对外贸易机构的单独研究，第二类是将唐罗日三国对外贸易机构作为整体的综合性研究，而尚未出现对三机构的比较性研究。第一类单独研究成果又分为：关于唐代押新罗渤海两蕃使，主要有中国的李文澜《“两蕃使”与“押某某两蕃使”》、黎虎《唐代的押蕃使》、姜清波《试论唐代的押新罗渤海两蕃使》、刘凤鸣《驻青州的押新罗渤海两蕃使与东方海上丝绸之路的繁荣》、① 韩国郑炳俊《押新罗渤海两蕃使与张保皋的对唐交易》；② 关于清海镇及其大使张保皋，在韩国是国史热点，所以自 1989 年始陆续成立张保皋大使海洋经营史研究会、张保皋研究会（韩国海洋大学）、海上王张保皋纪念事业会（海洋水产部）、张保皋研究会等一系列研究团体，组织推动资料收集、遗迹调研、国际学术研讨等活动的频繁举

　　① 李文澜：《“两蕃使”与“押某某两蕃使”》，陈国灿主编《〈全唐文〉职官丛考》，武汉大学出版社，1997；黎虎：《唐代的押蕃使》，《文史》2002 年第 2 期；《唐代의 押蕃使》，韩国《庆州史学》20，2001；姜清波：《试论唐代的押新罗渤海两蕃使》，《暨南大学学报》2005 年第 1 期；刘凤鸣：《驻青州的押新罗渤海两蕃使与东方海上丝绸之路的繁荣》，《鲁东大学学报》2010 年第 5 期。
　　② 郑炳俊：《押新羅渤海兩蕃使와 張保皋의 對唐交易》，《중국고중세사연구》21，2009。

行，专题论文已达数百篇①，主要代表文集有《张保皋的新研究》
《张保皋海洋经营史研究》《张保皋关系研究论文选集》等②；关
于大宰府，日本学界的研究著述也非常丰富，如，镜山猛《大宰
府都城的研究》和《大宰府遗迹》、藤井功与龟井明德《西都大
宰府》、田村圆澄《大宰府探求》、九州历史资料馆《太宰府古文
化论丛》、太宰府地方《大宰府的历史》、川添昭二《大宰府古代
史年表》，等等。③第二类综合性研究成果稀少，仅包括：中国学
界李宗勋、陈尚胜对三机构（或三机构所属特别行政区域）之相
似性或关联性的发微之论④，富于启发意义；朴天伸《8至9世纪
"在唐新罗人"在黄海海上的交易活动》、车垠和《8～9世纪唐
罗日地方政府涉外权力的增强与东亚贸易圈的形成》两篇博士论
文对唐罗日三国的贸易管理也各有研究，但二文研究重点皆在于
东亚贸易本身，而不在于对外贸易机构。⑤

其实，对东亚古典外交制度的比较能反映一定的东亚国家关
系，是中韩日关系史研究的新视野，在方法上它强调要超越单独
一国视角而从东亚全局角度把握、探讨区域世界的历史，这与近

---

① 《7～10世纪韓中日交易研究文献目录・资料集》，해상왕장보고기념사업회，
2001。

② 《張保皋의 新研究——清海鎮活動을 中心으로》，莞岛文化院，1985；金文经、
金成勋、金井昊编《张保皋海洋经营史研究》，李镇，1993；《张保皋关系研究论文
选集》（含《韩国篇》、《中国・日本篇》两集），海上王张保皋纪念事业会，2002。

③ 鏡山猛：《大宰府都城の研究》，风间书房，1968；《太宰府遺跡》，ニュー・サイエ
ンス社，1979；藤井功、龟井明德：《西都大宰府》，日本广播协会，1977；田村円
澄：《大宰府探求》，吉川弘文馆，1990；九州历史资料馆：《太宰府古文化论丛》，
吉川弘文馆，1983；太宰府地方编《大宰府の歷史》，西日本新闻社，1984。

④ 李宗勋：《唐州县制与新罗和日本的地方体制》，《朝鲜学・韩国学论丛》6，延
边大学出版社，1998；陈尚胜：《中国传统对外关系研究刍议》，《中国传统对外
关系的思想、制度与政策》，山东大学出版社，2007，第16页。前文注意到三机
构的特殊行政区特点之相似，后文则提到三机构涉外权力增强之关联。

⑤ 朴天伸：《8至9世纪"在唐新罗人"在黄海海上的交易活动》，博士学位论文，
北京师范大学，2008；车垠和：《8～9世纪唐罗日地方政府涉外权力的增强与东
亚贸易圈的形成》，博士学位论文，山东大学，2009。

代以前东亚诸国重"天下"轻"国家"的文化观念和外交实践相吻合，因而，东亚古典外交制度的研究与比较价值很大，应大力开拓。而如前所述，基于东亚古典外交制度层面的唐罗日三国对外贸易机构之比较仍是一个空白领域。因此，本文不揣简陋，试在吸收国内外现有研究成果基础上，对唐、新罗、日本三国外交制度中对外贸易机构之性质、设置、职能等内容做分析比较，以求填补此阙。论证中或有纰漏、舛误之处，敬请学界方家予以批评指正。

一　唐朝的押新罗渤海两蕃使

1. 唐代对外贸易管理体系

唐朝是当时世界上地域最辽阔、经济最富庶、文化最繁荣的几大帝国之一，因此其对外贸易的对象自然也较为众多。有唐一代，中国的对外贸易形式多种多样，根据贸易对象划分主要有与边疆民族之间进行的互市贸易和朝贡贸易，与阿拉伯、南亚、东南亚诸国在南海进行的国际贸易，与东亚诸国间的朝贡贸易和民间贸易等。作为中古时代文物制度粲然大备的国家[①]，唐朝先后设立不同机构或官职管理和经营对外贸易，这些机构涉及中央和地方政治制度，构成了唐朝的对外贸易管理体系。

唐代管理对外贸易的机构主要有鸿胪寺、少府互市监、市舶使院、押蕃使衙等，其职司各有不同，唐朝与诸国的朝贡贸易主要归鸿胪寺和主客司协同管理，少府的互市监职掌陆上边境地区的互市贸易[②]，市舶使主要负责南海的国际贸易，而与新罗、渤

---

① 朱云影：《中国文化对日韩越的影响》，广西师范大学出版社，2007，第287页。

② 《新唐书》卷48《百官志·少府》。

海、日本等东亚国家的贸易则归由山东或淮南地方长官所长期兼任的押新罗渤海两蕃使掌管。

在这些对外贸易相关机构中，鸿胪寺并非专门的贸易管理机构。因为鸿胪寺是唐朝中央专门管理蕃客的外交机构，其外事职能相当广泛，管理朝贡贸易仅是其中之一，主要是接受蕃客的贡献并向其回赐，如，蕃客"所献之物，先上其数于鸿胪"①。又如，文宗太和元年（827），"命中使以绢二十万匹付鸿胪寺宣赐回鹘以充马价"②，这种赏赐实际上是中国古代对外贸易中物资的偿付。③

关于互市贸易，《唐六典》说："汉魏以降，缘边郡国，皆有互市，与夷狄交易，致其物产也。"④ 唐代民族政策开明，对东北的契丹、靺鞨（渤海）、奚，北方的突厥、回纥、薛延陀、铁勒，西方的吐蕃、吐谷浑、党项，西南的南诏等都以实行羁縻政策为主，其中互市与册封、和亲皆属这种政策之列。唐代所设互市监隶属少府，"诸互市监，各掌诸蕃交易之事"，这种官市的经济意义固然重要，但其政治色彩更浓厚。⑤

唐代市舶使对后世官制影响较大，至宋、元海外贸易极盛时代市舶使发挥了更大的作用。唐中叶三省制遭到破坏后使职差遣制日益盛行，市舶使初置于开元二年（714），是唐代使职制度发展和市舶贸易发展形势下的产物。⑥ 8 世纪初至 9 世纪中期，市舶使始置于安南，后移置于广州。市舶使的人选大体经历了由朝官

① 《新唐书》卷48《百官志·鸿胪寺》。唐朝时，边疆民族地区及周边各国入唐的朝贡者、经商者、留学者、传教者、归诚者被称为"蕃客"，参见马国荣《唐鸿胪寺述论》，《西域研究》1999 年第 2 期。

② 《旧唐书》卷 195《回纥传》。

③ 黎虎：《汉唐外交制度史》，兰州大学出版社，1998，第 327 页。

④ 《唐六典》卷 22《诸互市监》。

⑤ 张泽咸：《唐代工商业》，中国社会科学出版社，1995，第 428～445 页。

⑥ 黎虎：《唐代的市舶使与市舶管理》，《历史研究》1998 年第 3 期。

向宦官的变化，任职也由前期的临时出使演变为后期之相对固定，并逐渐有了自己的机构市舶使院。市舶管理由广州地方长官全面负责，但朝廷为了需要有时也派市舶使前来负责市舶事宜，即有市舶使时两者共同管理，无市舶使时由地方长官单独管理。来自南海诸国的国际贸易是唐代对外贸易中规模最大的，其收益对唐代中央财政也最为重要。在具体的市舶管理上，地方长官主要以"舶脚"、"收市"和"进奉"为主。"舶脚"指向蕃商征收赋税，"收市"指政府优先垄断蕃舶珍贵商品的交易，朝廷委托岭南道将蕃舶之货物先行收购，收购完毕再任其与民间交易。收市所得商品称为"官市物"，上交中央少府监以供皇室之需。即"南中有诸国舶，宜令所司每年四月以前预支应须市物。委本道长史，舶到十日内，依数交付价值，市了，任百姓交易"。①"进奉"指蕃商向皇帝进贡珍异物品，岭南节度使在征收关税和进行收市后也要将所得商品贡献朝廷，这是其蕃舶管理的最重要的一环。

与市舶使一样，押蕃使也是唐代新增设的使职。唐朝的使职从武则天统治时期开始大量涌现，玄、肃时期是使职产生高峰期。使职是唐代官制中重要内容，唐代后期出现使职常设化、固定化、系统化的格局，许多使职久置不废，职能日益明确，且自成一独立运作体系，大量出现的使职在国家政权中的地位也逐渐上升。②唐代的押蕃使并不完全都是对外贸易方面的官职，除经营管理与渤海国以及新罗、日本交往和贸易的押新罗渤海两蕃使等少数押蕃使外，唐代在从今山东半岛东北起，沿长城一线经河套至西北、西南的整个边境地带广泛设置的管理押蕃使大部分仅

---

① 《唐会要》卷66《少府监》，显庆六年二月十六日敕，上海古籍出版社，2006，第1366页。

② 宁志新：《唐朝使职的若干问题研究》，《历史研究》1999年第2期。

限于民族事务。这些押蕃使多设在道一级地方政权机构，为节度使等边疆军政长官所兼领，主要有幽州卢龙节度押奚契丹两蕃使、剑南西川押近界诸蛮及西山八国云南安抚使、朔方灵武定远等城节度管内押诸蕃部落使、河东节度押北山诸蕃使等约十五种。[①]

2. 押新罗渤海两蕃使沿革

唐朝先后设立不同机构管理和经营对外贸易，而与新罗、渤海、日本等东亚国家的贸易则归由淄青地方长官长期兼任的押新罗渤海两蕃使掌管。

唐代后期的淄青平卢节度押新罗渤海两蕃使一职，虽属押蕃使一种，却具有其他押蕃使不具备的经营、管理对外贸易与交往的职能。押新罗渤海两蕃使（府）长期管理唐朝与新罗、渤海以及日本的贸易往来事务，是唐代对外贸易管理体系中专职负责东亚贸易的相应机构。

唐代藩镇"道"的长官是观察使，雄藩重镇又兼节度使，一般的则兼都团练使或防御使以掌军事，其权力不止名义上的监察权，实已成为州县上之行政实体。[②] 唐代中后期出现的众多方镇中，平卢淄青镇辖有淄、青、齐、棣、登、莱六州（今山东省境，长期治于青州），扼东亚诸民族、国家通交唐朝的门户，其最高长官称平卢淄青节度使。需要明确的是，押新罗渤海两蕃使由淄青镇节度使兼任，但淄青镇节度使还兼有其他官职，如青州刺史、陆运使、海运使，这使得其集军、政、财等大权于一身。[③] 因此，专职对东亚国家贸易职能的虽是押新罗渤海两蕃使，而实际上往往就是淄青平卢节度使本人。

---

① 黎虎：《唐代的押蕃使》，《文史》2002 年第 2 期。
② 张国刚：《唐代藩镇研究》，湖南教育出版社，1987，第 18 页。
③ 吴廷燮：《唐方镇年表》卷 3《平卢》载："平卢军节度使，淄青齐棣登莱观察、押新罗渤海两蕃等使、青州刺史，领淄、青、齐、棣、登、莱六州。"

追本溯源，淄青平卢节度使的前身原是 719 年设置于辽东柳城（今辽宁朝阳）的平卢军节度使（经略河北支度、管内诸蕃及营田等使，兼领安东都护及营、辽、燕三州），相应地，押新罗渤海两蕃使前身则是其兼押的"两蕃使"，^① 而此时的两蕃指的是东北地区的契丹和奚。^② 由于安史之乱与北方军事形势的急剧变化，驻守辽东的平卢军大部泛海到青齐一带与叛军作战，762 年其将领侯希逸被唐朝任命为平卢淄青节度使，控辖青、淄、齐、沂、密、海六州，正式建立淄青镇，后淄青镇长官多冠以"平卢"二字以示来源。

其后，侯希逸的继任者——李正己及其家族的割据时期，平卢淄青节度使除了伺机扩大领地外，还不断攫取军事、人事、财政、外贸等巨大权力。其中，原来辽东平卢时期具有的镇抚东北民族的押蕃使职责，也转为负责对东北亚诸民族、国家交往方面的职能，开始兼押新罗渤海两蕃使："（766 ~ 776 年）遂立正己为帅，朝廷因授平卢淄青节度观察使、海运押新罗渤海两蕃使、检校工部尚书、兼御史大夫、青州刺史。"^③ 李正己、李纳、李师古、李师道三代四人割据淄青镇，长期垄断押新罗渤海两蕃使一职。

> 兴元元年（784）八月，淄青节度使承前带陆海运、押新罗渤海两蕃等使，宜令李纳兼之。^④

> 贞元八年（792）……（李师古）起复右金吾大将军同正、平卢及青淄齐节度营田观察、海运陆运押新罗渤海两

---

① 《旧唐书》卷 65《方镇表》，中华书局，1975，第 1805 页。
② 《旧唐书》卷 199 下《北狄传》载："万岁通天年，契丹叛后，奚众管属突厥，两国常递为表里，号曰两蕃"（第 5254 页）。《资治通鉴》卷 214，玄宗开元二十九年，胡三省注："唐谓奚、契丹为两蕃"（中华书局，1956，第 6845 页）。
③ 《旧唐书》卷 124《李正己传》，第 3535 页。
④ 《旧唐书》卷 12《德宗本纪上》，第 345 页。

蕃使。①

　　元和元年（806）……十月，加（李师道）检校工部
尚书，兼郓州大都督府长史，充平卢军及淄青节度副大
使、知节度事、管内支度营田观察处置、陆运海运押新罗
渤海两蕃等使。自正己至师道，窃有郓、曹等十二州，六
十年矣。②

　　与李氏势力冲突过程中以及平定李氏割据政权后，唐朝仍将
押新罗渤海两蕃使长期置于淄青镇长官统辖下，如，"建王恪，
本名审，宪宗第十子也。元和元年（806）八月，淄青节度李师
古卒，其弟师道擅领军务，以邀符节。朝廷方兴讨伐之师，不欲
分兵两地，乃封审为建王。间一日，授开府仪同三司、郓州大都
督，充平卢军淄青等州节度营田观察处置、陆运海运、押新罗渤
海两蕃等使，而以师道为节度留后。"③ 再如，"天平军节度使，
元和十四年（819）三月，平李师道，以所管十二州，分三节度：
马总为天平军节度，王遂为兖海沂密节度，薛苹为平卢军节度，
仍加押新罗渤海两蕃使，仍旧为平卢军，赐两蕃使印一面。"④ 此
外拜根兴先生还撰文指出，淮南节度使在唐朝平定李师道战争中
还短暂地兼任过押新罗渤海两蕃使，新发现的唐人墓志铭也有
"河南河北租庸使兼新罗渤海诸蕃等使"字样，⑤ 颇值得关注。

　　上引史料将海运使与押新罗渤海两蕃使并写，因此有论文竟
将海运使与押新罗渤海两蕃使合为一谈，认为是一种官职，名称

　　① 《旧唐书》卷124《李正己传附子师古传》，第3537页。
　　② 《旧唐书》卷124《李正己传附子师道传》，第3539页。
　　③ 《旧唐书》卷175《建王恪传》，第4535页。
　　④ 《唐会要》卷78《诸使·节度使》，第1694页。
　　⑤ 拜根兴：《唐与新罗使者关联问题的新探索》，《中国边疆史地研究》2008年第1
　　　期；《九世纪初海洋活动关联问题研究的现状》，《唐史论丛》第11辑，三秦出版
　　　社，2009。

就是"海运押新罗渤海两蕃使";① 更有学者称"陆运海运"是押新罗渤海两蕃使的"称号",② 显然为知识差错。这两种不同的使职,即押新罗渤海两蕃使与海运使,郑炳俊的最新研究③和村井恭子的《唐代东北海运和海运使》④ 皆有专论,此处不赘。

3. 押新罗渤海两蕃使职能

押新罗渤海两蕃使的机构设置是怎样的? 对此,国内学界已从唐代各押蕃使的普遍特征入手,进行了十分有益的开拓性研究。但对于押新罗渤海两蕃使来说,其组织机构详细形态与特点还具有很大探讨余地。押新罗渤海两蕃使虽由平卢淄青节度使兼领,但是拥有自己独立的属官,其机构体系中至少具备单独官印和设有巡官:"元和十五年(820)秋七月,平卢军新加押新罗、渤海两蕃使,赐印一面,许置巡官一人。"⑤ 倘若与其他边疆地区方镇押蕃使一致的话,还应有押蕃副使、判官等。⑥

圆仁《入唐求法巡礼行记》记载:"开成五年(840)三月廿二日朝衙入州。见录事、司法。次到尚书押两蕃使衙门前。拟通入州牒,缘迟来,尚书入球场,不得参见。却到登州知后院,送登州文牒壹道。晚衙时入州,到使衙门。令刘都使通登州牒。都使出来传语,唤入使宅。尚书传语云:'且归寺院,续有处分。'"⑦ 黎虎在上揭论文据此史料判断,押蕃使拥有独立办事机关,即所谓押蕃使衙。而依据圆仁这条记录及《入唐求法巡

---

① 朴天伸:《8至9世纪"在唐新罗人"在黄海海上的交易活动》,博士学位论文,北京师范大学,2008,第60~61页。
② 姜清波:《试论唐代的押新罗渤海两蕃使》,《暨南学报》2005年第1期。
③ 鄭炳俊:《押新羅渤海兩蕃使와 張保皐의 對唐交易》,《중국고중세사연구》21,2009。
④ 张金龙:《黎虎教授古稀纪念中国古代史论丛》,世界知识出版社,2006。
⑤ 《旧唐书》卷16《穆宗本纪》,中华书局,1975,第480页。
⑥ 黎虎:《唐代的押蕃使》,《文史》2002年第2期。
⑦ 圆仁著,小野胜年校注,白化文等修订校注《入唐求法巡礼行记校注》,花山文艺出版社,2007,第236页。

礼行记》卷二其在山东停留期间相关活动记载来看，押新罗渤海两蕃使的办事机构更有可能是与节度使机关合二为一的，并无独立办事机构。理由是，从行文中圆仁"到使衙门"却被"唤入使宅"来看，"尚书"（即带尚书衔的节度使）的"宅"与"衙"之间距离很近。也就是说，离节度使宅很近的应该是节度使衙门，只不过因押两蕃使本是节度使兼任，由于负责办理入境日本人的公验等外交事务，节度使衙门对圆仁来说就是押两蕃使衙。"押两蕃使衙"很可能是圆仁的主观理解，其实就是节度使衙门本身。

但这丝毫不影响平卢淄青节度使行使对东亚国家贸易交往进行管理的职能，并更自然地体现了藩镇对内的军政权力和对外的交往权力。押新罗渤海两蕃使的权力来自淄青平卢节度使，后者是河南道的最高军政长官，其所对应的唐朝的四夷关系被划分为："控海东、新罗、日本之朝贡"①。据此，押新罗渤海两蕃使的职能主要是押领唐朝对新罗、渤海两属国事务，并负责部分对日本外交事务，负责唐与东亚地区诸国交往、贸易事宜。

第一，对新罗事务。

《唐会要》载：

> 长庆元年（821）三月。平卢军节度使薛苹奏。应有海贼掠新罗良口。将到当管登莱州界。及缘海诸道。卖为奴婢者。伏以新罗国虽是外夷。常禀正朔。朝贡不绝。与内地无殊。其百姓良口等。常被海贼掠卖。于理实难。先有制敕禁断。缘当管久陷贼中。承前不守法度。自收复已来。道路无

---

① 《玉海》卷16《地理·异域图书》"唐十道四蕃志"。

阻。递相贩鬻。其弊尤深。伏乞特降明敕。起今已后。缘海诸道。应有上件贼卖新罗国良人等。一切禁断。请所在观察使严加捉搦。如有违犯。便准法断。敕旨。宜依。

三年（823）正月。新罗国使金柱弼进状。先蒙恩敕。禁卖良口。使任从所适。有老弱者栖栖无家。多寄傍海村乡。愿归无路。伏乞牒诸道傍海州县。每有船次。便赐任归。不令州县制约。敕旨。禁卖新罗。寻有正敕。所言如有漂寄。固合任归。宜委所在州县。切加勘会。责审是本国百姓情愿归者。方得放回。[①]

史料说明821年平卢军节度使、押新罗渤海两蕃使薛苹向中央陈奏，应解决唐朝沿海诸道新罗人奴婢问题，从后文来看，应是得到了朝廷予以禁断的批复。但这些被解放的奴婢难以回国，"多寄傍海村乡"，于是823年新罗国使再次寻求唐朝的帮助。可能是新罗奴婢问题基本解决后，淄青镇缺少奴婢，839年新罗王派出遣唐使，从记载来看是专程向淄青平卢节度使赠送奴婢，"秋七月，（新罗）遣使如唐，遗淄青节度使奴婢。帝闻之，矜远人，诏令归国。"[②] 唐朝皇帝虽然对此进行了干预，诏令释放其回国，但淄青平卢节度使（押新罗渤海两蕃使）在新罗等国的认知中确实具有重要地位。如北宋真宗天禧四年（1020），高丽国遣使入贡。在即将出州境时，高丽使人要求青州州官向其行礼。青州幕僚胡顺之引用唐代故事予以驳斥："青，大镇，在唐押新罗、渤海。纵其国王来，尚当与之均礼。今见陪臣，奈何卑屈如此。"[③] 胡顺之的认知间接说明押新罗渤海两蕃使在对新罗等国通交事务

---

① 《唐会要》卷86《奴婢》，第1861~1862页。
② 《三国史记》卷10，神武王元（839）年。
③ 《续资治通鉴长编》卷95，宋真宗天禧四年。

中的崇高地位。

第二，对渤海事务。

渤海与唐代山东沿海地区关系紧密，渤海海路入唐的路线，主要是登州道，也叫鸭绿朝贡道。渤海使经由山东半岛登州、莱州、青州、兖州和汴州前往长安，还在登州等地从事互市贸易。因此，押新罗渤海两蕃使与渤海关系更为密切。

> 敬宗以长庆四年（824）正月即位。二月壬午，平卢节度使薛苹遣使押领备宿卫渤海大聪叡等五十人至长乐驿，命中官持脯迎宴焉。[①]
>
> 开成二年（836）三月，渤海国随贺正王子大明俊并入朝学生共一十六人，敕渤海所请生徒学习，宜令青州观察使放六人到上都，余十人勒回。[②]
>
> 太和七年（833）三月，（淄青节度使向朝廷奏报）渤海将到熟铜，请不禁断。[③]

有学者据此具体指出淄青平卢节度使（押新罗渤海两蕃使）负责迎送渤海国使节相关事宜，包括控制渤海遣唐使团的入京人数、朝贡贸易品目、数量的协调等工作；并进而认为，淄青平卢节度使的确发挥了押领职能，但其管理内容，与渤海内部事务无关，是"纯粹作为唐王朝在东方门户登州地区的派出机构，负责新罗、渤海人出入唐境时的人员安置、事务处理等"。[④]

这时期淄青镇长官除兼有押新罗渤海两蕃使外，也开始兼任

---

① 《册府元龟》卷110《帝王部·宴飨》。
② 《唐会要》卷36《附学读书》，第779页。
③ 《册府元龟》卷999《外臣部·互市》。
④ 马一虹：《渤海与唐朝押蕃使关系述考》，《欧亚学刊》4，中华书局，2004，第137页。

陆运、海运使。① 其实，淄青平卢节度使加上所兼任的海运使、押新罗渤海两蕃使的权力才能完全发挥其对外贸易的职能。史载，李正己"货市渤海名马，岁岁不绝"，② 李师古"贪诸土货，下令恤商。郓与淮海竞，出入天下珍宝，日月不绝"。③ 金毓黻先生在《渤海国志长编》中也总结道："代宗以后，置渤海馆于青州，以待渤海之使，其交易船舶，亦泊于是。"这都说明淄青平卢节度使（押新罗渤海两蕃使）控制着河南道的对渤海贸易，而且山东半岛与渤海国陆海相通，占渤海国对唐贸易的份额不小。这说明包括青州、登州在内的整个山东半岛不仅是唐朝开展与渤海等国交往活动的重要场所，也是唐朝和渤海等国开展贸易的重要基地。④

第三，对日本事务。

唐朝中央规定："凡度关者，先经本部本司请过所，在京，则省给之；在外，州给之。"⑤ 开成四年（839）滞留于文登县赤山法华院的日本僧人圆仁，决心待过冬以后到五台山等地巡礼求法。根据唐朝的规定，圆仁等人开始了申请前往五台山等地的过所的行动，即"开成五年（840）三月廿二日，朝衙入州。见录事、司法。次到尚书押两蕃使衙门前。拟通入州牒。"⑥

圆仁首先向登岸所在的（文登）县衙申请公验；申请者拿着此申请者的身份证明再向（登）州府申请；登州府受理后再向上

---

① 《旧唐书》卷120《李正己传》载："遂立（李）正己为帅，朝廷因授平卢淄青节度观察使、海运押新罗渤海两蕃使、检校工部尚书、兼御史大夫、青州刺史。"（第3535页）

② 《旧唐书》卷120《李正己传》，第3535页。

③ 李商隐：《齐鲁二生·程骧》，《李商隐文编年校注》，中华书局，2002，第2277页。

④ 刘凤鸣：《山东半岛与东方海上丝绸之路》，人民出版社，2007，第116～195页。

⑤ 《唐六典》卷6《尚书刑部·司门郎中》，中华书局，1992，第196页。

⑥ 圆仁著，小野胜年校注，白化文等修订校注《入唐求法巡礼行记校注》，第236页。

级部门即兼任押新罗渤海两蕃使的淄青节度使汇报请示；两蕃使在颁给公验的同时，把此情况向皇帝报告，申请公验之事才算了结。可见，押两蕃使是公验发放的最终决定者。① 还有学者据此认为，唐代带尚书衔的节度使一般为二品高官，他们如此重视一个日本的普通遣唐留学僧，反映了淄青平卢节度使衙门对外交事务的重视，也展现了唐朝开放、友好的国策。② 也就是说，押新罗渤海两蕃使其实除了负责对新罗、渤海两属国事务基本职能外，也兼有负责辖区内日本人入境管理的职能。

然而，这种职能并不具有排他性，因为日本人入境的地点不同，江苏、浙江、福建等地方政府也具有相同权限，比如现存日本求法僧最澄的台州公验和圆珍的福州都督府公验③，都说明负责对日本外事的地方政府并不唯一。其实，以明州、扬州等大港为代表的江南道地区对日交流 9 世纪后开始日渐超过山东沿海的登州等港，唐朝对外贸易的主要港口自山东半岛渐向南移。

二 新罗清海镇

1. 清海镇的沿革

清海镇于 828 年设置，851 年废止，前后不过 24 年时间，却建立了横贯东亚海域的贸易网络，一度主导唐、新罗、日本间的贸易。清海镇只有张保皋一任大使，因此清海镇始终与张保皋个人的沉浮有密切联系。

根据研究，张保皋的海上势力在清海镇设置之前已达到一定规模和影响，请求新罗国王获准筹兵设镇是他的势力得到中央承

---

① 姜清波：《试论唐代的押新罗渤海两蕃使》，《暨南学报》2005 年第 1 期。
② 刘凤鸣：《山东半岛与东方海上丝绸之路》，第 116～195 页。
③ 砺波护：《隋唐佛教文化》，韩昇译，上海古籍出版社，2004。

认的标志。① 他的势力来自何处？史载，新罗人张保皋（790？～841）约在唐宪宗元和二年（807）加入徐州的武宁军，元和十四年（819）擢升至武宁军小将，大约于唐穆宗长庆四年（824）在山东半岛建赤山法华院，唐文宗太和二年（828）返新罗，在新罗王授权下于莞岛设立清海镇并任大使。在828年回国之前，他在山东建赤山法华院，这是后来新罗商人贸易的一个重要中转站，赤山浦是其外港，圆仁有张大使交关船停泊于此②的记录，由此看来张保皋至少已获得唐朝东部沿海的以新罗人社会为中心的贸易基地的运输业、商业势力的支持。

828年回国后，张保皋向新罗国王请求在朝鲜半岛西南端设立清海镇。清海镇，顾名思义是肃清海域、净海，应不是原地名，可能是赋予新义的词语。新罗王朝在9世纪中期突然设立一个前所未有的清海镇，原因是什么？早于《三国史记》的中国史料说："后保皋归新罗，谒其王曰：'遍中国以新罗人为奴婢，愿得镇清海，使贼不得掠人西去。'清海，海路之要也。王与保皋万人守之。自大和后，海上无鬻新罗人者。"③ 张保皋向国王请求镇守清海的理由是遏制海贼（应指海盗）掠夺新罗人到唐朝为奴婢。"奴婢"可能是张保皋开展海上贸易的一大阻碍，而828年清海镇设置时张保皋的初衷并不是解决奴婢问题那么简单，至少应该已有在唐朝以东海域开展海上贸易的决心。张保皋因此获得军事权力，在肃清了黄海奴婢贸易后，清海镇势力也牢牢掌控了"制海权"，在东亚海上国际贸易中获得巨额财富。

---

① 蒲生京子：《新羅末期の張保皋の抬頭と反亂》，《朝鮮史研究會論文集》16，朝鮮史研究會，1979。

② 圆仁著，小野胜年校注，白化文等修订校注《入唐求法巡礼行记校注》，第166页。

③ 《新唐书》卷220《新罗传》，中华书局，1975，第6206页。

凭借巨大军力和财力，张保皋帮助贵族金佑徵登上王位（神武王），在政治上取得成功，被拜为国相。张保皋及其清海镇成为一股逆传统的势力：出身贫贱，具有唐下级军官背景，以海运贸易起家，拥兵自重，与国王互相支持，这些几乎无一例外地都与新罗朝廷中盘踞的骨品制贵族势力扞格不入。在新罗顽固而强大的贵族势力反对下，张保皋虽然一度入朝拜相，但其在中央朝廷难以获得实际权力与广泛支持，且终因触犯贵族的根本利益，遭到暗杀。这实际是新罗中央势力与地方势力，新兴势力与骨品制贵族势力间的斗争。新罗海商势力的大本营清海镇遭到清算，851 年新罗罢清海镇，将其人员远迁至碧骨郡（今全罗北道金堤市），[①] 这是非常严厉的举措。其后，被瓦解的新罗商人转入与新兴的唐朝商人合流中（甚至有可能直接引导了后者），清海镇退出历史舞台，高丽、朝鲜两朝再未出现在东亚范围内拥有如此重大影响力的机构。

2. 清海镇的设置

清海镇组织结构的设置在朝鲜半岛古代历史上具有独一无二的特点，首先表现在清海镇与统一新罗先前设置的军镇大为不同。军镇最早出现于新罗初期，在州郡制实施后，军镇实际上被废除，但在武烈王五年（658）后镇的设置被再次恢复。在与渤海以及日本关系恶化的圣德王时期（702～737），为强化国防，一系列军镇在全国重要地带相继设立：西部礼成江一带原大谷镇扩建为浿江镇，负责新罗汉州以北防务；东海岸的北镇治所迁至井泉郡（今德源），增强对北方防卫力量；在唐恩郡（今京畿道南阳）设置唐城镇；在江华岛设立穴口镇（见表 1 - 4）。

---

① 《三国史记》卷11，文圣王十三年条。

表 1-4　统一新罗军镇比较①

镇名	设置时间	位置	镇长官	长官称号	长官品阶
浿江镇	宣德王（782）	平山	？	头上大监	级飡—四重阿飡
大谷镇	宣德王（782）	平山	体信	军主	阿飡
施弥知镇	828 年以前	？	—	—	—
清海镇	兴德王（828）	莞岛	张保皋	大使	？
唐城镇	兴德王（829）	南阳	极正	？	沙飡
穴口镇	文圣王（844）	江华岛	启弘	镇头	阿飡
北镇	886 年以前	安边	—	—	—

比较可见，清海镇具有若干独特之处：第一，军镇设置位置。军镇与一般行政单位不同，它们通常设于战略要地上，或是针对渤海国或是防备日本进犯。清海镇与其他军镇针对目标分别是敌国和海上掠夺者，因此清海镇的战略位置独特，为铲除西南海寇，肃清海盗掠夺新罗人为奴的活动，清海镇设于扼唐日航路咽喉的交通要道上的莞岛。第二，镇长官制度相差很大。清海镇最高长官张保皋称"大使"，这与新罗其他军镇的首领的称谓大不一样。浿江镇称"头上大监"，大谷镇称"军主"，穴口镇称"镇头"，这些都具有浓厚的新罗本土特征②，"大使"则被很多学者解释是来源于中国古代官职的称谓，是张保皋在唐期间受到唐官制影响的结果。第三，官阶与出身上，除清海镇外，浿江镇、大谷镇、唐城镇、穴口镇的首领都具有较高的官阶与出身。施弥知镇、北镇虽然史籍缺载，但据统一新罗官僚制度体系推测，也应该是贵族出任长官。张保皋虽出身于唐朝军官，与在唐新罗人有深厚关系，是其势力代表，但在新罗国内并不具有贵族

---

① 参见郑泰宪《清海镇과　他軍鎮과의　비교적　考察》，载《張保皋의　新研究》，第 176~212 页。

② 李宗勋：《唐·新罗·日本政治制度比较研究》，延边大学出版社，1998，第 130 页。

身份，平民出身的张保皋出任大使的清海镇显得十分独特。

那么，清海镇的内部结构如何？依据杜牧《樊川文集》、《新唐书·新罗传》、高丽金富轼的《三国史记》、日本圆仁《入唐求法巡礼行记》及《续日本纪》等史料相关记载，韩国学者整理了清海镇的组织体系，[①] 详见图1-1。

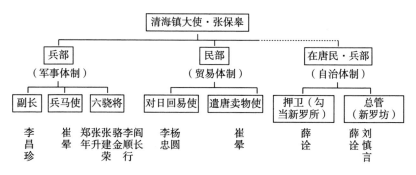

图1-1 清海镇设置

张保皋作为清海镇总负责人，称"大使"，杜牧称张保皋为大使，圆仁的记载也是大使，可见大使确是实际官职。这一职衔为新罗武将或外交官职中所无，可能是自拟，很可能是长期在唐受到了唐朝使职制度的影响。9世纪初至10世纪初在以山东半岛为中心的沿海地区居住着大量新罗人，而其中的赤山村就是张保皋活动的主要基地，关于在唐新罗人社会的存在早已成为学界共识，而对于将在唐新罗人集团以"在唐民部、兵部"来称呼，是否符合史实还需要进一步探讨，但不可否认其确有实际对应。然而"勾当新罗所"原作者提法为"新罗所"，确有不妥，查《入唐求法巡礼行记》，全称应为"勾当新罗所"，不可缩省。[②] 组织机构中最为引人注意的是贸易体制的"对日回易使"和"遣唐卖

---

① 金德洙：《张保皋与"东方海上丝绸之路"》，《登州与海上丝绸之路》，人民出版社，2009，135~142页。

② 刘永智的《新罗遗迹的调查与研究》持有同论，参见氏著《中朝关系史研究》，中州古籍出版社，1994。

物使"，这些设置清楚地显示了清海镇经营东亚三国贸易的实相。而在这两职的组织支配下，在唐、在日新罗商人的贸易据点密布，连接起一个地跨东亚海域的贸易网，其中心就是新罗莞岛的清海镇。

3. 清海镇的职能

第一，清海镇的军事职能。清海镇首先是一个以军事职能为主的军镇，而后发展为经营、管理东亚海运贸易的机构，可见清海镇职能随着其势力消长有所演变。设置初衷的首要职能即军事职能，从其作为"镇"来称呼已经说明，毋庸赘述。清海镇设立最初目的就是肃清海盗，禁绝贩新罗人为奴的活动，海上不再出现卖鬻新罗人为奴婢的现象，说明清海镇有效发挥了军事职能。在军事上，清海镇还凭借国内相对优势拥立金佑徵登上王位。

第二，清海镇对外贸易职能。张保皋在肃清海盗、杜绝唐罗间海上奴婢贸易的同时，确立了一系列经营东亚海运贸易的优势：清海镇位于韩国全罗南道的南端，扼唐、新罗、日本三国海上交通之要冲，占据了地理优势；此后，清海镇利用军事力量首先肃清海盗、杜绝海上奴婢贸易，确立了西起唐山东半岛与江南沿海、东到日本九州海域的海上军事优势；继而利用唐朝东部大量沿海的在唐新罗人的语言、商品与交通优势；此外，当时新罗有较为先进的造船、航海技术优势；新罗本国政纲松弛，唐朝物产丰饶、国境开放，日本贸易需求旺盛等国际环境优势。以上五大优势，促使清海镇势力最早展开地跨东亚海域的国际贸易。

需要指出的是，新罗的清海镇发挥作用有其独特性，张保皋集团在东亚环中国海地域建立了一系列贸易据点，按逆时针方向依次主要为登州、赤山法华院、涟水、楚州、扬州、明州、大宰府、清海镇，组成一个所谓东方海上丝绸之路的海运贸易网络。史籍中出现的"遣唐卖物使"等都在唐境内活动，"对日回易使"

则在日本九州活动，清海镇系统遥控发挥作用。有学者依据以下记载——圆仁逗留在赤山法华院时，新罗的两艘交关船到达赤山浦；张保皋派李忠等人赴日要求贸易；唐朝将交易船称为交关船，负责人称为遣唐卖物使；日本把张保皋派来的船团称为回易使；圆仁给张保皋写信表示因为得到从赤山等地新罗人的帮助而感谢张保皋，还有张保皋部下清海镇兵马使崔晕很快答应解决圆仁回国的归国船问题①——认为，清海镇当时对往来于唐、新罗、日本三国的所有商船直接行使所有权和管理权。② 笔者不同意此论断，因为清海镇权力范围仅指来往于三国间的新罗商船，所谓"清海镇具有管理和统辖唐、新罗、日本三国的主要海上交通路的权力"，"对所有往来于唐、新罗、日本三国的商船或至少对穿行于黄海的商船具有排他性的支配权"的说法欠妥，过于夸大史实。比如，9世纪40年代唐朝商人开始大规模赴日贸易，他们绝无可能归在新罗清海镇辖内。

总之，清海镇开展对外贸易具有一个特点，以新罗本部为中心，同时在唐新罗人社会及其沿海贸易中转站、贸易基地、贸易货源地网络，以及在日新罗人建立的贸易基地协同开展网络内的运输与贸易，而其连接各网点之间的海运能力则是依靠一流的航海、造船技术以及杰出的经营才能，并且正如上文已述，往来于各贸易据点的新罗商船大体上都隶属于清海镇的大本营。换言之，清海镇是垄断新罗与国际海运贸易的经营实体与管理机构。

前文论及，新罗商船一般是从唐朝出发，运载着唐货，利用清海镇的海上优势与畅通的航路，大部分直接运到日本大宰府等

---

① 《入唐求法巡礼行记》卷2，开成四年（839）六月二七日条；《续日本后纪》卷9，承和七年（840）十二月一日条；《续日本后纪》卷11，承和九年（842）正月一日条；《入唐求法巡礼行记》开成五年（840）二月十七日条等。
② 朴天伸：《8至9世纪"在唐新罗人"在黄海海上的交易活动》，博士学位论文，北京师范大学，2008，第71页。

交易地进行交易，再利用"回易使"从日本运回大量土特产至唐（或新罗）贸易。新罗与唐朝之间的贸易原本主要以朝贡为主，但在张保皋开展对唐贸易以来，新罗"会昌后，朝贡不复至"[①]，唐武宗所用年号会昌从 841 年到 846 年，共用 6 年，也就是说，841 年之后张保皋对唐贸易完全取代了以往朝贡使形式的贸易。而对日本贸易则没那么顺利，日本新罗关系并不稳定，日本在张保皋时代对新罗警惕、排斥心理较强，但由于贵族对唐货的需求，9 世纪初已经开始承认新罗商人的贸易，贸易规模很大，如 768 年天皇一次性赐左右大臣和大宰各二万屯绵，作为买新罗交关物（贸易品）的费用。[②]

需要强调的是，清海镇在日本的贸易主要受制于人，没有主导权，这一点韩国学者很少谈及。史载，"承和七年（840）十二月己巳，大宰府言：'藩外新罗臣张宝高遣使献方物'。即从镇西追却焉，为人臣无境外之交也。"[③] 可见在日罗贸易上，是日本朝廷而非张保皋势力掌握着主动权。且依据《续日本后纪》承和九年（842）正月"新罗人李少贞等卅人到筑紫大津"一则记载可知，张保皋清海镇的船队的货物大量存在于日本，由此可推测贸易规模巨大；且张保皋的唐货有可能是先交付日本，再获得"交关"报酬。史料提到的文符的用途是，新罗日本之间贸易，新罗商人须带有文符以证明身份并非海贼，方可交易。此文符应直接来自清海镇。

最后要着重指出的是，清海镇作为张保皋海洋经营网络的本部，其对东亚贸易的管理体现在对新罗商船的管理权上，清海镇本身也是一个经营这些商船的商业贸易、海上运输的实体组织。

---

① 《新唐书》卷 220《新罗传》，第 6206 页。
② 《续日本纪》卷 29，神护景云二年冬十月。
③ 《续日本后纪》卷 9，承和七年十二月。

从这个意义上说，其经营远大于管理，与中央和地方一系列机构的只管理不经营截然不同，所以清海镇是新罗的对外贸易机构。

第三，外交与政治影响。对承和七年（840）十二月张保皋遣使献方物事件，日本政府的反应是："太政官仰大宰府云：新罗人张宝高去年十二月进马鞍等。宝高是为他臣，敢辄致贡，稽之旧章，不合物宜。宜以礼防闲，早从返却。其随身物者，任听民间令得交关。但莫令人民违失沽价，竟倾家资。亦加优恤，给程粮，并依承前之例。"① 日本虽"以人臣无外交"拒绝了张保皋献方物、与日本大宰府通交的要求，但清海镇大使张保皋早先已经帮助金佑徵登上王位，此前不久又获镇海将军封号，权倾新罗朝野，史实反映的可能是清海镇势力追求更大政治权力的一次外交努力，不会仅仅是孤立的个案。

三　日本大宰府

1. 大宰府的渊源

日本西端的九州岛海岸线曲折，且距离朝鲜半岛和中国最近，其北部是日本史上最先接受大陆文化、开发较早的地方，这一点为考古上广泛分布的大量大陆文物所证实。② 东亚史上，九州北部是古代日本与对外交往的通道，港口运输尤为发达——古代的博多、近代的长崎、现代的北九州是不同时期的代表性大港。特别是古代日本大宰府的外港博多是与唐登州、扬州、明州港及新罗清海镇等联系密切的东亚大港。九州岛北部的这些地理优势使其经济长期以来较为发达，文化也更为繁荣，统管日本对外贸易的大宰府设在这里是自然而必要的。

---

① 《续日本后纪》卷 10，承和八年二月。
② 参见王仲殊《中日两国考古学·古代史论文集》，科学出版社，2005；苌岚：《7—14 世纪中日文化交流的考古学研究》，中国社会科学出版社，2001。

日本大宰府渊源于中国上古官制，以现存文献为准最早可上溯至《周礼》所记载的周朝大宰。① 大宰府是正式名称，很多古籍也记载为"太宰府"，在中国古代，汉字中的"太"、"泰"与"大"时常通用，指"极大"的意义，② 太宰是大宰的俗称和异写。《周礼》记载中出现的"大宰"一职是掌管百官的高级官职，是日本大宰府长官大宰帅等职的源头。自春秋时期直到南北朝时期，大宰这一官职经过了复杂的历史演变，其不同时期具体职能也有很大差异，但它对古代日本律令制时代设立大宰府具有深远影响。

大宰府机构名称取自中国古代官职，且正式名称为"大宰府"，还有两个证据：第一个是现存关于取道大宰府前往唐朝的僧人的公验，在圆珍的大宰府公验上清楚地写着签发机构"日本国大宰府"字样，并且盖着三颗"大宰府印"。③ 第二个是日本政府于古代大宰府遗址所在地的福冈县设置太宰府市，而将太宰府市区内的古代都府遗迹仍按古称，作"大宰府迹"。④ 太宰府之于大宰府，相当于蓬莱之于登州、莞岛之于清海镇。大宰府是古称，太宰府是今称，不能随意互换。

大宰府的设置，最早相关记载为日本推古天皇十七年一则史料，即公元609年"筑紫太宰奏上言，百济僧道欣惠弥为首十一人，俗七十五人，泊于肥后国苇北津。"⑤ 日本学者认为这时的"筑紫太宰"与以前的那津官家有继承关系，其军事职能比其内政、外交职能更强。⑥ 这与7世纪的东亚局势有密切关系，尤其是7世纪中叶唐朝联合新罗攻陷百济都城后，又在白江口大败倭

---

① 《周礼》天官冢宰第一《大宰》，上海古籍出版社，2004。
② 参见王力等《古汉语常用字字典》，商务印书馆，2005。
③ 砺波护：《隋唐佛教文化》，韩昇译，上海古籍出版社，2004，第172页。
④ 阿南史代：《追寻圆仁的足迹》，五洲传播出版社，2007，第189~202页。
⑤ 《日本书纪》卷22，推古十七年四月条。
⑥ 八木充：《筑紫太宰とその官制》，《太宰府古文化论丛》上卷，吉川弘文馆，1983。

济水军，彻底使百济覆亡，迫使日本势力完全退出朝鲜半岛，进而攻灭东亚强国高句丽等一系列重大事件，包括其后的日本本土固守战略，九州地区一直处于日本对东亚大陆军事行动首要战略地带，其军事职能本来就最为突出。即大宰府的设置（或曰改置）不仅出于内政需要，更大的原因是应对东亚国际局势。因此，日本史书对大宰府的描述是"僻居西海，诸蕃朝贡""以示威武，以备非常"。① 毋庸置疑，"以备非常"无外乎防备朝鲜半岛新罗和大陆唐朝而已，防备新罗乃与新罗7世纪中叶统一以来罗日两国政府间屡屡出现的外交竞争和冲突有关。

日本律令制国家模仿唐长安城并参照渤海国上京城的样式，在中央相继营造了平城京、平安京等都城，在地方上根据条坊制，修建了棋盘式的城市，大宰府都城就是其中代表。从考古遗迹来看，大宰府都城以政厅为中心，面积约为平城京的四分之一。全城分为东、西两部分，东西各12坊，南北22条，规划严密，布局整齐。平面布局上，大宰府的中心政厅位于城北部正中，又分为三部分：前为警卫；中为正殿，接待东亚诸国外国使节处；后殿为大宰帅居地。根据《延喜式》，以政厅为中心的官衙地区设立了政所、藏司、蕃客所、匠司、学校院等官衙，而主船司、鸿胪馆则设在府城外，鸿胪馆遗址位于大宰府都城外西北。此外，城内还分布有著名的观音寺、筑前国分寺和安乐寺。其中观音寺为天智天皇为纪念齐明天皇，"誓愿所基也"，② 拥有大量寺田，在经济上享有特权；大宰府观音寺还可以向下辖国或其他国郡寺院选派讲师等，宗教上也享有特权。③ 从大宰府都城的规模、形制可见，其作为统辖九国三岛最高的军政机构在日本

---

① 《续日本纪》卷36，宝龟十一年七月条。
② 《续日本纪》卷4，和铜二年二月。
③ 韩昇：《净土教在日本的流传与发展》，见《海东集：古代东亚史实考论》，上海人民出版社，2009，第119~120页。

的独特而崇高的地位。

2. 大宰府的设置

首先，要明确大宰府机构在日本律令制体系中处于什么位置。根据依田憙家的总结，大宰府在全国行政制度中的官等排列、下辖设置如表 1 – 5 所示。

表 1 – 5　四等官制①

官职	神祇官	太政官	省	职	寮	卫府	大宰府	国	郡
长官	伯	太政大臣 左右大臣	卿	大夫	头	督	帅	守	大领
次官	大、少 副	大纳言	大、少 辅	亮	助	佐	大、少 贰	介	少领
判官	大、少 祐	少纳言 左右弁官	大、少 丞	大、少 进	大、少 允	大、少 尉	大、少 监	大、少 掾	主政
主典	大、少 史	左右外记 左右史	大、少 录	大、少 属	大、少 属	大、少 志	大、少 典	大、少 目	主帐

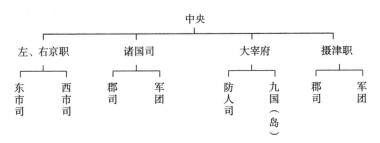

图 1 – 2　日本地方政治、军事体制②

根据日本律令制度，中央设置掌管祭祀的神祇官和总揽朝政的太政官，太政官最高官职设太政大臣、左大臣右大臣、大纳

---

① 依田憙家：《简明日本通史》，上海远东出版社，2003，第 21～22 页。据史改"大少式"为"大少贰"。

② 参见吴廷璆《日本史》，南开大学出版社，1994，第 66 页；本表有所修正，使大宰府下辖九国二岛的历史事实得以表现。

言，下设八省。地方则把全国划分为以"国"为主的行政区，分别属于若干"道"。今九州地方为西海道，由筑前、筑后、丰前、丰后、肥前、肥后、日向、大隅、萨摩九国和壹歧、对马二岛组成，大宰府就是统管西海道的最高行政机构。日本在首都设置京职，在海外交通的中心难波设置摄津职，在外交国防要地九州设置大宰府，这些都属于在特别行政区设特别官职，与国郡制度并不冲突。从表1-5、图1-2中能够找到大宰府官职对应的各级官等、下辖单位，因此，大宰府从一开始就是既与日本律令制国家体系其他机构相对应，又具有特殊性的机构。

大宰府的主要官员在表1-5中已有所体现。根据《养老职员令》，大宰府机构组织中最高行政长官设大宰帅一人，掌管全权事务，其职掌包括祠社、户口、簿帐、字养百姓、劝课农桑、督察所部、贡举、孝义、田宅、良贱、诉讼、租调、仓廪、徭役、兵士、器仗、鼓吹、邮驿、传马、烽候、城牧、过所、寺僧、蕃客、归化、飨宴等。大宰帅下设大贰一人、少贰二人；大监、少监各二人，掌判府内、审署文书、勾稽失、审察非违之事；大典、少典各二人，掌受理事务及笔录、勘署文书、发现稽失、阅读公文之事；大判事、少判事各一人，掌复审罪犯情况、断定刑名、判诸争讼之事；大令史、少令史各一人，掌抄写判文之事；大工、少工一人，掌城隍、舟楫、戎器、诸营作之事；博士一人，掌教授经业、课试学生之事；阴阳师、算师、医师各一人，分掌占筮、勘计物数和疗病之事；防人正、佑各一人，掌戍卒诸事，防人正为戍卒首领；此外还有令史、主船、主厨各一人，史生二十人。[1]

---

[1] 参见王仁波《古代中日经济文化交流的门户——大宰府》，《海交史研究》4，1982。

3. 大宰府的职能

第一，军事、行政职能。

军事职能主要表现为修筑城池，扩充军备，如"令大宰府缮治大野、基肄、鞠智三城"、"令大宰府，修三野、稻积二城"，再如"歌斐国献梓弓五百张，以充大宰府"，"信浓国献梓弓一千廿张，以充大宰府"。①

行政职能表现为代表中央对下辖诸国事务进行管理，如"大宰府言：'丰后、伊豫二国之界，从来置戍，不许往还。但高下尊卑，不须无别。宜五位以上差使往还，不在禁限。又萨摩、大隅二国贡隼人，已经八岁，道路遥隔，去来不便。或父母老疾，或妻子单贫，请，限六年相替。'并许之。"② 凡此种种，不胜枚举。

第二，外交、外事职能。

负责遣唐使以及唐、新罗、渤海使节接待与食宿。如"新罗贡调使大使吉飡金乾安、副使萨飡金弼等来朝于筑紫。缘太上天皇登遐，从大宰放还。"③ 再如，"大宰府奏：'新罗使级飡金想纯等一百卌七人，来朝。'……辛酉，遣使大宰，赐飨于新罗使金想纯等，便即放还。"④ 接待渤海使一般不在大宰府，但也有个别案例，如"唐国敕使韩朝彩，自渤海来"；以及"太政官处分：'渤海入朝使，自今以后，宜依古例向大宰府，不得取北路来。'"⑤ 由于航海条件限制，渤海国所谓从大宰府登陆"古例"，远少于渤海从能登半岛等地登陆的实例。

负责与新罗、唐朝商人的贸易事务。9 世纪前期主要负责对

---

① 《续日本纪》卷 1，文武天皇二年五月、三年十二月；《续日本纪》卷 2，大宝二年二月、三月。

② 《续日本纪》卷 7，灵龟二年五月。

③ 《续日本纪》卷 8，养老三年五月。

④ 《续日本纪》卷 13，天平十年正月、六月。

⑤ 《续日本纪》卷 34，宝龟八年正月。

新罗商人贸易事务。有日本学者强调不是大宰府的管理体制决定新罗人的对日贸易，而是新罗人自己在东亚构筑的贸易网络的存在方式决定了新罗人的对日贸易，但并不否认日本政府 831 年、842 年、870 年的三次不同法令分别将新罗人贸易纳入管理体制，将新罗人排除在大宰府鸿胪馆外，将新罗商人在日的贸易据点彻底瓦解而不能继续贸易。[①] 笔者以为，日本政府承和七年（840）以人臣无境外之交的理由拒绝张保皋遣使献方物，但允许"任听民间令得交关其随身物"，"莫令人民违失沽价""依承前之例给程粮"[②] 等措施充分说明，日本政府在张保皋势力如日中天之时仍牢牢把握着与新罗商人的贸易权，大宰府就是这一措施的执行者。

9 世纪后期开始主要负责与赴日唐商的贸易。9 世纪日本对外关系的一个新动向，是对来航的唐朝海商的优待。史料所见，赴日唐商从 842 年（日本承和九年）到 11 世纪后期，以鸿胪馆为根据地开展对日贸易活动。这些唐商虽然都是纯粹的商人，但是鸿胪馆对他们在日期间等待便于返航的季节风的半年间无偿提供食宿。对于一个地方政府，长期招待几十人，在当时大宰府的财政情况下并不容易，这些商人与大宰府、日本朝廷有着某种政治上的关联，即可能是日本为了解唐朝国内情况或是将之当成前来朝贡的蕃客。[③] 唐商船至日本大宰府博多湾，商船驶进后，先由大宰府将来港唐商船人员及货物情况呈报朝廷，然后太政官批复敕令，将唐商安置于大宰府的鸿胪馆供应食宿。大宰府再派出

---

① 田中史生：《新罗人与大宰府贸易》，《中韩古代海上交流》，辽宁民族出版社，2007，第 95 ~ 109 页。

② 《续日本后纪》卷 10，承和八年二月。

③ 马一虹：《9 世纪渤海国与日本关系》，《日本研究论集》6，天津人民出版社，2001，第 182 ~ 198 页。黄约瑟：《"大唐商人"李延孝与九世纪中日关系》，《历史研究》1993 年第 4 期。

官吏检查货物、验等定价，并等待"交易唐物使"前来主持贸易。交易唐物使抵之前，不准贸易。交易唐物使一般由京城太政官委派内藏寮官吏充任，由京城驰往大宰府。

贸易首先在唐商与大宰府之间进行。大宰府代表朝廷购买所需物资，然后方准商人与贵族、市民等交易。大宰府利用朝廷的禁令，控制对唐贸易。由于朝廷委托大宰府代购所需物资，大宰府仓库经常储有朝廷充当货币的砂金和物资。大宰府官吏利用这种先买权，在贸易中舞弊以饱私囊，有时还私自侵吞朝廷库存物资。[1] 日本京城的皇亲、贵族以及官吏争相竞买唐货，纷纷到大宰府附近修建驻所，以致后来在大宰府附近形成街巷闹市，朝廷仓库及内藏寮难以完成收购唐货任务，因此太政官不得不出面干涉[2]。而大宰府在对唐贸易中的突出作用，使朝廷决定停止派遣"交易唐物使"（909）购买唐商品的任务，完全转交给大宰府，一切需求转由大宰府购买进献。由此，对唐贸易由朝廷直接控制转变为由地方控制，从而使对唐贸易的范围有所扩大。[3]

四　三国外贸机构比较

1. 性质比较

唐朝作为大国，相对于新罗与日本来说，其外贸机构更加多元，构成了唐朝对外贸易管理体系。押新罗渤海两蕃使是唐代对外贸易管理体系中专门负责对东亚新罗渤海两国贸易，并拥有部分外交权力的官职，不独立行使职权，一般都由淄青平卢节度使兼任（特殊时期曾由淮南节度使等兼任）。实际上，该淄青镇节度使还兼有海运使等众多职务，多位一体地负责淄青地区的军、

---

① 《三代实录》卷 32，元庆元年十二月；卷 36，元庆三年十月。

② 《类聚三代格》卷 19，宽平三年"应禁制京户子弟居住外国事"；延喜三年"应禁止诸使越关私买唐物"。

③ 张声振：《中日关系史》，吉林文史出版社，1986，第 116～118 页。

政事务以及涉及邻近的新罗、渤海、日本等国的交往和贸易诸多事务。

清海镇是新罗政府为肃清海上奴婢贸易与海盗行为，设置的具有一定武装力量的军镇。随着任务的完成，在张保皋的组织领导下以清海镇为大本营的东亚国际海运贸易（甚至包括新罗与东南亚、西亚国家的贸易）随之展开，清海镇由此成为新罗人对外贸易的经营管理中心。其张保皋个人色彩以及商业性非常浓厚，官方色彩较淡，但究其本质仍是新罗朝廷赋予权力的官方机构，兼有地方军镇、外贸机构双重性质。

大宰府是日本按照律令制建立的特别行政区西海道的最高军政机关，统辖九国及诸岛，公元 7 世纪至 10 世纪时期最具影响力。由于地理位置恰好位于唐、新罗来日以及大陆文化传入日本的必经地，所以其外港博多港是日本古代最大港口。由此大宰府兼具接待来使、负责遣唐事务、联系中央与外国等外事权。随着遣唐使的停派以及新罗、唐朝商人来日贸易，大宰府的对外贸易管理权能越来越大，直至取代朝廷派遣的"交易唐物使"，全权处理唐罗商人赴日贸易事务。

由此可见，在性质上押新罗渤海两蕃使、清海镇、大宰府原本都不是本国政治制度中严格意义上的对外贸易官职或机构，而是随着局势的发展变化逐渐增强了涉外作用，获得或扩大了对外贸易职权。

三者都具有地方性：押两蕃使（节度使）最具地方割据性质，尤以李正己家族垄断该职时期为最；清海镇作为军镇，是地方武装力量，不受王权与朝廷控制，张保皋曾依靠这股势力谋求更大的中央权力；大宰府僻居西日本，统领九国，地方性质无疑最强烈、最稳定，其对内政事务性远大于外交事务性。

三者都具有军事权力，这一点从三者设立的最初目的来看最为清晰，淄青节度使乃是由安史之乱所引起的北方军事形势变化而形成的方镇，并在李氏统治时期的扩张中与唐朝中央发生过冲突与战争；清海镇原本为武装肃清海盗、奴婢贸易而设置，其"卒万人"，后曾凭借地理和军事优势拥立金佑徵登基，张保皋大使本人获"镇海将军"封号，军事力量雄厚；大宰府最初本为防备西海战事、维护国防安全的目的设置，地理特殊性决定了其国防重要性，统领九国军力，因而被称为"远方的朝廷"。

总之，唐、新罗、日本三国主管对东亚的贸易机构都涉及地方势力或直接由地方政府衍生而来，且都具有特殊行政区的巨大权力和优势来进行对外贸易，在一定程度上反映了东亚三国中央集权出现衰微、地方缘边政府在涉外事务上权力扩大的趋势（这一趋势不断扩大，在东亚历史上造成了后来的中央集权旁落分裂、地方势力的崛起）。而值得注意的是，唐淄青镇、清海镇都是律令体制之外的特殊行政区，长官及其职权与其势力本身崛起有关；而日本大宰府虽按照律令制设置，但其逐步扩大的对外贸易权则与国际形势有关，乃由摆脱律令制度若干束缚而获得。

2. 设置比较

押新罗渤海两蕃使由于是节度使所兼任的众多使职中的一个，其僚属设置在三国机构中最为简约，虽拥有单独官印，但只设有巡官、押蕃副使、判官。它是唐代初期政治制度遭破坏后另行构建的使职制度的一种，且与海运使、陆运使等一同为淄青镇最高军政长官长期兼任，构成淄青（或淮南）地方政府对外贸易机关。这是其组织机构最大的特点，异于新罗和日本。

新罗清海镇的组织结构设置最大特点是由节点组成国际网络，由居于中心的清海镇统辖，它更为开放、国际化；"遣唐卖物使""对日回易使"分别在中日两国境内活动，且兵马使与遣唐卖物使兼于崔晕一人，可见其武装力量与贸易结合的程度。其在唐新罗人社会管理体制所反映的历史事实是,清海镇的机构组织完全是为了东亚国际的贸易的实际经营方便而设置,在当时的东亚世界史无前例,其制度是一种独创。

大宰府机构较为严密、庞大,各级官吏齐备,与日本整个官僚制度对应整齐。由于日本国内政治局势相对于唐与新罗变化不大,大宰府设置较为完备而稳定。因为其对外交往权力来自地理上遣唐使的出航地,两方所来使臣以及"渡来人"的必经地,特别是大陆商人赴日贸易的兴起,自然地赋予了大宰府这一日本门户越来越广泛的对外交往权力。只是由于7世纪中叶以来的日本对外战略的内敛特性,使得其对外交往仅限于辖境内,"坐等来客,迎来送往"的特点与唐代地方政府有相似性。

三国外贸机构设置可以看出三国局势与国家关系变化的轨迹,即唐朝押新罗渤海两蕃使为唐后期的使职制度中长期固定化的官职,其并不独立行使外贸职能,而依赖于山东地方军政权力存在,这是安史之乱后藩镇势力增强的大势与淄青割据势力兴衰的个案特殊性共同产生的结果;清海镇兴起一时,其东亚海上贸易运输事业空前绝后,其机构设置实用性远大于制度性,它实际创造了一种东亚历史上独一无二的管理运营方式,这与张保皋势力"亦官亦商亦武"特质以及新罗王权衰落、地方豪族势力抬头的历史背景紧密相关,此后朝鲜半岛历史上再未出现此类机构;大宰府起自日本律令制度,中规中矩,是日本律令制国家时代特殊行政地方的军事、政治权力机关,代表日本朝廷,7~9世纪外交外事事务以及9世纪东亚大陆商人赴日贸易大都集中于此,大宰府因此获得更大权力,但并未因此而更改机构设置,其设置主要为内政而非外交外事服务,这与唐和新罗有差异。

3. 职能比较

押新罗渤海两蕃使为唐朝全国众多押蕃使之一,主要负责唐与新罗和渤海两属国的通交事务，兼及日本人入境管理事务。其职能非常清晰，交涉国对象明确而固定。在对外贸易管理方面，主要负责新罗、渤海朝贡贸易事务和海运贸易，以及过境日本遣唐使的某些贸易事务。这一官职为专设官职，对日本事务的处理属于职能扩大。

新罗清海镇的职能主要体现在对新罗商船在对唐、对日贸易（以及对中东、东南亚商人的贸易）的经营方面。与之形成鲜明对照的是，渤海国也参与了唐日间的中继贸易，即在唐日贸易中发挥桥梁作用，但渤海国自始至终采取以国家为主体的官方贸易形式，因此没有出现新罗清海镇这样的机构。新罗清海镇是商人势力的代表，其对外贸易职能特征是经营性大于管理性。它既是东亚海域贸易的官方主管者，又是贸易活动的主体和经营者、贸易船队的所有者。清海镇不同于唐、日外贸机构，其发挥作用依靠的是在东亚海域的巨大优势（而非陆上腹地的优势），海洋对构建其网络、发挥其作用有不可忽视的影响。

大宰府开始是协助由朝廷派遣来的官员完成对外贸易事务，后来才完全取代中央的来使，自主完成处理大陆商人来日贸易事务，由配合转为直接管理。到宋代，随着东亚海运贸易的繁荣，大宰府仍是日本重要的对外贸易管理机构。大宰府职能较为全面，作为日本"道"一级的地方政府，既拥有统辖西海道九国三岛的行政与军事职权，又拥有处理对外交往与贸易的职权。大宰帅与唐朝缘边藩镇节度使相近：辖境本身属于本国对外交通要冲，集军政、经贸、外交大权于一体。

由此可见，唐、新罗、日本三国政府在东亚贸易中占比很大，因此一直以来将非朝贡贸易的商人贸易称为"民间贸易"并不准确，难以反映9世纪东亚海上商人贸易所具有的极强的官方色彩的事实，易于忽视官方对贸易的巨大推动与直接参预作用。

10 世纪以后真正的民间贸易中，政府只充当外贸管理者，以税收而非贸易本身获利。因此，笔者针对 9 世纪东亚贸易性质，在此提出"官商贸易"代替以往的"民间贸易"（以及韩日学者的"私贸易"）说法，以凸显唐末东亚贸易的官方色彩。

通过唐、新罗、日本三国对外贸易机构的分析考察与综合比较，东亚古典外交制度的特点也得到鲜明体现：唐代中央与地方相关官职机构相互配合，组成对外贸易管理体系，其制度周密而健全，有效地管理、运营着全国的对外贸易；新罗外交制度尚未健全，但对外贸易经营管理尤为发达，网络化、开放化、国际化的机构设置为东亚制度史上首创，意义重大；日本大宰府源于中国官制，但在对外贸易管理上具有与唐、新罗截然不同的特点，即完全以地方政府形态处理外交外贸事务，构成日本外交制度之一环，且未破坏原有的律令制度。

本文关于唐、新罗、日本三国对外贸易机构的讨论仅是对东亚古典外交制度的尝试性研究，更多有关东亚古典外交制度的问题需要进一步地深入探讨。

原载李宗勋主编《东北亚历史与文化》第 4 辑，2010 年

第二章
唐代东亚的汉字文化圈

东亚汉字文化圈的构造

一 东亚汉字文化圈理论生成及其内涵

东亚汉字文化圈，是指形成于唐朝时期，中国、朝鲜、日本三国以汉字为媒体，以律令、儒学、佛教、教育制度、技术文化为核心构成的较为稳固的文化共同体。[①]

东亚汉字文化圈最早是由日本学者西嶋定生提出，是与其"东亚世界"理念密切相关的重要理论。在《东亚世界的形成》一文中他开宗明义地指出，基于世界史上各自律性历史世界的客观性和日本史与大陆史的关联发展的主体性两个角度，在世界历史中设定"东亚世界"作为研究单元。古代东亚是以中国为中心，由统一的汉字、律令、佛教、儒教等组成的文化圈，以中国

[①] 这一概念以西嶋定生的定义为基础，融合了中国学者的贡献。参阅李宗勋《唐·新罗·日本政治制度比较研究》，延边大学出版社，1998，第30～35、201页。韩昇：《东亚世界形成史论》，复旦大学出版社，2009，第53～70页。高明士：《东亚教育圈形成史论》，上海古籍出版社，2003，第324～329页（原名《唐代东亚教育圈的形成》，台北"国立编译馆"，1984）。

为中心，是因为东亚诸国均接受中国中古时期诸王朝的册封，并承担朝贡的义务。

> "东亚世界"这种历史世界，具有如何的结构？又，说它是具有已经完成的自律性者，究竟是怎么一回事？首先，必须指出，"东亚世界"是以中国文明的发生及发展为基轴而形成的。在黄河中游地区诞生的中国文明，在质的发展过程中，从华北到华中、华南，不断扩大其领域，而及于中国全土。随着中国文明的发开，其影响进而到达周边诸民族，在那里形成以中国文明为中心，而自我完成的文化圈。这就是"东亚世界"。所谓自我完成的文化圈，是指在这个文化圈的共通的诸文化，受到在中国起源的文化的影响；同时，在这个文化圈内，诸文化又具有独自的和相互关联的历史结构。因此，"东亚世界"是以文化圈而完成起来的世界，同时，它本身具有自律的发展性，是个历史的世界。……构成这个历史的文化圈，即"东亚世界"的诸要素，大略可以归纳为：一、汉字文化，二、儒教，三、律令制，四、佛教等四项。①

在历史上，东亚地区是一个独立的世界，拥有自己独特的国家关系秩序和历史文化系统，东亚汉字文化圈就是以古代中国王朝为中心的东亚世界的文化系统。东亚独特而高度发展的文明，创造了辉煌的文化成果，对于今日世界的合作发展也具有深刻的启发意义，值得深入研究。

如果重新对此概念进行分析，则代表地域范围的"东亚"、

---

① 西嶋定生：《东亚世界的形成》，高明士译，刘俊文主编《日本学者中国史研究论著选译》第二卷，中华书局，1993，第88~103页。

代表文化核心内容的"汉字（文化）"，以及代表文化区域及形态的"文化圈"三者间都具有相当丰富的历史内涵和探讨空间。首先是"东亚"概念。作为地理范畴原本指的是亚洲东部，包括今天中国、朝鲜、韩国、日本、蒙古五国。但实际上，从文化范畴讲，一般强调的是中国华北、东北与朝鲜半岛、日本以及俄罗斯远东地区，因此人们也常常使用"东北亚"，大抵相当于汉唐时期的"东夷"所在①。其次，汉字与汉字文化。汉字是配合汉语的具有具象思维的表意文字，是中国传统汉文化的主要载体。秦汉帝国以来，历史悠久的汉字被规范、统一和推广，成为具有世界性影响的文化符号。目前，中文是联合国工作文字之一，是世界上唯一被大量人口所使用的象形文字，已成为中国文明的象征。最后，文化圈。作为文化传播形成的文化场域，具有相同文化特质、文化结丛的文化群体所构成的人文地理区域。文化圈的理论核心是文化传播论，世界上存在若干文化圈，都包含一定的物质和精神文化的共有成分，并且文化圈一般都由核心（文化源）和边缘（文化受容区）组成。

同时，因为研究角度的差异，东亚汉字文化圈又被冠以"东亚文化圈""中华文明圈""儒家文化圈""汉文化圈"等名，不同的称谓之下对于文化圈时空内涵的界定也存在诸多迥异之处。相对而言，东亚文化圈侧重于地域观念，较为笼统，一般主要从现代东亚各国角度阐述。而中华文明圈，侧重中华文化辐射效果，又被直接称为"中国文化圈"，更多地被当代国际经贸领域相关研究所使用，强调中国经济作用，以及中国文化在经济发展中的价值。② 儒家文化圈与此类似，主要是在"亚洲四小龙"（韩

---

① 牟发松：《汉唐间的中日关系与东亚世界》，《史林》2004 年第 6 期，第 63 页。

② 现在有香港学者使用"大中华经济圈"概念，其包括中国大陆和台湾、香港、澳门。

国、新加坡、中国台湾和中国香港）经济腾飞之后，由经济学家概括而来。汉文化圈论，强调创造核心文化的民族，易忽视汉文化的多元特性，是一个仅适于相对亚洲大陆北方游牧民族文化的历时性概念。[①] 与这些概念相比，可以清楚地看到东亚汉字文化圈在历史与地域上的超越性。

那么，东亚汉字文化圈具体时空限域为何？一般而言，这一文化圈主要应包括中国、朝鲜半岛以及日本，越南虽然在10世纪从中国王朝内部独立出去之前一直使用汉字并极深地受到汉字文化的影响，但是考虑到在彼此之间历史关系的密切性上，以及中国古代社会与朝鲜半岛、日本列岛的更为长久和频密的历史关联，东亚汉字文化圈的主要研究范围是中国、朝鲜半岛、日本列岛，同时，在具体问题上应该注意越南和中国内部非汉文化及其政治体、人群。

西嶋定生对东亚汉字文化圈界定的一个重要指标是其文化要素上的共通性。他强调汉字、儒学、律令、佛教四大核心要素在形塑东亚世界的文化共通性上的主要作用。概括来说，西嶋定生认为东亚古代国际关系以册封体制为基础，各国以汉字、儒学、律令、汉传佛教为基本要素，受到中国古代文化的强烈影响，由此中国、朝鲜、日本、越南构成一个自成体系的文明区域和历史世界："东亚世界"。[②] 可以归结为一方面是政治视角的"册封体制论"，另一方面是文化视角的"东亚汉字文化圈论"。中国学者韩昇认为东亚是"依文明截取的区域"，他对西嶋定生以汉字、

---

① 陈玉龙、杨通方等：《汉文化论纲——兼述中朝中日中越文化交流》，北京大学出版社，1993。

② 西嶋定生：《東アジア世界と册封体制》，《西嶋定生東アジア史論集》第3卷，岩波書店，2002；西嶋定生：《東アジア世界と册封体制－六－八世紀の東アジア》，《中国古代國家と東アジア世界》，東京大學出版會，1983；西嶋定生：《六－八世紀の東アジア》，《岩波講座日本歷史》第2卷，岩波書店，1962。

儒学、律令制度和佛教四要素建构的东亚世界的完整、独立、自律特性予以确认，并补充了教育和技术两个要素。他的理由至少包括东亚作为地理概念虽来自西方，但其所限定地理范畴作为文明区域（包括日本和朝鲜，但排除了越南）是"历史形成的事实"。① 对移民作用的强调使他的研究与前人关于东亚世界形成的见解有着本质区别："东亚古代文化圈的形成过程中，人口迁徙起着至关重要的作用。"② 东亚世界论另一位重要的实证研究者和创新者是高明士，他也强调东亚汉字文化的共通性："东亚古代的世界里，日、韩人士可以到中国留学，甚至做官而外，中国的士人也可以到日、韩任职乃至于归化。而日、韩彼此之间，也可以做学术文化交流。于是传统东亚地区以中国文化为媒介，自成一个历史世界，这就是所谓的东亚世界，有别于同时代的其他历史世界。"③

汉字由于是象形文字，其中包含着中国古代文化经史子集的内容，因此使用汉字本身就是对中国古代文化的引进。汉字文化从心理上和思想上使朝鲜半岛和日本列岛古代国家潜移默化地融入中国文化，这也是当代东亚相互影响、广泛交流的有利条件和基础。公元 2~3 世纪汉字传入东亚地区，此后，东亚文明进程得以某种"加速"方式前进。

在古代中国文化中，儒学的作用极为独特，它是古典文化的象征之一，归结为一种现世的、社会性的人道主义和社会理念。

---

① 韩昇：《东亚世界形成史论》，复旦大学出版社，2009，第 53~85 页。甘怀真所持认知类似，参阅甘怀真《导论：重新思考东亚王权与世界观》，收入氏编《东亚历史上的天下与中国概念》，台大出版中心，2007。甘怀真：《皇权、礼仪与经典诠释：中国古代政治史研究》，台大出版中心，2004（华东师范大学出版社，2008）。

② 参阅韩昇《日本古代的大陆移民研究》，文津出版社，1995。

③ 高明士：《东亚古代士人的共通教养》，此据《东亚汉文化圈的形成与发展：政治法制篇》，华东师范大学出版社，2008。

4世纪后期开始东传，中国及其以东地区在意识形态、思想道德观、社会观上开始出现共通特征。

律令，指律和令，律指刑律，令指诏令，合为典章制度。魏晋以来，东亚诸国开始吸收中国律令制度，建构政权。唐代律令制度粲然大备，朝鲜半岛、日本列岛大力引进以扩大王权并作为治国理政的理论依据和经验基础。在古代东亚，引进律令制度的力度是各国社会发展程度的评价标准。

佛教，特指汉传佛教，即中国化的佛教，其基本特征是各国都使用汉文大藏经，各教派教义融入了许多中国传统文化的内容，各国佛教也都具有依附于政治的特点。

在这四项要素之外，中国式的科技、科举制度、文化艺术、民俗等，以及物质文化（贸易、人员往来）也不同程度地构成东亚共通文化因子，而各项文化要素绝大多数是通过汉字来进行交流的。从这个层面来讲，汉字的核心承载作用，使得东亚各国官方和民间的交流形成一种密切的联系甚至内在的系统，因此将其称为东亚汉字文化圈，名副其实，恰如其分。

如果将这些文化要素和历史关系以及因地理邻近而产生的其他要素相结合做一个比较，我们可以发现世界上还存在与东亚汉字文化圈类似的其他文化圈，在世界历史上，主要有：基督教文化圈，伊斯兰—阿拉伯文化圈，印度文化圈，游牧文化圈。① 在唐代时期，东亚地区依然流行来自中原的文明，同时，在拜占庭、阿拉伯半岛、印度等地，欧亚大陆范围内的大帝国周边也都存在相应的文化圈，查理曼帝国也曾一度联结起基督教文化圈的西欧部分。当然，各文化圈并存、重叠的时代，其间的边界既非

---

① 汤因比将人类历史作为一个整体来加以考察，用极为宏大的视野展现诸多文明之成长、碰撞、融合历程。参阅阿诺德·J. 汤因比《历史研究》，刘北成译，上海人民出版社，2005。

泾渭分明，也非死亡、封闭或割裂，异文化交融地带即"边缘文化区"① 容易形成新的文化（社会）中心。

这种在欧亚世界形成的诸帝国与文化圈格局，正如堀敏一所概括的那样，构建起一种新型的"中国在世界中"的世界史："在东亚，诞生了以中国为中心的中华帝国。作为东亚世界帝国，这里所研究的唐帝国，最具有典型意义。当然，以后的王朝也是根据统治各民族的中华帝国的思想而行动的。对此，各民族也产生反动，因而诞生了辽、金、元、清等王朝，然而，他们却依旧继承了'中华思想'。与此相同，出现了统合中东、地中海世界的罗马帝国、阿拉伯帝国，以及欧洲的基督教的世界帝国。在欧洲，查理大帝的帝国，其政治虽然积弱不振，但却依靠基督教而创造出紧密的一体化的世界。这成为今日欧盟的基础。从印度到东南亚，虽然政治统合的时期短暂，却也形成具有多种语言文化特征的印度文化圈。所以，我们可以将近代以前的世界划分为东亚世界、西亚世界、南亚世界和欧洲世界（其中包含地中海世界）。而游牧民族活跃的中亚世界，可以从其与周边世界的联系中，另作研究。"② 这其中，中外关系的研究是最为重要的途径之一。

东亚汉字文化圈的形成并非单一的文化现象，它与东亚诸民族、国家之间的系统内在互动密切相关。对于东亚汉字文化圈的

---

① 中国朝鲜族学者金强一从文化战略角度，针对朝鲜族社会、蒙古族社会等跨境民族区域，提出了"边缘文化"理论，对认识古代历史中双重文化或多元文化中的区域文化具有一定借鉴意义。他认为："边缘文化是多元文化或复合文化中新的研究领域。从系统论的角度看，边缘文化不是多种文化简单的机械相加，而是一种新的文化的组合方式或新的文化体系。边缘文化所具有的文化行为领域扩张、文化转换及创新等功能是我们构思特定文化域文化战略的主要依据。"参阅金强一《边缘文化：一种多元文化融合的文化资源》，《东疆学刊》2009 年第 4 期，第 50~55 页。

② 堀敏一：《隋唐帝国与东亚》，韩昇、刘建英编译，兰州大学出版社，2010，前言，第 2~3 页。

论述需要历史地看待东亚区域存在的汉字文化圈及其纵向演变过程，不能脱离时代单方面强调区域内各国之间文化要素的共同性，同时，也需将与中国汉字相关联的包括朝鲜、日本文字、越南的喃字以及契丹、女真、西夏、壮字、苗字、傈僳字等统统纳入文化层面的考察范围。简言之，既需要诠释意义上的历史学视角，也需要阐述意义上的文化学视角。

周有光先生从汉字演化角度，对汉字文化圈演变提出了不少深刻的见解，例如，他认为汉字承载着中华文化，从中国中部黄河流域的"中原"向四方传播出去，成为许多种汉字式的文字，组成一个东亚的汉字文化圈。借助宏观的方法，把所有的汉字式文字当作一个整体的文字体系加以研究，可以将汉字文化圈的各种文字的历史演变分为传播、假借、仿造、创造四个阶段。[①] 他还重点分析了汉字文化圈在三千年中经历的扩大和缩小的巨大波动。

（1）汉字原来是汉族的文字，经过传播和演变，形成一个汉字大家庭，包含几十种汉字式文字，书写属于不同语系的多种语言。不同的语言可以采用类型相同的文字，语言特点并不决定文字形式。汉语汉字和非汉语汉字形成一个庞大的汉字系统。

（2）汉字传到南方和西南的非汉语民族，演变成为许多种"孳乳仿造"的汉字式词符文字。南方的壮族造出了"壮字"，越南的京族造出了"喃字"。西南各省的少数民族仿造更多的词符文字，例如苗字（三种）、瑶字、布依字、侗字、白字、哈尼字等。但是由于文字重床叠屋、使用繁难，或者

---

① 周有光：《汉字文化圈的文字演变》，《民族语文》1989 年第 1 期，第 37～55 页。

缺乏民族共同语，文字因人因地而不同，最后都难免逐渐自行消失。

（3）在宋代，汉字传到北方的契丹、女真、党项等民族，形成"变异仿造"的汉字式词符文字。法定作为辽金夏三国的朝廷文字，推行三百年之久。但是，文字没有文化作为后盾，单靠军事和政治力量，难以长久维持，终于跟随政权灭亡而文字也灭亡了。

（4）汉字传到东方的朝鲜和日本，演变出汉字式的字母。日本使用汉语文言五百年之后，创造"假名"，再过一千年，"假名"成为跟汉字混合使用中的主要成分；朝鲜使用汉语文言一千年之后，创造"谚文"，再过五百年，"谚文"成为跟汉字混合使用中的主要成分。这是汉字历史发展的突变。

（5）汉字从黄河中部的"中原"传到长江流域、珠江流域和全国各地，形成吴语、闽语、粤语和其他方言的汉字式文字，但是都没有成为社会的通用文字。在作为英国殖民地的香港（1997年归还中国），粤语方言的汉字式文字比较发达，但是正式文书也用中国通用的文言和白话文。

（6）在汉语方言的汉字式文字中，音节性的"江永女书"很特殊。它是一种小地区的妇女社会的秘传文字，跟其他汉语方言文字迥然不同。这是受了当地瑶族妇女的习俗影响。它书写汉语方言，但是跟"平地瑶"的文化相融合。在妇女解放和实行全民义务教育之后，妇女专用文字无法再继续存在下去了。

（7）居住在云南西部边陲的傈僳族，长期处于中印两种文化之外的世外桃源，不满意基督教会所创造的不中不西的传教文字，由一位农民开天辟地创造自己的民族文字。这种文字跟江永女书相比，有两点相同。①同样是"变异仿造"

的汉字型音节文字，都还没有规范化。②同样是封闭小社会要求突破文化束缚的启蒙行动。傈僳音节字是汉字大家庭中最晚诞生的小弟弟。

（8）近一个世纪以来，在西洋文化的影响下，汉字文化圈逐步萎缩。越南改用罗马字，放弃汉字。朝鲜全用谚文，放弃汉字；韩国仍旧使用汉字和谚文的混合体，但是汉字减少到一般使用1800个或者更少。日本的正式文字是汉字和假名的混合体，但是汉字减少到一般只用1945个常用汉字。日文已经从汉字中间夹用少数假名，变成假名中间夹用少数汉字。

（9）但是，汉字在发源地的中国，地位依然稳定，而且由于不断扫盲而扩大应用。①

借由周先生的论述不难看到东亚史研究者常常忽视的一些面相，就是汉字本身在历史上中国的内外区域都发生过变异，不只是朝鲜和日本式的汉字。

目前关于汉字文化圈的研究已经完全超越学科限域，既有语言学、翻译学领域的研究，也有文化传播学方面的探讨。在历史学领域，也有学者提出不少富于启发的见解。当然，更多的具体研究实际上是跨学科交叉研究的成果。例如金文京的研究指出，日本汉文训读从佛经汉译的过程中得到启发而形成，而且它很可能受新罗同样方式的影响。而同样的阅读方式在契丹或回鹘等汉族的近邻阿尔泰语系民族中也可以找到。因中国北方古代长期受阿尔泰语系民族的统治，结果当今中国北方方言即所谓普通话当中也有类似训读的现象。要之，此乃东亚汉字文化圈的普遍现象。在日韩两国，由汉文训读所形成的语言观扩大到各自的世界

---

① 周有光：《周有光文集》第4卷《世界文字发展史》，中央编译出版社，2013，第179~182页。

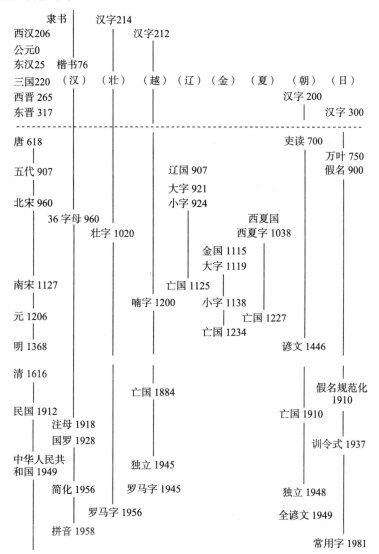

图 2－1　汉字流传演变示意

资料来源：《周有光文集》第 4 卷《世界文字发展史》，中央编译出版社，2013，第 181 页。

观，其中既有同又有异，于焉产生包括中国在内的东亚各国的世界观。①

显然，东亚汉字文化圈的内涵异常丰富，构造独特而有历史延展性，应从多角度透视研究。以下从历史演变的角度予以分析，为后文关于唐代东亚史的理解提供文化层面的路径。

二 唐代东亚汉字文化圈的形成及其后续演化

首先，东亚汉字文化圈形成的一大前提是隋唐帝国与周边世界建立起一套政治秩序。这一套政治秩序特别在东亚方向上更为典型，历史学界称之为"天下秩序"②"中国的世界秩序"③"礼治体系"④。不论是隋唐帝国，还是后续的中国古代帝国，或通过与周边政治体之间建立朝贡与册封关系，或是其他"古典外交"或交聘手段，甚至介乎直接的郡县统治和朝贡关系之间的"羁縻统治"途径，庞大的帝国政治文明高度发达，汉字文化与其他风俗、物质、人员源源不断地输送到周边世界，当然，特别是在隋唐时代，中国也敞开大门吸收着欧亚世界文明。

堀敏一将东亚世界的特征归为多元联系："中国同东亚各国之间的关系不仅仅局限于册封，还包含从羁縻州到单纯的朝贡等

---

① 金文京：《东亚汉文训读起源与佛经汉译之关系——兼谈其相关语言观及世界观》，《日语学习与研究》2012 年第 2 期，第 19～25 页。

② 高明士：《从天下秩序看古代的中韩关系》，韩国研究学会编《中韩关系史论文集》，台湾商务印书馆，1983；高明士：《隋唐天下秩序与羁縻府州制度》，（台北）《中华民国史专题论文集》第 5 辑，"国史馆"，2000。

③ John K. Fairbank, ed, *The Chinese World Order*, Cambridge. Mass. ：Harvard University Press, 1968. 中译本：费正清编《中国的世界秩序》，杜继东译，中国社会科学出版社，2010。

④ 黄枝连著《天朝礼治体系研究》分为三卷出版：上卷《亚洲的华夏秩序：中国与亚洲国家关系形态论》，中国人民大学出版社，1992；中卷《东亚的礼义世界：中国封建王朝与朝鲜半岛关系形态论》、下卷《朝鲜的儒化情境构造：朝鲜王朝与满清王朝关系形态论》，中国人民大学出版社，1994。

多种形式，它们随着中国与各民族之间的实力关系（变化）而呈现多种形态，并因此而缔结比较宽松的关系。它虽然不似欧洲那种紧密的关系，却也不是各国、各民族各行其是的存在。宽松的关系是东亚世界的特征。"并且，他十分重视区分东亚世界与其他历史世界的联系和差异："种种的需要使得东亚各国、各民族接近中国，加入中国的世界秩序之中，因此，中国所确定的秩序并不是由于中国的征服和强制而片面强加于人的。隋唐时代，以中国为中心，周围像卫星般环列着向往中国的各民族的君主国家，纷纷向中国朝贡。这是统一东亚的世界帝国，是具有东亚特殊形态的世界帝国，不同于主要依靠征服而建立的罗马世界帝国。"① 对于隋唐时代的中国帝国的世界性，作者无疑也持赞赏态度。他的另一部作品《中国通史》就将这一时代概括为"隋唐世界帝国和国际交流"。②

斯塔夫里阿诺斯的总结偏重唐朝帝国的扩张效果："唐朝最明显的特点是帝国扩张。通过一系列大的战役，它的疆域甚至超

① 堀敏一：《隋唐帝国与东亚》，韩昇、刘建英编译，兰州大学出版社，2010，第10～19页。

② 堀敏一：《中国通史：问题史试探》，邹双双译，社会科学文献出版社，2015，第九章。该书及其所属丛书"鲤译丛"由笔者策划，译文副书名灵感来自气贺泽保规先生的翻译。笔者为该书分别撰写了内容简介和推荐语："堀敏一作为日本东京学派经典代表史学家，其著作深受中国古代史学界的推崇。《鲤译丛·中国通史：问题史试探》一书是作者高屋建瓴，以学术问题为中心撰写的中国古代通史，也是一部名著。作者在篇幅分配上，实际根据专攻领域对魏晋南北朝、隋唐时代着墨较多。日本中国史研究大家很少撰写以通史为名的著作，相信堀敏一《鲤译丛·中国通史：问题史试探》会给历史爱好者、研究者都带来阅读的惊喜。""在日本汉学家中，研究中国古代史的一大批史学家的经典实证性史学著作曾被中国史学界系统地介绍和吸收，也受到欧美汉学家高度重视。在这群星璀璨之中，堀敏一先生以其博采众长、融会贯通著称。他的《均田制研究》《隋唐帝国与东亚》等著作很早就由厦门大学、复旦大学史学研究者译介成中文，一时洛阳纸贵。此外，我们选定这部《中国通史：问题史试探》翻译出版，不仅由于以上原因，也因为这部著作集中代表了堀敏一先生对中国古代史的通视观点，这在他的其他著作特别是已经译为中文的著作中还未见到。"

过汉朝。唐朝在中亚建立了中国的宗主权，控制整个塔里木盆地，并越过帕米尔高原，控制奥克苏斯河流域各国，以及阿富汗印度河上游地区。另外，南部的西藏、西北的蒙古、东北的朝鲜和满洲等广大地区，这时也被迫承认中国的宗主权。当时世界上，只有中东穆斯林阿拉伯人的帝国能与之匹敌。"更为重要的是，他将之归因于非物质的力量，"中国人的胜利，不应完全归于其优越的物质力量"。这无疑是在暗示文化的力量："随后1000年，对中国人来说，是一个伟大的黄金时代。早在汉代，中国已成功地赶上欧亚大陆其他文明，而现在，即中世纪时期，中国则突飞猛进，仍是世界上最富饶、人口最多、在许多方面文化最先进的国家。"① 东亚世界的形成标志是以中国为中心的区域秩序的构建，那么它无疑也是汉字文化圈得以形成的政治背景。

其次，汉代以来东亚地区形成一种在诸多文化要素上具备了共通基础的文化形态。这构成了隋唐帝国时代东亚区域内文化流动传播的重要基础，特别是唐代来往于中国、日本之间的新罗人、渤海人、日本人、唐人，以及他们所留下的诸多汉文诗赋作品，显示出一种以汉字为基础的文明超越国境的魅力。汉唐之际，"东亚世界形成过程中来自中国文化的强烈吸引力和巨大辐射力，在周边蛮夷民族中产生了对中央王朝的强大向心力"②，这种向心力构成汉唐间东亚关系不断向前推进的内在动力。其中，文化的传播，特别是西嶋定生等揭示出的汉字、佛教、律令、儒学、教育、科技以及重要的人员要素的流动，使得东亚古代国家在文明外部特征上趋近于中华世界。

---

① L. S. 斯塔夫里阿诺斯：《全球通史：1500 年以前的世界》，上海社会科学院出版社，吴象婴、梁赤民译，1999。在第十六章，作者将隋唐及其后续的宋元时代统一归为"传统的儒家文明"。

② 牟发松：《汉唐间的中日关系与东亚世界》，《史林》2004 年第 6 期，第 61～68页。

再次，唐代文明达至一种前所未有的高度和鼎盛期。正如《中华文明史》对唐代文化的高度概括："唐代文化是在大一统局面下发展的，带有统一帝国的宏伟，呈现一种兼容的气度。"陈寅恪在《李唐氏族之推测后记》中说："则李唐一族之所以崛兴，盖取塞外野蛮精悍之血，注入中原文化颓废之躯，旧染既除，新机重启，扩大恢张，遂能别创空前之世局。"① 张广达也说："中国古代文明在唐代达到了它的高度发展的阶段。它继承了汉魏南北朝以来由于民族纷扰和社会动乱而流散到长江以南、河西走廊等地区的中国传统文化。同时广泛地吸收了外来的文化因素。在中国历史上，唐代是一个少有的既善于继承，又做到了兼收并蓄的朝代。"而"唐代之所以朝气蓬勃、富有生机，一是唐代的社会和文化能条贯、折中前此数百年的遗产，二是能兼容并包地摄取外来的各种文化营养。"② 除了唐代文化兼容并蓄的特点，不少学者还从其丰富性和中国古代史上高峰的一角度予以褒赞："唐代文化是中国乃至世界文化百花园里的奇葩。在诗歌、绘画、书法、雕塑、音乐、舞蹈、小说、散文和茶道等方面都取得了空前的成就，涌现出李白、杜甫、孙思邈和陆羽等世界文化名人，名垂汗青的诗人、画家、书法家、音乐家、舞蹈家之多，艺术水平之高，历代罕有其匹。"③

最后，东亚民族的慕华思想。东亚汉字文化圈形成固然是先进的唐朝文明通过唐朝的军事政治势力向周边各国扩展的必然结果，但另一个重要的方面是朝鲜、日本各国对中华文化的倾慕和追崇思想，这就是"慕华思想"。隋唐帝国建立以后，中国周围

---

① 陈寅恪：《金明馆丛稿二编》，生活·读书·新知三联书店，2001，第 344 页。
② 张广达：《唐代的中外文化汇聚和晚清的中西文化冲突》，《中国社会科学》1986年第 3 期，第 87~88 页。
③ 李斌城：《探索唐代文化丰富内涵的创新尝试》，《中国社会科学院院报》2006 年8 月 17 日，第 4 版。

许多国家，尤其是朝鲜和日本仰慕或追求中国先进文化，纷纷前往中国朝贡、建交和交流，所谓"万国衣冠拜冕旒"。原因何在？中国经济社会发展远远高于日本、朝鲜，后者的文化核心自4世纪始趋向于中国文化，7~9世纪正值东亚国家成长，王权扩大的关键阶段，迫切需要治理国家、发展社会经济的方法和经验。[①]由此，东亚诸国纷纷主动吸收汉字文化，在政治、宗教等文化层面渐趋"中华化"。当然，我们也不能忽视，东亚诸国在受容汉字文明时，带有一种主动选择的文化主体意味，这在中国文化圈以往的研究中并未得到恰当的揭示。

在唐帝国崩溃以后，东亚世界面临一系列新的变局，实际上由白江之战所确立的唐、新罗、日本三国鼎立的东亚政治格局逐渐崩毁。东亚汉字文化圈出现重要变化。

早在安史之乱时，东亚地区就受到不同程度的影响，波及渤海、新罗、日本与唐朝的交流。而至唐朝政权灭亡之后，帝国周边民族与国家的离心倾向导致东亚区域内的文化交流受阻或转向。随之新罗、渤海也亡国。唐代东亚世界瓦解，新的东亚世界尚未建立。东亚汉字文化圈盛况不再。东亚内部发展情况复杂、充满挑战。例如，日本游离于东亚秩序边缘，发展道路独特。经过约五十年的五代战乱时期，宋代统一了汉地国土，周边崛起一系列全新的区域政治体：契丹、西夏、大理、高丽。宋代完成了东亚贸易圈的构建，但是难以做到经济文化中心与政治中心的统一，实际上始终未能获得东亚世界的核心主导地位。在外交上，后大唐帝国时代，契丹帝国掌控着东亚世界；在文化上，汉字文化继续发扬光大，光被四方诸国。

在东亚汉字文化圈的发展历程中，宋代是一段非常有趣的时

---

① 李宗勋：《唐·新罗·日本政治制度比较研究》，延边大学出版社，1998，第31页。

代。宋朝的国土限定在幽云以南的汉地，北方则雄踞着契丹帝国，正因为与汉唐时期幅员辽阔的帝国面积无法相比，在文化上、思想上宋代出现了前所未有的诸多变革。其中不乏"中国意识"的抬头等，以与周邻威胁的窘迫政治外交局面相颉颃。① 宋代的文化，有学者做出了比唐代还要登峰造极的评价，例如陈寅恪的话就常常被引用。

> 吾国近年之学术，如考古历史文艺及思想史等，以世局激荡及外缘薰习之故，咸有显著之变迁。将来所止之境，今固未敢断论。惟可一言蔽之曰，宋代学术之复兴，或新宋学之建立是已。华夏民族之文化，历数千载之演进，造极于赵宋之世。后渐衰微，终必复振。譬诸冬季之树木，虽已凋落，而本根未死，阳春气暖，萌芽日长，及至盛夏，枝叶扶疏，亭亭如车盖，又可庇荫百十人矣。②

不论是否应将宋代视作中国古代文化的巅峰，宋朝在东亚世界文化中心的地位都是无可置疑的。同时，宋代又是一个军事上无法与汉唐帝国相媲美的时期，契丹、西夏甚至大理都曾威胁其安全。所以，东亚汉字文化圈出现一种新的现象，就是政治中心与文化中心的脱离。宋代作为文化繁荣的中心，与军事上更威猛的契丹（辽）对峙时期，不再占据东亚世界政治中心的地位。东亚的高丽、日本也相继隐约表现出一种脱离倾向。如果从文化要素角度对宋代汉字文化辐射范围内契丹与高丽两国的文化进行比

① 葛兆光：《宋代"中国"意识的凸显——关于近世民族主义思想的一个远源》，《文史哲》2004年第1期，第5～12页。

② 陈寅恪：《邓广铭〈宋史职官志考证〉序》，原载1943年3月《读书通讯》第62期，收入《金明馆丛稿二编》，生活·读书·新知三联书店，2001，第277～278页。

较研究，这种有趣的现象的具体细节会得到更多揭示，其间东亚文化史和政治关系史的叙述也有不少修正之处。

西嶋定生在论述东亚世界的历史过程涉及宋代时，曾从宋钱和宋代典籍行销流传各地两个方面来揭示宋朝时的东亚世界由精神化层面深入生活文化层面。[①] 这或许是我们理解东亚汉字文化圈在宋代为之一变的一个观察窗口。

新罗的汉字文化

唐、新罗、日本三国在 8 世纪中叶形成了以唐文化为核心的东亚汉字文化圈。新罗的统一，在朝鲜半岛历史上第一次赢得了民族大融合和较持久的文化发展期，"汉字文化"就是在吸收和使用中国汉字的过程中所形成的思想文化的总称。新罗文化中的这种"汉字文化"对东亚汉字文化圈的最终形成具有重要意义，并对朝鲜民族文化发展的许多方面产生了深远影响。

"汉字文化"的核心要素是汉字。在古代东亚，汉字除语言交际功能外，还具有作为中国文化载体的功能。因此，汉字在东亚国家传播的过程也是各国吸收中国文化的过程："由于汉字是象形文字，其中包含着中国古代文化经史子集的内容因素，因此使用汉字本身就是对中国文化的引进。也就是说，汉字的使用使朝日等国潜移默化地融入中国文化之中，这又成为中朝日三国相互影响、广泛交流的有利条件和基础。"[②] 日韩等国学者对汉字或中国文化对东亚的影响也存有共识，代表性的如西嶋定生认为，汉字传到尚不知道使用文字的邻近诸民族，使中国的思想、学术

---

① 西嶋定生：《东亚世界的形成》，高明士译，刘俊文主编《日本学者中国史研究论著选译》第二卷，第 101~102 页。

② 李宗勋：《唐·新罗·日本政治制度比较研究》，延边大学出版社，1998，第 32页。

的传播成为可能，儒教、律令制、佛教也以汉字为媒介，在东亚世界扩张开来。[①] 全海宗认为"新罗是凭借着唐朝的政治及文化的影响力完成国家统一，并发展了灿烂的新罗文化"，汉民族文化对朝鲜半岛产生了重大作用，使之成为东亚文化圈的一员。"给韩国影响最大的中国文化是儒教文化和（儒学、政治制度——包括科举和教育制度——和生活伦理）通过中国传来的佛教"。[②]

统一新罗所形成的社会文化构筑了后来朝鲜民族文化的基础。在新罗丰富的文化成果中，其"汉字文化"成就无论是与高丽、李朝相比还是与同期的日本相比都毫不逊色。因此，研究新罗的"汉字文化"能够更好地理解朝韩等东亚国家的传统文化。然而，学界至今没有关于新罗或日本接受汉字并创造"汉字文化"的专门讨论和研究，所以本文试对新罗"汉字文化"进行历时的和共时的双重研究，即首先考察这一文化的起源、发展过程，并进一步对其主要表现进行分析，以在此基础上认识新罗"汉字文化"并作为引玉之用。

一　历时分析：汉字及其文化在朝鲜半岛的传播

汉字传入朝鲜半岛最早可上溯至中国的战国时代，证据是在今天朝鲜境内发现的大量明刀钱、安阳布钱等货币和各种金属工具，上面都铸有很多汉字。据调查，朝鲜西北部六个地方出土的明刀钱上的汉字总数超过 3000 个，种类也不少。朴真奭先生根据平壤附近发现的秦戈、"汉孝文庙铜钟"等文物上的汉字以及公元前 3 世纪古朝鲜任命卫满为"博士"一职掌管文化、《箜篌引》四言汉诗等事例，考虑到文物铸造年代和传入年代并不等同，认

---

① 西嶋定生：《东亚世界的形成》，高明士译，刘俊文主编《日本学者中国史研究论著选译》第二卷，第 88～104 页。

② 全海宗：《中国与韩国》，《韩国研究》第二辑，杭州大学出版社，1995，第 331～345 页。

为汉字最早传入期是战国至汉初，而且这一时期朝鲜半岛北部居民可能已经开始使用汉字。[①] 李基东先生也认为汉字与铁器文化一起传入，依据是公元前 2 世纪辰国上书汉朝请求通商的事例。[②]

但是，此时汉字的传播仍是不成系统的，直到公元前 108 年设置汉四郡时，汉字才逐渐成为半岛北部普遍使用的文字。著名的乐浪文化被认为是汉文化，其载体便是汉字。5 世纪以后，朝鲜半岛北部的高句丽、南部的百济和新罗都积极引进中国文化，用汉字汉文留下了各自的代表作，即高句丽好太王碑、百济盖卤王上北魏国书、新罗真兴王巡狩碑，等等。

高句丽（前 37～668 年），在全盛时期占据中国东北中南部和朝鲜半岛北部广大地域。在其境内，"国初始用文字时，有人记事一百卷，名曰《留记》"。（太祖王）"东巡栅城……赐栅城守吏物段有差，遂记功于岩，乃还。"无疑，高句丽建国初期所使用文字就是汉字。集安市古墓中出土大量刻有"愿太王陵安如山固如岳""千秋万岁永固"等字样的砖瓦，也证明了这一点。

借助汉字，高句丽创造了辉煌的文化，除上述立于 414 年（长寿王二年）通篇用一千八百余汉字书写的好太王碑作为高度发达的汉字文化的物证外，高句丽还有在朝鲜半岛最先引入汉文书籍，并兴办国学以及民间教育的记载。

大学博士李文真约古史，为《新集》五卷。（《三国史记》卷 20）

又有国子博士、大学博士……皆以小兄以上为之。（张楚金《翰苑》高丽条引《高丽记》）

俗爱书籍，至于衡门厮养之家，各于街衢造大屋，谓之

[①] 朴真奭：《中朝经济文化交流史研究》，辽宁人民出版社，1984。
[②] 李基东：《讲座韩国古代史》，景仁文化社，1987。

扃堂，子弟未婚之前，昼夜于此读书习射。其书有《五经》及《史记》、《汉书》、范晔《后汉书》、《三国志》、孙盛《晋春秋》、《玉篇》、《字统》、《字林》；又有《文选》，尤爱重之。（《旧唐书》卷199《高丽传》）

人喜学，至穷里厮家，亦相矜勉，衢侧悉构严屋，号扃堂，子弟未婚者曹处，诵经习射。（《新唐书》卷220《高丽传》）

朝鲜半岛南部西端的百济（前18～660年），因为受中国和高句丽影响很早就使用汉字，以下是其输入汉文典籍、通行汉字的情况。

（元嘉）二十七年（451），（百济）表求《易林》、《式占》、腰弩，太祖并与之。（《宋书》列传57《百济传》）

（梁武帝）中大通六年（534）、大同七年（541），累遣使献方物，并请《涅槃》等经义、《毛诗》博士并工匠画师等，并给之。（《南史》卷79《百济传》）

其书籍有《五经》、子、史，又表疏并依中华之法。（《旧唐书》卷199《百济传》）

古记云："百济开国以来，未有以文字记事。至是，得博士高兴，始有《书记》。"（《三国史记》卷24《百济近肖古王本纪》三十年）

除以上记载外，百济武宁王陵还发现了汉字书写的墓志和买地券等，墓志的行文风格内容与南朝类似，从中可见百济与南朝的文化渊源关系。所以《北史》称赞其国："兼爱坟史，而秀异者颇解属文，能吏事。又知医药、蓍龟，与相术、阴阳五行法。

有僧尼，多寺塔，而无道士。有鼓角、箜篌、筝竽、篪笛之乐，投壶、樗蒲、弄珠、握槊等杂戏。尤尚弈棋。"① 关于百济大力引进南朝文化的情况，前辈学者已有详尽研究，此不赘述。

值得注意的是，百济还是中国文化向日本早期传播的使者，如4世纪百济博士王仁赴日讲解《论语》，而且"应神天皇十五年，百济圆博士携经典来，然后经史传于我国"，6世纪前半期又将汉译佛经等送于日本等。总之由于百济的大力传播，日本吸收了当时中国的儒学、佛教、天文、历法、医学、建筑等文化，促进了日本的发展，这本身也说明汉字文化在百济所达到的水平之高。

新罗（前57～935年）崛起于半岛南部东端，与百济一样都在三韩旧地，早期受到半岛北部汉文化影响。但新罗建国之初"无文字，刻木为信，语言待百济而后通焉"②。而到沾解王五年（251）时"汉祇部人夫道者家贫无谄，工书算，著名于时"而被王"征之为阿飡，委以物藏库事务"，可见至晚到3世纪中叶，汉字汉文已为新罗知识分子所熟练掌握和运用。

新罗的真德女王曾织锦为颂献给唐朝，"帝美其意"。其词曰：

　　巨唐开洪业，巍巍皇猷昌。止戈成大定，兴文继百王。统天崇雨施，治物体含章。深仁谐日月，抚运迈时康。幡旗既赫赫，钲鼓何锽锽。外夷违命者，翦覆被天殃。淳风凝幽显，遐迩竞呈祥。四时和玉烛，七耀巡万方。维岳降宰辅，维帝任忠良。三五成一德，昭我唐家唐。③

----

① 《北史》卷94《百济传》，第3119页。
② 《梁书》卷54《新罗传》，第806页。
③ 《新唐书》卷220《新罗传》，第6203～6204页。《旧唐书》称之为《太平颂》：大唐开洪业，巍巍皇猷昌。止戈戎衣定，修文继百王。统天崇雨施，理物体含章。深仁偕日月，抚运迈陶唐。幡旗既赫赫，钲鼓何锽锽。外夷违命者，翦覆被天殃。淳风凝幽显，遐迩竞呈祥。四时和玉烛，七曜巡万方。维岳降宰辅，维帝任忠良。五三成一德，昭我唐家光。《旧唐书》卷199上《新罗传》，第5336页。

除了王室贵臣，普通文人也具备汉文水准，真圣王时代巨仁被冤枉拘禁，将满心愤怨书于狱壁："于公恸哭三年旱，邹衍含悲五月霜。今我幽愁还似古，皇天无语但苍苍。"①

因此唐代撰成的《北史》称新罗："其文字、甲兵，同于中国。"② 唐朝时，新罗直接接受皇帝赐书的事例较多：如唐太宗时，金春秋出使唐朝，"又诣国学观释奠、讲论，帝赐所制《晋书》。"后来，武则天时期，"遣使者朝，丐《唐礼》及它文辞，武后赐《吉凶礼》并文词五十篇。"③ 而且开元二十五年，唐玄宗派遣邢璹赴新罗，临行前诏曰："新罗号君子国，知诗、书。以卿惇儒，故持节往，宜演经谊，使知大国之盛。"此外，唐朝还因为新罗国人善棋，"诏率府兵曹参军杨季鹰为副。"④ 太宗武烈王七年，新罗王听闻百济王义慈降，曾派遣其弟"露布于大唐"，露布是一种书写军事布告的文书，⑤ "露布于大唐"，也就是用汉文书写露布向唐朝告捷。这些都是新罗使用汉字的具体实例。

依据《三国史记》等，略将新罗吸收汉字为载体的中原文化的重要事件（包括"汉字文化"各项要素的确立）整理如下。

表 2-1　新罗汉字文化受容事件简况

时间	事件
（417）讷祇王时	由高句丽传入佛教
（503）智证王四年	取汉字"德业日新、网罗四方"意，定国号为"新罗"
（504）智证王五年	颁制丧服法

① 《三国史记》卷11《新罗真圣王本纪》，第160页。
② 《北史》卷94《新罗传》，第3123页。
③ 《新唐书》卷220《新罗传》，第6203~6204页。
④ 《新唐书》卷220《新罗传》，第6205页。
⑤ 可参阅吕博《唐代露布的两期形态及其行政、礼仪运作》，《魏晋南北朝隋唐史资料》第28辑，2012，第144~165页。

时间	事件
（514）智证王十五年	智证王薨，始行谥法
（520）法兴王七年	颁行律令，始制百官公服，朱紫之秩
（528）法兴王十五年	肇行佛法
（536）法兴王二十三年	始称年号，云建元元年
（545）真兴王六年	命广集文士，修撰国史
（549）真兴王十一年	梁朝遣使与新罗入学僧觉德送佛舍利
（565）真兴王二十六年	陈遣使送来汉译佛经1700余卷
（568）真兴王二十九年	真兴王立磨云岭巡狩碑
（585）真平王七年	高僧智明入陈求法
（651）真平王九年	王族大世仰慕中国文化，与仇柒等从南海乘舟西游
（682）神文王二年	立国学，置卿一人
（717）圣德王十六年	置医博士、算博士各一员，置文宣王十哲七十二弟子图于大学
（731）圣德王三十年	唐玄宗称新罗"仁义之乡、文章礼乐有君子之风"
（747）景德王六年	置国学诸业博士、助教，八年又置天文博士、漏刻博士等
（788）元圣王四年	定读书三品，一改以弓箭选人的方式，开始以儒家经传取士

由表2－1可以发现：新罗的汉字文化主要是5世纪以后特别是在6～8世纪确立的，这与此一时期新罗开始加强中央集权、积极对外扩张有关。另外，综合朝鲜半岛汉字及其文化的传播历程，我们还能发现汉字文化形成的首要途径是以输入汉文典籍为主，这与后来高丽、朝鲜时期的以本土大量印制、创作、编撰汉文书籍为主不同，体现了这一时期"汉字文化"的鲜明时代特征。

二 共时分析：新罗"汉字文化"的内容体现

在新罗"汉字文化"历程基础上，本节试从新罗文化的吏读文、汉文学、史书编撰、汉译佛教经典、汉文教育以及金石碑刻等几方面，结合前人的研究成果具体分析新罗的"汉字文化"。

新罗使用汉字直接影响了新罗的书面语，这一点集中体现在汉诗文的创作、史书编撰和吏读文的创制上。

汉文学的汉字性，决定了新罗的汉诗文具有浓厚的汉字文化特性。新罗时期是韩国汉文学发展史上第一个黄金时期，就现存作品来看，汉诗、汉文取得很大成就本身就是"汉字文化"发达的表现。

由于留唐学生众多、新罗政府的大力提倡，以实用性的表、状、书等文体为主作为汉文学作品最多的新罗散文，取得了很高的成就，理由是：第一，新罗汉文作家重视实用性散文，他们因取得的成就而受到唐人的尊敬。以崔致远为例，他在唐期间有丰富的阅历和相应的诗文创作，但《桂苑笔耕集》仅收录了在唐所作表状书启等实用性文章，可见其对此类文章的重视。唐代盛行以诗会友，《全唐诗》收录了很多唐代大文豪送新罗人的诗，其中张籍等人都表达了对新罗士人汉文学所取得成就的赞许。第二，新罗出现了庞大的汉文作家群，薛聪、强首、崔致远等即是其中的代表。尤其是强首，文武王曾盛赞他以文章协助完成统一之功："强首文章，自认能以书翰致意于中国及丽济二邦，故能结好成功，我先王请兵于唐以平丽、济者，虽曰武功，亦由文章之助焉，则强首之功岂可忽也。"①

受中国文化熏染，新罗文人也喜爱作诗，在现存的汉文诗中，崔致远等人的诗作占了绝大部分。这些新罗汉诗明显具有大量中国文化因素，② 具体表现为：第一，新罗人的汉诗或在诗句中直接出现或在某些典故中较多涉及、引用中国的文化人物，包括中国神话人物、圣贤诸子、帝王将相、文人墨客、宗教人物

---

① 《三国史记》卷46《强首传》。
② 参阅尹允镇、刘志峰《新罗汉诗中的中国文化要素》，硕士学位论文，吉林大学，2007。

等，例如"苏武书回深塞尽，庄周梦逐落花忙"（崔致远《暮春即事》）等。第二，新罗汉诗借用了很多中国典故，如知音、月桂、黄雀衔环、金谷槛、班笔等，例如"仙桂未期攀兔窟"（崔匡裕《郊居呈知己》）等。第三，新罗汉诗转用中国诗歌的诗句、物象和题材等，其中转用诗句主要出自《诗经》、《楚辞》和唐人诗句，体现了新罗诗人对中国文化的理解、吸收和较高的文学造诣。对于以崔致远等人所代表的新罗汉文学成就，唐朝文人也有很高的赞誉。

> 傍边一点鸡林碧，鳌山孕秀生奇特。十二乘船渡海来，文章感动中华国。十八横行战词苑，一箭射破金门策。（顾云《送崔致远西游将还》）

在创作汉文作品的同时，新罗还为引进汉文典籍，一面向唐朝奏请文章，以资观摩学习，即686年"遣使入唐，奏请礼记并文章。"则天令所司，写吉凶要礼，并于文馆词林，采其词涉规诫者，勒成五十卷赐之。"（《三国史记》卷8，神文王六年）一面从中国民间搜求名著，《旧唐书·白居易传》载："鸡林贾人求市心切，自云：'本国宰相，每以一金换一篇，甚伪者，宰相辄能辨别之'。"唐莫休符《桂林风土记》云："新罗日本相前后遣使入贡，多求文成张簇之文集归本国。"同时不断派遣学生赴唐留学，为数甚多。在参加唐朝科举考试的外国人中，新罗留学生应试登第者不少，如崔致远、金云卿，这也是新罗在东亚诸国中较为文明开化的重要体现，而这与"汉字文化"的发达不无关系。

韩国流传至今最早的史书《三国史记》撰成于高丽时期，但书中大量内容是直接取材于新罗等国原有史书，也就是说，新罗时代曾经编撰过史书，其依据有三。

> 真兴王六年（545）秋七月，伊餐伊斯夫奏："国史者，记君臣之善恶，示褒贬于万代，不有修撰，后代何观？"王深然之，命大阿餐居柴夫等，广集文士，俾之修撰。（《三国史记》卷4）
>
> 新罗氏、高句丽氏、百济氏开基鼎峙……又其古记，文字芜拙，事迹阙亡。（中略）是故，疲精竭虑，仅得成编。（金富轼《进三国史记表》）
>
> 金公富轼国史重撰（李奎报《东明王篇序》）

因此，《三国史记》所保存的新罗史料的价值理应得到高度重视。在大唐文风的熏陶之下，新罗史学有可观的进展，虽然没有流传至今，但现在可知的史书有金大问的《高僧传》、《花郎世记》、《乐本》、《汉山记》以及崔致远的《帝王年代历》等。这是"汉字文化"很重要的体现，由于古代的史学有教化民众、巩固统治等多种作用，到李朝时期，史书已臻于纯熟，中国出现的各种史体皆有大量模仿之作，[1] 可见早期汉文史书的深远影响。

儒学深刻地影响了新罗以及东亚的政治、哲学和文化的许多方面，这里仅就新罗儒学教育中体现的"汉字文化"做简要论述。高明士将4、5世纪朝鲜半岛各国官方熟练使用汉字的能力归功于汉字教育，并指出中国式学校教育的实施完全确立了汉字为唯一合法的认知媒介。[2] 这一观点有助于理解新罗"汉字文化"的实际。

8世纪的新罗的儒学教育主要以国学为主，兼以私学和花郎

---

① 朱云影：《中国文化对日韩越的影响》，广西师范大学出版社，2007，第12页。
② 高明士：《东亚教育圈形成史论》，上海古籍出版社，2003，第228页。

式教育,《三国史记·职官志》"国学"条载:

> 教授之法,以《周易》《尚书》《毛诗》《礼记》《春秋
> 左氏传》《文选》,分而为之业。
>
> 博士若助教一人,或以《礼记》《周易》《论语》《孝
> 经》,或以《春秋左传》《毛诗》《论语》《孝经》,或以《尚
> 书》《论语》《孝经》《文选》教授之。
>
> 诸生读书,以三品出身,读《春秋左氏传》,若《礼记》,
> 若《文选》,而能通其义,兼明《论语》《孝经》者为上;读
> 《曲礼》《论语》《孝经》者为中;读《曲礼》《孝经》者为
> 下,若能兼通《五经》、《三史》、诸子百家书者,超擢用之。

可见,新罗的国学完全以儒家经典为教材,以培养精通中国儒家(汉文)典籍的人才为目的。特别是"读书三品"的制度,极大地促进了新罗士人受容汉字为载体的儒学思想文化的进程。

此外,国学中的算学、医学也是以中国传入的科学著作为本,"或差算学博士若助教一人,以《缀经》《三开》《九章》《六章》教授之","医学,孝昭王元年初置。教授学生,以《本草经》《甲乙经》《素问经》《针经》《脉经》《明堂经》《难经》为之业,博士二人。"可见新罗的科学发展也与汉字文化息息相关。

新罗在6、7世纪之际花郎盛行。花郎本是由贵族子弟组成的青年男子组织,属于文武合一的教育方式。8世纪金大问《花郎世记》载:"贤佐忠臣此而秀,良将勇卒由是而生。"崔致远《鸾郎碑序》亦云:"入则孝于家,出则忠于国""处无为之事,行不言之教""诸恶莫作,诸善奉行"。[①] 这些描述,都说明花郎道具

---

① 以上二则见《三国史记》卷4《新罗真兴王本纪》,真兴王十七年(576)条。

有儒、释、道三教思想杂糅的色彩。

8世纪中叶，新罗实施国学教育以后，花郎教育始渐衰微。在庆州郊外所发现的有名的"壬申誓石"（约732年），记录了两位可能是花郎的青年宣誓在一定时间内要读完"《诗》《尚书》《礼》《传》"之经典的内容。按照新罗国学制度，读这些经典前必须先读完《孝经》《论语》，这样的通经水平可以说是相当高的，也很不容易。可见，新罗的花郎徒在8世纪也已彻底接受汉文儒家典籍为主的教育。①

在私家讲学方面，例如有名的强首，一日其父想知其志向，问他："尔学佛乎？学儒乎？"他回答说："愚闻之，佛世外教也，愚人间人，安用学佛为？愿学为儒者之道。"于是他随后"遂就师读孝经、曲礼、尔雅、文选"。入仕后，专掌文翰，而"能以书翰致意于中国及丽、济二邦。"强首此处之从"师"学习儒教，宜指从私学师儒学习儒学。典型的私学，可举薛聪（654～?）为例，聪之父即名僧元晓，所以薛聪起初是皈依佛门，其后返俗，然后以"方言读九经，训导后生。"②薛聪之例，是新罗初次见到以当地语言来研读经书，并从事教学的例子。

根据《三国史记》卷46《强首传》可知当时不仅贵族子弟接受经学教育，民间的优秀子弟似乎也可以入学接受经学教育。

汉文佛典不同于古代印度佛教原典（包括中亚译本等其他汉译时的外文底本），它是中国（汉地）佛教一切典籍的总称，包括翻译佛典和中土撰述两个部分；汉文佛典是中国佛教以及受其影响而产生和发展起来的日本、朝鲜佛教的理论基础。③因此，汉文佛典与新罗汉字文化也密切相关。

---

① 高明士：《东亚教育圈形成史论》，上海古籍出版社，2003，第228页。
② 以上二则见《三国史记》卷46《强首传》《薛聪传》。
③ 朱庆之：《佛典与中古汉语词汇研究》，文津出版社，1996，第1～2页。

唐代大乘诸宗派大多为中国僧侣所开创以及发扬光大，佛教已经与中国文化合流，而佛经汉译则是佛教中国化过程中重要的一环。传到新罗以及东亚的佛教因此带有南北朝隋唐文化的特征，以汉译佛典和新罗新撰佛经为载体自然也形成了"汉字文化"。

新罗佛教传入中国佛教最先是通过高句丽和百济，其后新罗开始直接从中国传入佛典。汉文佛典传入新罗主要通过三种途径：一是中国僧人到新罗弘扬佛法带入，但为数不多。二是唐朝皇帝赐予新罗，如 643 年（唐贞观十七年），慈藏回国前向唐太宗请得佛经一部，共 400 余函。① 三是新罗使者和来唐朝求法的新罗僧回国时将汉文佛典带回新罗。如 704 年（武后长安四年）新罗使节金思让回国时，将《最胜王经》献给国王。② 此外也有唐僧人赠送新罗僧人者，如 692 年（武后长寿元年），新罗僧胜诠自唐回国时，唐僧贤首将所撰经疏《华严探玄记》二十卷等七部佛学著作托胜诠带回新罗，转交新罗僧人义湘。③

众多汉文佛典的传入，满足了新罗僧侣的研习与读诵，从而为新罗佛教乃至其后高丽佛教的持续发展奠定了坚实基础。还应该提及的是，新罗也曾将佛教经典传入唐朝，如 810 年（唐宪宗元和五年）十月，新罗国王"遣王子金宪章入唐，献金银佛像及佛经等"。④ 由此可见新罗佛教对汉文佛典的重视、保存和利用已至相当程度。

新罗的"汉字文化"是新罗在吸收和使用汉字过程中形成的思想文化的总称，其对东亚汉字文化圈的形成和朝鲜民族文化的发展都有深远影响。通过对其历时性考察，发现新罗的"汉字文

---

① 《三国遗事》卷 4 《义解》。
② 《三国史记》卷 8 《新罗圣德王本纪》。
③ 《圆宗文类》卷 22。
④ 《三国史记》卷 10 《新罗宪德王本纪》。

化"有两个形成途径：一是新罗汉文典籍的输入、传播和受容，二是新罗利用汉字新创造文化成果。通过对新罗"汉字文化"的共时性分析，新罗在书面语、汉文学、史书编撰、儒学及教育、汉文佛典传播、艺术等方面都有"汉字文化"的明显表现，新罗的"汉字文化"是朝鲜古代传统文化的重要组成部分。

朝鲜半岛与汉字文化圈

自西嶋定生以降，东亚史的研究至少有两个趋势特征值得警惕：一是将东亚特别是古代中国、朝鲜、日本（有时还有越南）划分为一个似乎是天然的历史世界——东亚世界，而对"中国"哪一部分参与"东亚世界"暧昧不明；二是偏爱于强调中国文化对东亚的单方面传播和影响。关于第一点，金子修一、李成市近年来持续的批评意见表明，其本质源自东亚世界论的日本中心视角[1]；关于第二点，从中国学界大量乐此不疲的同类论文选题中不难发现，其源头是中国（文化）中心主义。这两个特征共同反映的本质问题是关注点的失焦，研究倾向与历史实际之间难以平衡。事实上，与此相呼应，这个问题的另一面就是东亚史研究还十分缺乏对朝鲜半岛历史的精深研究，"从中国到日本，其间不能跨过朝鲜半岛，否则就不完整"[2]，换言之，东亚古代史研究虽然成绩斐然，但也存在不小的问题：一方面分别构筑了中国和日本两个中心或曰主体视角，另一方面对于地理和交通上居于中间的朝鲜半岛的研究着力不够。

或许正因为此，一个很有意思的现象就是，对朝鲜史发表研

---

[1]　金子修一：《東アジア世界論の現在》，《駒沢史學》第 85 号，2016；李成市：《日本历史学界东亚世界论的再探讨》，《唐史论丛》第 21 辑，三秦出版社，2015。

[2]　韩昇：《东亚世界形成史论》，复旦大学出版社，2009，第 356 页。

究高见者常常是精力充沛的中国史、日本史研究专家；同时，如果有人自称朝鲜史研究者，则一定又会被鼓励扩大研究视野，跳脱这个狭窄而"无前途"的研究领域。当然，还因为朝鲜史及其关联的东亚史是比较敏感的学术领域，发表和出版相关成果一度颇费踌躇，加之不通朝鲜语者开展研究难度较大，所以今日中古东亚史领域，自韩昇、拜根兴、李宗勋等先生以东亚世界形成史、唐与新罗关系、东亚文化比较研究三种研究范式之外，能够专攻古代朝鲜半岛史（特别是 10 世纪以前的朝鲜半岛）而又兼顾东亚的内在交流者，少之又少。

戴卫红《韩国木简研究》（广西师范大学出版社，2017）的出现，令中古史学界"哈韩派"同仁感到欣喜。这是一部汇集了作者近年专攻百济、新罗时代木简研究单篇论文而成的文集，篇幅不大，但是精纯专一，紧紧围绕韩国古代百济和新罗木简问题探讨东亚简牍文化。书中所收论文或早在期刊发表时即已拜读，或干脆是本人所主持"东北亚古中世史的新研究"（《延边大学学报》2017 年第 2 期）专栏作品，这次通篇畅读，更有新的收获，以下略结合其内容特色浅谈几点研读体会。

《韩国木简研究》全书分为上、下两编，实际上是学术史和专题研究两部分。上编的学术史部分，既介绍韩国境内木简的发现历程和分布概况，同时详细论述韩国学者对韩国木简的研究成果、韩国木简研究学术组织及其学术活动，以及日本、中国学者对韩国木简的研究，此外还列举了韩国学者对中国简牍的研究。这一编约占正文的四分之一，实际上从多个层面详细介绍韩中日各国学界的研究动向，从这一部分的设计能够看出作者全方位重视先行研究以便建立问题导向的学术规范意识。这样看似简单和分内的事，尚属嘉奖之列，实在是因为国内一小部分历史类硕博士学位论文选题甚至个别"大腕"的研究专著，根本不做认真的学术史梳理，或是给域外的研究扣上诸如"民族主义史学"一类的帽子，从而堂而皇之忽略其研究成果，或是懒得学习外语，读不懂干脆不读，对外国同行的先行研究视而不见，其结果就是以重复劳动为学术高产，以闭门造车为预流独创。而反观大部分扎实的研究，大多极为重视学术史梳理和回顾。在大师辈出、论题已然高度精细化的国际性研究领域，如果不是站在巨人的肩膀上翘首瞭望，那么在暗夜的泥沼里踽踽独行将很难超越前人的认知。

论文集的上编看似杂冗、细碎，实际上触及了有关韩国木简各方面的前期成果，举例而言，除透视木简出土的现况、东亚各国对韩国木简研究现状之外，还额外涉及韩国学者对中国简牍的研究，看似离题，而其目的在于什么呢？就在于作者始终是从东亚简牍文化的圈层结构宏观把握朝鲜半岛的木简研究。在中外学术交流互动中，作者直接体悟到韩国学者对朝鲜半岛木简的研究受到中国学界关于出土简牍研究在方法论等方面的莫大影响。换言之，"一国史"研究角度已遭到自觉的扬弃，不难看出作者对于金庆浩等人"东亚资料学"倡议的认同。在这一方面，通过作者介绍的韩国国内金秉骏、尹在硕等诸多学者对于战国、秦汉简牍的具体研究，中国古代史研究同行应该进一步注意。近年韩国学术界对于中国史的各方面参与值得关注，比如在新发现的《天圣令》残本的国际研究中，韩国学者最先完成译注[1]。中国史要继续进步，"域外看中国""域外学者看中国史"的视角不可忽视。作者对此有清醒认识，从上编学术史的内在逻辑推断，作者仍会持续在中外交流中重新对具体东亚历史问题有所深掘。

---

[1]　金铎敏、河元洙主编《天圣令译注》，慧眼，2013；笔者对该书的书评见荣新江主编《唐研究》第21卷，北京大学出版社，2015。

　　而在下编的专题研究中，这种感觉愈加强烈。下编专题研究的六章，其实是五篇研究论文和一篇总结，而这五篇文章又有四篇完全是百济史内容，分别是百济木简所见的地方行政制度、职官制度以及丁中制和户籍制度、贷食制度，此外还有一篇涉及百济、新罗仓库制度。此外，还探讨了简牍文化在中、韩、日等东亚诸国间的传播及其衍变再生过程。

　　如此集中地对百济史进行研究，在国内尚属比较罕见。2013年在北京大学召开的中国朝鲜史研究会年会上，我们曾对韩国作为"国史"的百济历史与考古的研究，进行过较为系统的总结①，同时也对中国学界在百济史领域的尝试性工作予以表彰。针对朝鲜半岛古代史，大量的注意力被吸引到版图鼎盛时期地跨鸭绿江两岸的高句丽，其次是被作为唐朝与所谓藩属国建立朝贡关系的最佳"典型"——新罗，对于百济的关注则是"先天不足""后天失调"。

　　而实际上，百济在东亚国际关系中的角色同样不可或缺，其历史内容同样丰富多彩。举例来说，南京博物院收藏的国内最早的《职贡图》上，画有百济使节的肖像，是直接反映百济国与南朝交往的实证，与东亚汉文文献可以相互印证。不少学者强调百济与南朝的交流交往异常密切频繁，考古发掘例证可以举韩国武宁王陵，其墓室结构、随葬品等各方面都有浓厚的南朝风格，甚至可以称为"建康模式"。在政治上，百济与南朝交往曾一度与高句丽与北朝的交往相颉颃。同时，百济与北朝以及内亚民族也存在多种联系②。百济还曾作为中国文化传播到日本的中继站，正如新罗统一半岛大部以后一度控驭东亚海上贸易所发挥的作用

---

① 冯立君：《韩国与中国近30年百济史研究述要》，《朝鲜·韩国历史研究》第15辑，延边大学出版社，2014。

② 冯立君：《百济与北族关系问题》，复旦大学《韩国研究论丛》2016年第2期。

那样，日本吸收大陆文明是从舶来朝鲜半岛文化开始的。总体而言，在中古时代的东亚，百济对外联系可以作为朝鲜半岛在东亚历史上地位的一个象征来看待。另外，百济的历史脉络包括其起源（扶余人南下）和覆亡（唐朝、新罗联军攻灭）都无不与中国王朝东亚政策息息相关。从政治势力的移动、族群的凝聚等具体问题域切入，百济史也存在跳脱朝韩"国史"框架即半岛视角的可能。

百济原为朝鲜半岛西南端一隅小国，通过兼并马韩诸部、蚕食带方郡故地，逐渐壮大，统治中心最初主要在汉水中下游流域的汉城（今首尔一带），在与新罗、高句丽三足鼎立中丧失了汉水流域，由此先后迁都熊津（今忠清南道公州）、泗沘（今忠清南道扶余郡）。百济后期外交转向联合高句丽、倭合纵夹击新罗，但是悲剧的是，在唐朝对东亚的军事行动中最先被灭亡（660），其残余势力与倭国水军曾在白江（今锦江）与唐朝大军作战，史称白江之战（663）。唐朝在其故地设置了马韩、熊津等五都督府及带方州，而八年之后高句丽才最终为唐、新罗联军敉平，唐朝在平壤设置安东都护府大大晚于统治百济故地。百济史无疑是汉唐对外关系研究的重要内容，目前来看其学术价值与实际受到的关注高度不符。

令人可喜的是，包括该书作者在内的一些年轻学者，业已开始利用新材料，选取新视角，逐渐进入百济史的研究领域的新问题。概括而言，该书的下编甚至可以说为读者呈现的就是特定角度的百济制度研究，材料以简牍为主，兼采墓志等各类文献。论题主要集中于百济的制度，具体涵盖政治制度和经济制度两个层次，前者包括地方行政体制、职官制度，后者包括丁中制、户籍、贷食、仓库制度。

特别是政治制度研究，历来是中国学界的拿手好戏。在对地方制度的研究中，作者首先以汉文古典《周书》《三国史记》等传统文献记载的百济在都城实行"部巷制"、地方社会实行"方郡制"，即"五部五方制"做铺垫，进而详细征引韩国出土木简中与此有关者，揭示自1980年代以来在韩国陆续出土的百济木简，简文中除了与传统文献所载的都城五部相对应的"中卩""下卩""前卩""上部""后部"外，还有值得注意的"西部""六部五方"等。作者此处征引的材料，除囊括了全部相关木简外，还从诸如百济入唐移民群体墓志中钩稽线索，具体涉及黑齿常之、陈法子、祢寔进、祢军等人，并且使用了现存于韩国的《大唐平百济国碑铭》《刘仁愿纪功碑》等石刻史料。

作者还借助伏岩里、官北里木简、井邑古阜邑城出土的铭文瓦，判定百济不仅在都城内，在地方社会重要的城内也实行"部巷制"。这其中能看到即便是使用传世文献，也在力求资料多元化，以保证历史信息来源尽可能丰富。例如，为了论证百济都城"固麻"或"居拔"的问题，作者除了大量搜罗纪传体史书中的相关记载外，甚至注意到《钦定满洲源流考》的论述。此外，《翰苑》也是研究同类问题学者不太关注的典籍，作者就使用了金毓黻先生编订的《辽海丛书》影印本来作为佐证。

这篇文章的新见解还包括：百济的"部巷制"糅合了北方民族管理部族民众的"部"以及中国王朝城市中相对封闭的建筑形式"巷"。这其实是一个至今少有人涉猎的话题，韩国学者卢重国曾撰文指出百济左右贤王的设置，渊源自匈奴、鲜卑等北族政治体所特有的"左右贤王"制度，而且百济还使用了北族特有的"炰土筑城"法①。中国学者也针对百济与北族关系问题进行考证，力图澄清人们对百济只与南朝交流的认识谬误②。作者的地

---

① 卢重国：《百济的对外交涉与交流》，知识产业社，2012，第183～187页。
② 冯立君：《百济与北族关系问题》，复旦大学《韩国研究论丛》2016年第2期。

方行政体制剖析，提供了另一个角度的新证。我们期待更多的类似微观研究的出现，能够逐一击破许多未知或者曲解的历史谜团。

如果说关于政治体制的研究，还仅仅是"量米下锅"，有几分材料说几分话，那么关于经济制度的几项个案则显示另一种风貌。最典型的是作者关于仓库制度的研究。文章从 1990 年代以来在韩国境内相继出土的新罗、百济时期记有"椋"字的木简入手，分析木简内容，借助前人木简释读的成果，进一步得出"椋"是与粮食、物品储存有关的仓库系统，有仲椋、下椋之分的结论。进而，作者结合带有"椋"字的砚台和瓦片，剖析应有专门的"椋司"管理，而且"椋"是有瓦的地上建筑。至此，论述已经完成，传世文献所谓"外掠部"应是"外椋部"的舛误也得以纠正。

然而，正如前所说，作者有意无意地是站在东亚的区域文化圈来看待域外半岛上的这些历史现象，因此，更进一步的讨论就围绕"椋"的来源和演变展开。这一部分的结论也将更加令人兴味盎然。通过梳理，"椋"在中国现存的传世文献中并无仓库之义，而它从木京声，从词源、词义上与表仓廪之意的"京"同源；从建筑形制看，"京"底部当有立柱或高台，为地面建筑物，这与椋的建筑形制相合。接下来顺着日本学者提示的方向，作者逐次从高句丽壁画、墓葬墨书题记并结合文献，发现在 4 世纪末逃亡到朝鲜半岛的中原汉人的壁画墓中，出现了储存食物的"京屋"；在 5 世纪初的高句丽壁画墓中出现了表仓库之意的"椋"。至此，完成了一个汉字从中国传播到半岛后产生的变异，当然，作者没有直接说明百济与高句丽文化上的联系，这里或许可以约略增加百济与高句丽的同类型文化很多是同源而异流的论述。

再进一步，作者从日本 7 世纪木简中"椋"字的使用，观察到含有仓库含义的"椋"及其建筑形制更有可能是经由百济流传至日本列岛。传世文献和简牍材料均反映出古代朝鲜半岛的仓库制度与中国的仓库有着千丝万缕的联系，这与汉四郡以来中国简牍文化向朝鲜半岛辐射，百济和孙吴、南朝各代政权的友好交流密切相关。韩国木简在东亚简牍文化的传播中，起着连接中国、日本的重要中介作用。

作者关于百济与中国贷食制度的比较研究，也颇为精彩，利用的是1996年长沙走马楼出土的3世纪前期"贷食"竹简、2008年韩国扶余郡出土的7世纪初百济"佐官贷食记"木简。中韩两地的"贷食"简在形制、内容、字形等方面，既存在区别，又存在联系。传世文献和简牍材料均反映出百济的贷食制度与秦汉魏晋南北朝时期的贷食制有千丝万缕的联系，作者将之归因于这与百济和东晋南北朝各代政权的友好交流密切相关。难能可贵的是，作者还注意到日本藤原京遗址出土的内容相类的贷食简，以及日本《律令·杂令》中"官半倍"的谷类贷食规制与百济贷食制度之间的内在联系，进一步将视角引向东亚文化圈。

通读全书，虽然题为《韩国木简研究》，聚焦于高丽王朝以前古代国家百济、新罗的简牍文化，但是其所涉论题内在张力颇大，时时注目横向的东亚文化联系。作者引证李成市近年关于东亚木简文化传播过程的分析：中国大陆（A）→朝鲜半岛（A′→B）→日本列岛（B′→C），这里最为引人注意的其实是A′和B′昭示着文化受容国绝非照搬，而是主动选择性吸收并促使新的变化。

这正是单纯以某一文明中心向外辐射自居所忽视的，A与B、C之间存在表象上的相似和相同，或许是东亚诸国虽然常常被中国人称作"同文同种"或同属于所谓汉字文化圈，但始终是独立于汉字文化之外的文化体系的根本原因。也就是我们曾经强调过的，自古代的高句丽、新罗、百济、日本开始，其摄取中原文明的同时都在极力保留本民族的传统和风俗。

以韩国语（朝鲜语）为例，它本身是一种与阿尔泰泰语系有着诸多相似特征的黏着语，虽然现代韩国语中有统计学意义上的四分之三比例的"汉字词"，即来自汉语的借词，但如果仔细比对，其中相当一部分数量已经与今日汉语意义迥异。而且，更重要的是，另外四分之一的"固有词"充当的角色更为重要。

此外，越来越多的证据显示，古代朝鲜半岛与日本对大陆文化的摄取，对象并非限于汉文明，在移民、宗教、制度、物品等诸多文化中有不少来自草原和内亚的文明要素。同样以韩国语为例，如果将其与阿尔泰语系语法结构对比，我们能够看到诸多基本层面的高度相似性。除此之外，我们还可以找到更多的例子，有些历史现象更为直观，例如朝鲜半岛粟特裔移民的来源①，就清楚地说明介于中原和草原之间的东亚，在文化受容上的多源与多元特征。

放眼东亚甚至东部欧亚更广泛区域的内在交流互动史，虽然存在强势的文明外向传播，但这并不表示一向被视为文化圈边缘的成员只是一味被动接受，除了如李成市所指出的变异后再传播的情况，实际上还存在逆向传播、交叉传播。仍以朝鲜半岛为例，高丽时代雕造的八万大藏经，经过高丽王朝僧人和王室的努力，融合吸收了北宋开宝藏和契丹大藏经的精华。到了近代，中国本土的大藏经体系散佚残破，日本采取高丽大藏经为底本铅字排印大正新修大藏经，成为当代世界佛学研究和佛教史研究的最具影响的版本之一。

朝鲜半岛历史与文明的再研究，或许是我们发现中国、反思

---

① 刘永连：《朝鲜半岛康安诸姓群体初探》，《文史》2013 年第 2 辑。

东亚、回望古代的重要途径，目前中国学界业热烈推动多年的
"域外汉籍研究"和"从周边看中国"已经取得不少进展。"在
日本、朝鲜文献中还可以看到很多本国人忽略，而异域人所关心
的历史细节，这些细节是本国文献所不载的。"[1]"这批域外汉籍
对中国文化的每一步发展都做出了呼应，对中国古籍所提出的问
题，或照着讲，或接着讲，或对着讲。从公元 8 世纪以降，构成
了一幅不间断而又多变幻的历史图景，涉及制度、法律、经济、
思想、宗教、历史、教育、文学、艺术、医药、民间信仰和习俗
等各个方面，系统而且深入。"[2] 这些业已展开的大规模研究，带
有鲜明的自觉意识，其中所强调的汉字文献作为一个整体，"即
便需要做分类，也不以国家、民族、地域划分，而是以性质划
分"的观念非常有见地，值得更多的历史学人关注。

除了汉字文献，历史研究者特别是民族史研究学者，在使用
非汉语文献方面也有悠久的传统。例如，对于已经死亡的古突
厥—回鹘文献、西夏文文献、契丹文字的解读，对于满文档案的
大量使用，等等。这其中既有与汉传佛教密切相关的文献，也有
能够与中原帝王诏敕对应的译本，更有汉文典籍无法完全承载的
异域信息，对于中国内外文化交流细节和实相的揭示功莫大焉。
当然，无法回避也无须回避的是中原汉文典籍的重要性仍然是根
本性的，新材料的使用常常是与瀚如烟海的传统材料合璧时才更
加光芒万丈。

古代文化交流面相的复杂性附着于历史本身的复杂性之上，
历史女神又恰好馈赠给人们或来自地下，或藏之异域府库，或形
诸他族文字的记录。对于这些记录，诸多像该书作者一样的学者
在孜孜不倦地释读、研究。至少从目前的研究成果来看，在东部

---

① 葛兆光：《想象异域》，中华书局，2014，第 15 页。

② 张伯伟：《域外汉籍研究丛书·总序》，《中华读书报》2007 年 7 月 11 日。

欧亚区域内——中国古代帝国及其"周边"的世界，文化传播的中心与边缘并非一成不变。而作为可以被重新发现的"朝鲜半岛"，应该不止海东一个。它们和海东的朝鲜半岛一样，亲近中原古国，受容汉字文明，保存本土文化，衍生新型文明，有时也反哺中国。

它们是谁，它们在哪里？

如果能积累更多像该书一样细致而专门的汉字文化史研究、中外文化交流研究的成果，更自觉地综合运用中国、边地、域外的多维视角及其史料，或许我们会有更为丰富的学术发现，能更为透彻地理解汉字文明之于历史和当下世界的意义。

原载《澎湃·私家历史》2018 年 4 月 30 日

第三章
唐代的辽东经略

唐、明两代辽东统辖制度比较

中国东北地区自战国燕时期设置辽东郡以来，历代的行政建置各有不同。以汉、唐、元、明、清五个存续时间较长的统一王朝为例，汉、元、清三朝对东北地区实行的是直接统治，即汉初设辽东、玄菟等五郡，元代设辽阳行省，清前期设三将军府，后期则建省委派总督；唐、明二朝则采取间接统治，即羁縻政策，唐前期设安东都护府，明前期设辽东、奴儿干等都司。中国东北历代行政机构建置是一项重要研究课题，涉及中国古代王朝边疆民族政策、东亚政治关系等多方面内容，研究价值不容忽视。

然而，综观学术界相关研究，大多集中于某一特定行政机构的单独研究，系统的比较研究尚未出现。历时性比较是基于同一历史空间不同历史时间的比较方法，结合中国历代东北行政机构建置这一课题，其特点在于既可以深入考察微观视角下各时期行政机构面貌，又从宏观上把握东北行政机构演变过程及其规律，具有断代研究、横向比较研究所不具备的优势。因此，本节拟从安东都护府、奴儿干都司两机构切入，在前人研究成果基础上[①]，以运用对唐代至明代的历时性比较研究方法为主，兼采对东北与内地行政机构建置的共时性比较方法进行对比分析，以期获得关于中央王朝对东北边疆羁縻统治的新认识。

一 唐安东都护府的建置

安东都护府是唐朝在全国边疆设立的六大都护府之一，是管理东北边疆地区的重要机构。唐初设置的都护府，设在边疆地区，是管理归附的周边民族事务的机构。都护府专门管理民族地区，不仅是镇防，还管理该区的行政事务。都护府是中央与羁縻府州之间的纽带，它代表中央行使对羁縻府州的管理权。

1. 设置与沿革

唐灭高句丽前在东北地区设置过管理边疆民族的机构——东夷校尉，后更名为东夷都护，东夷都护是安东都护府的前身。东夷校尉是曹魏时期在东北地区设置的管理东北边疆民族的重要机构，唐朝建立后沿用此机构。[②] 东夷校尉或东夷都护的职责，据《新唐书》卷 235 载："太宗贞观三年（奚）始来朝，阅十七岁，

---

① 除东北通史类著作外，关于安东都护府和奴儿干都司的研究主要有：王怀中：《唐代安东都护府考略》，《禹贡》第 6 卷第 3 - 4 期合刊，1936；唐启淮：《唐代都护府述略》，《西南师范大学学报》1982 年第 4 期；李大龙：《从高句骊县到安东都护府》，《民族研究》1998 年第 4 期；李渊、李大龙：《唐安东都护府的几个问题》，《黑龙江民族丛刊》2002 年第 3 期；程尼娜：《唐代安东都护府研究》，《社会科学辑刊》2005 年第 6 期；郑毅：《唐安东都护府迁治探佚》，《社会科学辑刊》2008 年第 6 期；辛时代：《唐代安东都护府研究》，博士学位论文，东北师范大学，2013；赵智滨：《安东都护府初建时行政建置考略》，《东北史地》2014 年第 1 期；杨旸、傅朗云等：《明代奴儿干都司及其卫所研究》，中州书画社，1982；李健才：《明代东北》，辽宁人民出版社，1986；蒋秀松、王兆兰：《关于奴儿干都司的问题》，《民族研究》1990 年第 6 期；张士尊：《奴儿干都司职能分析》，《辽宁大学学报》2003 年第 9 期。

② 见于记载最早出任这一官职的是薛万淑："万彻长兄万淑，亦有战功。贞观初，至营州都督，检校东夷校尉，封梁郡公。"（《旧唐书》卷 69《薛万彻传》，中华书局，1975，第 2519 页）

凡四朝贡……帝为置饶乐都督府……复置东夷都护府于营州，兼统松漠、饶乐地，置东夷校尉。"① 也就是说，东夷都护的职责是管理松漠、饶乐二都督府。实际上其职责似乎远不止于此，因为他们也担当了后来唐太宗攻打高句丽的先锋。

唐高宗总章元年（668）最后灭亡了雄踞朝鲜半岛北部与辽河以东地区的高句丽，于其地设置安东都护府，以统辖各族人民。安东都护府初隶河北道营州，开元七年（719）以平卢节度使兼领安东都护，开元二十年（732）幽州节度使兼领安东都护及平卢节度使。天宝元年（742）幽州节度使改为范阳节度使，平卢节度使从中划出，以平卢节度使兼领安东都护，直至唐肃宗上元二年（761）安东都护府废置。761年营州被攻陷，安东都护府随之而废。平卢节度使移居青州，改称淄青平卢节度使。

2. 职能

在唐朝的羁縻府州制度中，都护府是最高层次设置，其次为都督府。关于都护府官职，根据《新唐书·百官志》记载，上都护府的长官为大都护，其下为副都护、长史、司马、录事参军、录事等官职，官品自正三品到从八品。《旧唐书·职官志》载："都护之职，掌抚慰诸蕃，辑宁外寇，觇候奸谲，征讨携贰。长史、司马贰焉。诸曹，如州府之职。"《新唐书·百官四下》载："都护掌统诸蕃，抚慰、征讨、叙功、罚过，总判府事。"为了加强对所辖地区的军事控制，唐朝在安东都护府之下设有怀远军、保定军和安东守捉，常驻军队8500人，马700匹。安东都护府（下属都督府及其以下的官员除外）的官员从都护到司马、录事参军，各级官员都由朝廷任命。

安东都护府职能为：（1）统辖管理安东都护府境内高句

---

① 《新唐书》卷235《奚传》，中华书局，1975，第6173页。

丽、靺鞨、扶余、沃沮、汉等各族人民，其中居住的大量汉族人民使安东都护府与唐朝设置于其他民族地区的都护府有一定的差异。（2）对统辖的各级地方官（世袭担任各都督府、刺史、县令等的民族首领）有赏罚权，以实现监督职能。（3）维持辖区地方安定，防御外敌入侵的职能。安东都护府长官对各都督府、州县有调兵、统兵权。

3. 辖境

唐高宗总章元年（668），李勣率大军攻克平壤，灭高句丽。"乃分其地为都督府九，州四十二，县一百，又置安东都护府以统之，擢其渠帅有功者授都督、刺史及县令，与华人参理百姓。"① 有学者将唐朝初置安东都护府时的辖境考证为"领有高丽百济故地，西与营州交界，东至国内城，朝鲜半岛除东南部的新罗外，全纳入了安东府的管辖范围"②。

安东都护府治所初设于平壤，9 都督府、42 州、100 县名称与位置史载不详，但安东都护府初设时期的大致管辖范围有迹可循：唐太宗征高句丽前，高句丽扩占的领土西起辽水，东达临津江，大致未出辽东、玄菟、乐浪、带方四郡范围。唐灭高句丽，收复上述地区，又灭亡百济。所以，初期安东都护府辖境包括高句丽故地和百济旧地，包括辽东、鸭绿江北和朝鲜半岛大部分地区。

但安东都护府的管辖范围有一个内缩的过程：上元三年（676），唐复新罗王金法敏官爵，鉴于朝鲜半岛南部无法统驭，遂放弃"百济之地及高句丽南境"，徙安东都护府治于辽东城。开元二十三年（735），玄宗将"浿江以南地"赐予新罗，安东都护府遂与新罗以浿水分界，百济旧地和高句丽南境都转由新罗控制。

---

① 《旧唐书》卷 199 上《高丽传》，第 5327 页。

② 刘统：《唐代羁縻府州研究》，西北大学出版社，1998，第 95 页。

与此同时，安东都护府的治所也在不断内迁（见表 3 - 1）。

表 3 - 1　安东都护府治所变化

年份	治所	现在位置
668	平壤	朝鲜平壤
676	辽东城	辽宁辽阳
677	新城	辽宁抚顺高尔山山城
714	平州	河北卢龙
723	燕郡	辽宁义县附近
743	辽西故郡城	辽宁义县东南大凌河右岸

二　明奴儿干都司的建置

明代奴儿干都司设立前，在东北地区南部先设置了辽东都司，其"南望青徐，北引松漠，东控海西女真"①，使中原与奴儿干地区联系在一起。奴儿干地区在设置都司之前，已经先后设立了许多卫所，奴儿干都司是统辖这些卫所的羁縻统治机构。

1. 设置与沿革

明洪武二十二年（1389）纳哈出归附明朝，驻兵于奴儿干地区的故元国公老撒、知院捏怯来、丞相失烈门遣使至京师乞降。朱元璋命锦衣卫指挥答尔麻失里前往奴儿干抚谕，1389 年其完成使命，成为第一个到达奴儿干地区的政府官员。永乐元年（1403），邢枢等前往奴儿干招抚激烈迷等部，海西女真、建州女真、野人女真都来归附。永乐二年，奴儿干地区头目把喇答哈、阿喇孙、忽喇冬奴等至京师朝贡，二月朝廷置奴儿干卫于黑龙江口的特林地方，任命把喇答哈等人为指挥同知。

永乐七年（1409）正月，奴儿干等地的忽喇冬奴等人来朝，

---

① 《辽东志》卷 3，《辽海丛书》本。

并上奏奴儿干地处要冲，"宜立元帅府"。明朝遂于同年闰四月，正式设立奴儿干都指挥使司，任命"东宁卫指挥康旺为都指挥同知，千户王肇舟等为都指挥佥事，统属其众"[1] 明廷派主官员及军队进驻奴儿干地区，官吏人数在五百至三千。

弘治年间（1488~1505）明朝廷不再委派奴儿干都司官员，奴儿干都司下属各卫所虽然一直保留、存在，但奴儿干都司这一级机构等于撤销。

2. 职能

奴儿干都司与一般都司不同，它不归五军都督府掌管，而是归职方清史司管，即直属于明朝中央。明政府在奴儿干也未设置军队，奴儿干都司只是明王朝统辖、管理非汉民族的羁縻机构，下辖各卫所官员皆是土官，由该卫的民族首领充任，可世袭，但要得到明朝廷的批准。

明洪武二十五年（1392）全国总计已有17个都指挥使司，奴儿干都司是继其后设立的。明代都指挥使司与布政使司、按察使司合称"三司"。奴儿干都司与其他都司一样都带有军事性质，但奴儿干都司境内明廷未设州府县，而只是设都司代之，这样奴儿干都司就兼理民政。因此，奴儿干都司实际上是军政合一的相当于"省"一级的地方政权机关。[2]

奴儿干都司是明朝初年设置于东北黑龙江地区的一个以招抚为主要职能的机构。奴儿干都司设置之初，就是一个组织化、制度化、正规化的招抚机构，到宣德末年这个机构停止活动，它的职能也就随之消失。明朝在东北北部地区设置的大量卫所，一般直接与中央政府发生关系，并不经过奴儿干都司这样的中间环节。

---

① 《明太宗实录》卷62。

② 杨旸：《明代奴儿干都司及其卫所研究》，中州书画社，1982，第39~40页。

3. 辖境

明朝奴儿干都司的辖境，西起斡难河（今鄂嫩河），北至外兴安岭，东抵大海，南接图们江，东北越海而有库页岛。[①]

奴儿干都司下辖总计 384 个卫，24 个所，7 个站，7 个地面和一个寨，治所位于黑龙江下游亨滚河口右岸的特林（今俄罗斯之蒂纪）。明初，明政府经过对黑龙江、松花江、嫩江、鄂嫩河、精奇里江、格林河、亨滚河、乌弟河、乌苏里江、图们江流域广大地区的残元势力及女真各部的招抚，在永乐七年奴儿干都司建立前已先后建立了 129 个卫所，奴儿干都司是一个对这些卫所进行统一管辖的机构。384 个下辖卫设立情况是：洪武年间设立 5 卫，永乐元年至七年闰四月设 127 卫，永乐七年五月至永乐末年设 50 卫，正统年间共设 5 卫，正统后设 197 卫。

三　安东都护府与奴儿干都司比较

通过对安东都护府和奴儿干都司相关设置、沿革、职能、辖境等方面的分析和论述，基本厘清了唐代前期和明代前期对东北边疆与民族地区的管理概况，下面集中分析二者的异同。

第一，关于唐代都护制度与明代都司制度。都护制度是唐代边疆民族管理特有制度，不同于内地的地方制度，而明朝的都司制度则是全国通用的行政管理制度。都护制度创始于西汉对西域的经营，历经魏晋南北朝于唐代日臻完善，唐朝在边疆四方总共设有安东、安西、安南、安北、北庭、单于六大都护府即是其表现。明代都司全称都指挥使司，是明朝创立的新型地方政治制度，是分化地方权力的重要制度。

第二，安东都护府与奴儿干都司的职能。安东都护府设置于

---

① 《寰宇通志》卷 116《女直》："其地东瀕海，西接兀良哈，南邻朝鲜，北至奴儿干、北海。"明《皇舆考》卷 10《女直诸部》。

东北地区南部，主要是高句丽、靺鞨等民族的管辖机构。奴儿干都司设置于东北地区北部，主要是东部鞑靼、女真等民族羁縻管辖机构。这一点唐朝中央与明朝中央的策略基本一致，即对非汉民族进行羁縻统治，这是唐朝与明朝区别于汉、元、清三朝东北政策的最大特征。此外，明朝前期对东北和其他地区的非汉民族的措施也有差异，西南地区实行的是与奴儿干都司不同的土司制度，而唐朝在边疆四夷地区普遍实施都护府与羁縻府州制度，即唐朝为将东北行政机构特殊化，而明朝在东北采取的是既不完全与内地相同，又不与其他边疆地区相同的制度。

第三，安东都护府与奴儿干都司设置背景与方式不同。唐朝灭亡高句丽政权，而设立了安东都护府，所以安东都护府属于强制性行政机构，这在安东都护府存在历史中不断地受到高句丽遗民的反抗上得到充分表现，而治所的多次内迁以及安东都护府最终被撤销都说明唐朝对朝鲜半岛北部和东北地区南部统治的逐渐弱化。与之不同，明朝前期在东北设立奴儿干都司是当地民族自愿归附的产物，在此之前，则设立一系列卫所，以当地人首领作为官长，实行羁縻统治，设立奴儿干都司也是应前来朝贡的当地首领要求。

第四，安东都护府与奴儿干都司废置同样具有鲜明差别。唐代西北局势牵动国家政策方向从东北地区移出，加上当地遗民的反抗促使安东都护府已经名存实亡，安东都护府实际真正发挥作用时间并不长。奴儿干都司作为卫所与明朝中央之间的纽带，其存在时期则一直是明朝有效的羁縻统治手段。值得注意的是，它的废置不是下辖女真人或蒙古人的崛起，而是明朝中央统治力的削弱，无暇顾及东北的结果。这也说明，奴儿干都司的建置是有效和成功的，而安东都护府则恰好相反。

中国古代各王朝东北行政机构的设置与当时的国情、东亚政治形势、东北的特殊历史传统都有密切关系。仅就唐、明并不先后承续的两代来说，奴儿干都司具有开创性，因为明代之前辽金元三大北方民族王朝在东北全境实行的都是前所未有的直接统治，而明朝仅对东北南部地区实施了较为严格的统治，对东北北部采取了宽松的羁縻统治，奴儿干都司是其代表。而唐代安东都护府则是集前代之大成的制度，又有全国其他地方设立都护府的先例，但这并不意味着安东都护府没有创新，安东都护府设立初期使中国王朝自秦汉以来对东北中南部地区真正实现名副其实的经略，并且安东都护府废置后，其所代表的羁縻府州制度依然在东北保持活力，如忽汗州都督府、黑水都督府的建立，只不过由于东北民族的崛兴和唐朝统治的瓦解，东北的羁縻府州才最后为契丹破坏。

从汉、唐、元、明、清五朝来看，唐、明两代东北地方行政机构具有鲜明特征，即以羁縻统治为主。而汉、元、清各朝因为对东北这一重要地区认知和政策不同而采取了更为直接的郡县、行省、将军统治。

原载《延边大学学报》2009 年专刊

辽东政体与人群

一　平壤古史指南

平壤，这座朝鲜半岛北部的名城，在漫长的历史长河中经历了怎样的强国之都的荣光和废弃之城的寂寞？东亚史上有哪些政体曾以平壤为中心进行统治？梳理这座历史名城的古代履历对于理解东亚史具有独特的意义，然而目前尚没有关于这一论题的讨论，这里略以时间顺序叙述古代历史上平壤地区的政治文明演进。

最早在平壤建都的古代政权是古朝鲜国。先秦古籍《山海经》有"朝鲜国"的记载："东海之内，北海之隅，有国名曰朝鲜"。《管子》也记载了这个朝鲜国的特产是"文皮"，也就是虎豹之皮。这个朝鲜国就是后来被称为"古朝鲜"的国家。

在朝鲜－韩国的古代史体系中，古朝鲜又分为三部分，第一部分是充满神话色彩的檀君朝鲜，第二部分是充满中原文化色彩的箕子朝鲜，第三部分则是充满朝鲜民族色彩的卫满朝鲜。

高丽时代的僧人一然所撰《三国遗事》中记载，天帝桓因之子桓雄率徒三千降临于太伯山神檀树下，治理人间。当时有一只熊和一只老虎，同穴而居，愿化为人，后来熊安心在洞中食蒜与灵艾一百日不见光，得女身成人。桓雄与之婚而生檀君，孕而生子，号曰檀君王俭，建都平壤城，始称朝鲜。熊也因此成为朝鲜民族的始祖图腾。

据伏生《尚书大传》以及李朝时期的著作，箕子是中国周武王伐纣时期的历史人物，据说箕子不忍背商事周，于是向东抵达了朝鲜。周武王于是将朝鲜封给箕子，箕子作为朝鲜的国君曾向周朝贡。这个箕子朝鲜礼仪粲然，据说孔子的"乘桴浮于海"的对象就是朝鲜。

在司马迁的《史记·朝鲜列传》中，则记载了第三个古朝鲜，即卫满朝鲜。公元前 195 年，在中国秦末汉初的战乱中，燕人卫满率领千余人归化朝鲜，并于第二年发动兵变，攻入首都王俭城（平壤），自立为朝鲜王。原来的朝鲜王自海上逃往辰国的马韩，摇身一变成为韩王。之所以说这是一个充满朝鲜色彩的朝鲜主要是因为卫满完全没有改变当地土著风俗，相反，卫满是以穿朝鲜服装、遵循朝鲜风俗为原则进行统治的。

古朝鲜之后，平壤成为汉朝乐浪郡（前 108 ~ 313）治所朝鲜县所在地。卫满朝鲜与匈奴联系密切，并威胁到了汉朝东方贸易基地的辽东郡，公元前 109 ~ 前 108 年，汉武帝为了解决匈奴问题，"斩其右臂"，发兵攻打朝鲜，攻陷其都城王俭城，彻底灭亡了古朝鲜。

在朝鲜半岛北部广大区域内，汉武帝设置了与内地行政区划一致的乐浪郡等四个郡。其中，最重要的就是乐浪郡，它的治所位于朝鲜县，大体位于今朝鲜平壤市西南土城洞遗址。乐浪郡历经变迁，但始终是中国王朝时代经营东疆的最前沿，是汉文化东传的桥头堡。自西汉前 108 年设立，到 313 年最终完全被高句丽攻灭，乐浪郡历经两汉魏晋四代共存续了四百余年。朝鲜古籍《三国史记》等也曾出现乐浪国被高句丽灭亡的记载，或许后期"乐浪"曾作为独立势力存在。

继乐浪之后，平壤被纳入高句丽版图，后来又成为其都城。313 年，高句丽吞并了乐浪郡。高句丽原本是在与乐浪郡相邻的玄菟郡中高句骊县内崛起，这时它已然扩张到乐浪郡。至 405 年前后，高句丽又攻占了辽东、玄菟两郡，至此它彻底吞并了汉武帝以来所设置的东方诸郡。但是，在 427 年之前，高句丽的都城却不在今朝鲜平壤市，而在今天中国吉林省的集安市（"丸都山城"和"国内城"）。427 年之后，高句丽王国开始着力经营朝鲜半岛，大同江边的平壤遂再次成为都城。当时，在朝鲜半岛南部，与高句丽对峙的是百济和新罗，百济以汉城（今韩国首尔附近）为都城，新罗则以金城（今韩国庆州）为都。660 年，唐朝与新罗联军先攻灭了百济国，668 年进而灭亡了高句丽，到此时为止，高句丽已经在平壤经营了二百余年，作为世界文化遗产的高句丽王城、王陵、贵族墓葬，分布在平壤附近者数量最多。

7 世纪中叶后，平壤成为安东都护府治所。668 年，高句丽灭亡后，唐朝为了统治高句丽地区，设置了安东都护府，治所就在平壤。据《旧唐书·地理志》记载，安东都护府辖有高句丽原176城，有户口近70万，分为9都督府、42州、100县，大将军薛仁贵以兵2万镇守。安东都护府是唐朝的六大都护府之一。在敦煌发现的唐代中央政府颁行的水利管理法规《水部式》残卷中，就有关于安东水利设施的记载，可见唐朝对原高句丽地区的统治是较为深入的。但是676年，唐朝将安东都护府治所迁往辽东城（今辽宁辽阳），677年，又迁治新城（今抚顺高尔山）。武则天万岁通天元年（696）契丹反唐、靺鞨叛乱，唐与安东都护府的陆路交通一度中断。唐玄宗开元二年（714），安东都护府治所内迁营州（今辽宁朝阳）。天宝二年（742）年再次徙治于辽西故郡城（今辽宁义县）。最终，因安史之乱的影响，761年安东都护府废止。

高丽西京以及"大为"政权的插曲。新罗与唐朝联军灭亡高句丽之后，平壤所在的大同江流域屡因战乱而长期荒芜。继承新罗的高丽王朝，都城位于开京（今朝鲜开城），它的战略重点开始转向北方。太祖王建对平壤甚为重视，即位之初的918年迁移黄海南道大量人口充实平壤，并设"大都护府"。次年，又将之设定为高丽王朝的"西京"，配备与朝廷统治机构类似的官员。与之同时，高丽积极向鸭绿江南岸广大区域扩张。在10世纪末11世纪初辽与高丽的三次战争中，西京都发挥了极为重要的拱卫开京的防御作用。

高丽王朝建国之初在西京所设立的官员以及门阀贵族，逐渐与开京的贵族和文武官员形成对立态势，12世纪初，妙清曾一度劝说高丽国王仁宗迁都西京，这一计划失败后，遂发动叛乱，在西京建立政权，国号"大为"。高丽官军虽然仅用一年就剿灭了平壤政权，但这一事件无疑反映出平壤一地独特的政治与军事价值。

12 世纪以后，平壤彻底成为高丽以及其后的李氏朝鲜的边地。虽然平壤一直是开京或汉城陆上连接元明清时期中国首都北京的重镇，但再没有恢复昔日的荣光。此后，平壤走过了北方边邑的 8 个世纪，其间平壤既目睹了女真铁蹄的南下、蒙古大军的东征，也耳闻了朝鲜"朝天""燕行"使臣的诗歌；明朝与朝鲜联军与倭寇在这里厮杀，满洲骑兵的飞矢鸣镝从这里划过。李氏王朝面临千年变局，朝鲜"开港"后，日本、沙俄势力先后侵入。

1910 年以后，平壤和整个国家一起沦为日本殖民地。经过多年的浴血奋战，抗击日寇的祖国光复会终于在 1945 年胜利凯旋，平壤重新成为花的海洋。1948 年 9 月 9 日，朝鲜民主主义人民共和国建立，平壤再次成为首都，掀开了这座城市的历史新篇章。

在朝鲜半岛前近代的历史上，除了平壤之外，庆州作为新罗王都长达千年，即便在新罗鲸吞蚕食了百济全部与高句丽南部故地之后，新罗也并未像高句丽、百济历史上曾经历的那样迁都。此后的高丽王朝定都开京，除特殊的战乱时期避都江华岛之外，开京为都延续长达约五百年。继之而起的李氏朝鲜王朝，转而在汉城建都近六百年。由此，从历史纵向来看，以统一新罗为分水岭，大体此前的时代平壤占据受容中原汉地文明和内陆草原游牧文化的前沿，此后的时代则因半岛中南部兴起的政治权力更偏向于在汉江中下游一带营建都城、吸收大陆文化的通道业已南移等而相对边缘化，但是朝鲜朝后期的北边拓展，又使平壤重获北部重镇的地位。

古代平壤一地作为一种重新审视东亚史的独特视角，对于诸多历史内容的理解具有重要价值，十分值得深入探讨。

二 Korea 起源问题

朝鲜称韩国为南朝鲜，韩国称朝鲜为北韩。作为朝鲜和韩国的通称，英语中的 Korea、法语 Corée、德语 Korea、俄语 Kopeя、希腊语 Kopéα、西班牙语 Corea 统统源自另一个词"高丽"。

中国人比较熟悉的隋炀帝三征高丽、唐高宗灭高丽，这个"高丽"指的是否就是 Korea？没错，确实是。但这么说，一定有人反对："隋唐皇帝亲征的不是'高丽'，而是'高句丽'！"那么，高句丽和高丽究竟是怎么回事儿，二者有何关系？

1. 高句丽兴亡：700 年屡受挫未亡国

高句丽（也作高句骊）国，建立于公元前 37 年，相当于西汉末年。在高句丽人自己所立的巨型石碑好太王碑（又称"广开土大王碑"）中记载，其第一代王是"邹牟"。高句丽建都于今天辽宁省桓仁县，不久迁至丸都（今吉林省集安市）。王莽时代对周边部族推行歧视政策，引起北方部族纷乱，高句丽也被更名为"下句丽"，直到东汉初年，汉光武帝才恢复了"高句丽王"的王号。

最初的高句丽国只是汉朝玄菟郡内的小国，经过对周围小股势力的长期兼并，到曹魏时代，它形成了一个对周边部族有很大影响力的政权。曹魏在消灭了割据辽东及朝鲜半岛北部几个郡的公孙氏之后，242 年派大将毌丘俭攻打高句丽，焚毁都城——丸都城，给高句丽造成灭顶之灾，《毌丘俭纪功碑》中就有"高句骊反""讨句骊"的记载。

然而，高句丽并没有覆亡，后来慢慢得到恢复，趁西晋永嘉之乱，进占了乐浪郡、带方郡故地（313 年），乐浪郡故地统治中心在今天的平壤一带。当时朝鲜半岛南部从众多小国中逐渐成长起来的百济国，都城在汉城（今首尔附近）。高句丽进入平壤一带后，就和北上扩张的百济相遇，两国争战不断。那时半岛南端的新罗还只是一隅小国，实力不能与这两个国家相提并论。与百济作战的同时，高句丽不断"西进"，与辽河流域新兴的慕容鲜卑长期作战，争夺辽东郡和玄菟郡，相较之下，慕容鲜卑更胜一筹。

342 年，高句丽都城丸都被慕容鲜卑攻陷，高句丽王的母亲和妻子被掳走，父亲的墓也被盗掘，高句丽王被迫向慕容鲜卑称臣纳贡。

其后，经过较长时间的积蓄发展，高句丽再次趁着中原战乱，恢复实力，牢牢掌控平壤地区的同时，重新开始攻占辽东郡、玄菟郡。在好太王时代，高句丽终于完全占据辽东（约405）。至此，高句丽吞并了西汉以来所设置的辽东、玄菟、乐浪、带方四郡的广大土地，并在 427 年将都城迁到平壤，大力经营朝鲜半岛。

在随后的南北朝时代，高句丽通过控驭辽东和黄海东部交通，展开"越境外交"，与南北对立的中原王朝同时建立联系，并且远通北亚草原的柔然和突厥，甚至与中亚粟特人也有联系（很多学者认为撒马尔罕壁画中的鸟羽冠使者就是这一联系的证据），可以说高句丽已然成长为东部欧亚世界的一个强国，因此中原史书称高句丽"强盛不受制"。

6 世纪下半叶，隋帝国最终结束南北分裂，中原走向统一，高句丽问题也日渐被提上议事日程。后来，隋唐屡征高句丽，就是人们所熟知的"征辽东"。隋炀帝三征高句丽，导致国内大乱，身死国灭。继之而起的唐帝国，与后来居上的新罗联手，先是灭亡了百济，又在白江口（今天韩国的锦江口）的大海战中大败前来援助百济残余势力的倭军。唐军与新罗水陆并进，南北夹击高句丽，趁其内讧之机，在 668 年一举攻破平壤，灭亡了高句丽。

随后，唐朝在平壤设立安东都护府统辖其地。

综合来看，高句丽是一个强韧的国家，屡屡与中原抗衡，最终覆亡是由于内部的分裂和外部的摧毁合力作用。自汉末至唐初，高句丽共存在了705年，先后以桓仁、集安、平壤三地为都，所以高句丽王城、王陵及贵族墓葬在现今中朝两国境内都有分布。

2. 两个"高丽"，还是一个"高丽"？

那么，高丽又是"谁"？这要做两层解释。首先，高句丽在后期就开始被称为"高丽"了。在南北朝时代的中国正史中，"高句丽"就开始被写作"高丽"，在南朝，《南齐书》最先如此称呼，而北朝可能更早，至晚《北齐书》已经将"高丽"作为"高句丽"的称呼了。至于原因，学界目前仍有分歧。有人认为是高句丽自己改名了，也有人认为是中国史书的简写——之前也曾简写"高句丽""高句骊"为"句丽""句骊"。但是到隋唐时代，史书中对于高句丽的称呼绝大多数都改成了"高丽"，仅有个别记载同时并用"高句丽"。一句话，高句丽还是那个高句丽，只是叫法有所变化。

其次，高句丽灭亡之后，新罗通过战争以及外交手段，逐步统一了朝鲜半岛中南部广大地区，也就是原来百济的全部疆土和高句丽南部的一些疆土，这之后的新罗被称为"统一新罗"（朝鲜史学界不承认它是统一国家，故称之为"后期新罗"）。经过两个世纪之后，统一新罗衰落，它的内部掀起反叛势力，其中有两股最终坐大：一股是900年在原百济地区兴起的甄萱，建立的政权被称为"后百济国"；另一股是899年在原高句丽一带兴起的"后高句丽国"（又叫泰封国、摩震国），后来为了凝聚力量、反叛新罗，新首领王建在918年改定国号为"高丽"。三方混战，最终高丽统一了四分五裂的朝鲜半岛，由此"高丽"又成为这个统一的新国家的国号。

这个高丽完全继承了新罗的全部国土，并向北有所伸张，重要的是，它持续统治朝鲜半岛近 500 年，直到 1392 年李成桂建立朝鲜王朝取而代之。王建所建立的这个高丽，定都开京（今朝韩边境附近的开城），又称王氏高丽，之前的高句丽则又被称为"高氏高丽"。高氏高丽存续时间相当于汉末至唐初，王氏高丽存续时间则相当于五代至明初。

两个虽然都可以叫高丽，但在历史研究中，准确来说应该分别称"高句丽"和"高丽"。高句丽拥有广袤的中国东北地区中南部和朝鲜半岛北部，高丽则以朝鲜半岛中南部为统治区，二者重合区域极少。高句丽灭亡距离高丽建立，中间又隔了 250 年。就像拓跋珪以魏为国号时，曹魏已经灭亡 120 年了一样，高丽只是借用了"高句丽"名号的另一人群的政权。其实在高句丽灭亡之后，就曾经有多个政权打着"高句丽"旗号，比如出使到日本的渤海国人，他们在日本史籍《续日本纪》中被记作"高丽使"；突厥默啜可汗的女婿高句丽人高文简逃往唐朝时，则是以"高丽王莫离支"名义被记录下来。

王氏高丽被西方人先是译作 Corea，据说日本人在 1910 年吞并了大韩帝国之后动了手脚，改成 Korea，好让 Japan 能排在它前面。Korea 译自高丽，而"朝鲜"的英文译名则是 Chosun，现在韩国发行量最大的报纸《朝鲜日报》英译名就是 Chosun Ilbo，而不是 Korea Daily。可见，Korea 对应"高丽"，"高丽"则是"高句丽"的简称，所以全世界对朝鲜、韩国的称呼归根到底都来自"高句丽"。

3. "高句丽历史问题"为何敏感？

高句丽一直以来被朝鲜和韩国视为其"国史"的重要内容，在它们的古代史体系传统观点中，高句丽与百济、新罗是"三国时代", 是国史的重要历史阶段和组成部分。21 世纪初, 中国学界展开"东北工程", 进行高句丽相关的东北亚史研究, 其中对于所谓高句丽归属问题中韩学者产生了巨大的分歧与争论。中国学术界一般将高句丽视为东北地方民族政权的历史定位, 在韩国看来, 这无异于"歪曲历史""抢夺历史"。因此, "高句丽历史问题"成为两国交流中极其敏感的问题。

以往, 韩国古代史学界偏重新罗、百济、加耶史, 而忽视高句丽史, 为改变这种现状, 韩国在 2004 年成立了专门的大型研究机构"高句丽研究财团"(2006 年整合成为新的"东北亚历史财团"), 投入大量财力、人力进行包括高句丽史在内的研究项目, 这改变了韩国古代史的研究格局。不过, 自始至终, 中国学界和韩国学界内部都存在一种声音, 就是历史研究中的"学术非政治化"和"一史两用"的呼声。客观地讲, 正是这种声音最终使得中韩两国高句丽史研究者开始反省, 加强双方的直接交流。

2012 年中国集安市新发现一方高句丽时期的石碑, 定名为"集安高句丽碑", 它与集安的"好太王碑"(又称"广开土大王碑")、韩国中原郡出土的"中原高句丽碑"并称高句丽三大碑。两国研究者迅速展开学术交流, 互相邀请专家进行演讲和讨论。2014 年 10 月为纪念高句丽好太王碑建碑 1600 周年, 在中国社会科学院中国边疆研究所和韩国东北亚历史财团的组织推动下, 中、朝、韩、日四国高句丽研究专家聚首集安, 就好太王碑及高句丽历史理论问题加强交流和沟通。高句丽史作为中古东亚史的重要内容, 既是中国边疆史的研究课题, 也是朝韩国史的组成部分, 相信这一认识会越来越得到更多有识之士的支持。

原载《澎湃·私家历史》2016 年 3 月 28 日, 题目有改动

三 国王、刺客与进士：渤海国与唐朝恩仇记

1. 女皇派来的追兵

武则天万岁通天元年（696）六月，在帝国边陲的营州（今辽宁朝阳），契丹部落举兵反唐，杀死营州都督，并迅速攻占不少城池，北方边地形势严峻，进而幽冀地区受到威胁。朝廷开始组织、调动军事力量进行反击。

营州是大唐帝国东北方的重镇，这里除契丹部落民外，还有另外一些内附唐朝的部族。其中比较重要的是"靺鞨之众"与"高丽余种"（高句丽遗民）。契丹叛唐自立，靺鞨人与高句丽遗民这两股力量各自在其首领的领导下，趁乱向东奔逃，脱离了唐朝的管控。靺鞨人首领是乞四比羽，高句丽遗民首领是大祚荣的父亲乞乞仲象。

乞乞仲象与乞四比羽的目标无疑也是脱唐自立，因此他们率部渡过辽河，向东到达太白山东北，凭借奥娄河天险，树壁自固。在契丹叛军势力正嚣时期，唐廷对靺鞨人只能采取安抚政策，于是封乞四比羽为"许国公"，乞乞仲象为"震国公"，一并赦免其罪。但是乞四比羽不受命，皇帝武曌在平定了契丹之后，下诏让大将军李楷固、中郎将索仇率军击杀之。

唐军先破斩乞四比羽，乞乞仲象亦亡故，大祚荣遂将高句丽和靺鞨之众合并，继续遁逃。李楷固大军穷追不舍，度过天门岭，大祚荣于是与唐军展开决战，唐军大败，将军李楷固脱身而还。当时东北的形势是契丹、奚等全都降附突厥，道路阻绝，唐廷无法再讨伐大祚荣。"天高皇帝远"的大祚荣，进入牡丹江流域，筑城自卫，逐渐吸纳辽东地区的其他靺鞨部族以及高句丽遗民，最终建立了国家。可能是因袭了其父乞乞仲象受封唐朝的爵号"震国公"，因此大祚荣的政权最初称为"震（振）国"，抑

或"靺鞨国"。

成功建国的大祚荣，再未遭遇女皇派来的追兵，反而接获了新皇帝的善意。

唐中宗即位后，遣侍御史张行岌前往靺鞨国招慰。这是帝国东北方政策的良性转变，扭转了武曌时期四处树敌、蔑视北族的不智行为。大祚荣也迅速做出回应，派遣自己的儿子大门艺入侍，这相当于一种留在唐都的"人质"，表示臣属于唐朝。唐朝本欲遣使去册封大祚荣，却因契丹与突厥连岁寇边，交通中断，使节难以抵达。

直到睿宗先天二年（713），大唐终于遣郎将崔忻渡海，绕开陆路威胁，前往大祚荣的都城旧国（今吉林延边朝鲜族自治州境内），册拜大祚荣为左骁卫员外大将军、渤海郡王、忽汗州都督，仍以其所统为忽汗州。自此以后，大祚荣所建立的国家开始向大唐遣使朝贡，并改称为"渤海国"。

2. 皇城刺杀令

渤海国从一开始就极为重视与唐朝的关系。然而，第二代王大武艺时期，渤海国对唐关系出现了严重问题。

大祚荣死后，其嫡子大武艺继承大统，唐朝皇帝也继续予以册封。但他表现出明显的自尊意识：其一，打破藩臣谥号规定，未经唐朝安排，谥大祚荣为"高王"。其二，有违唐朝正朔，自设"仁安"年号。其三，在开疆拓土的同时，打算出兵教训亲近唐朝而疏远渤海国的黑水靺鞨。特别是备战黑水靺鞨，引发了一系列矛盾。

当初被父王派至长安入侍的王子大门艺，此时已回到渤海国，大武艺想要差遣这位弟弟统领大军前去攻打黑水靺鞨。大门艺颇知深浅，极力劝阻国王取消这次军事行动。他说，黑水与唐朝通使而我攻击它，是背唐。唐是大国，兵力是我万倍，与之结怨，我将自取灭亡。他还提到了几十年前高句丽全盛时，有兵士三十万，抗唐为敌，尚且都失败了；而今渤海兵力不过是高句丽的三分之一，岂可与唐朝为敌？国王没有听从这一意见。大门艺无奈，只得领兵出征，行军到黑水靺鞨边境时，他又一次写信劝谏王兄罢兵。

这次劝谏引得大武艺勃然大怒，国王派遣另一位将军取代了弟弟，并且下令召大门艺回京，意欲杀之。大门艺惧怕，但他当然不会引颈就戮，遂抄近路逃到了唐朝，玄宗皇帝于是册拜他为左骁卫将军。国王大武艺对弟弟这一"叛国"的行径，很难容忍。他首先通过外交途径，请求唐朝诛杀大门艺。

唐朝的反应颇有戏剧色彩，皇帝没有威压"渤海郡王"大武艺，反倒偷偷将大门艺安排到唐朝境内与渤海国距离遥远、方向相反的安西（今新疆库车），并派两名鸿胪寺官员前去通告渤海国说，大门艺不可杀，皇帝已将他流放到"恶地"岭南了。大武艺无疑有自己的情报来源，他了解到实情之后，强硬地表态，甚至斥责唐朝，"陛下不当以妄示天下"，执意杀大门艺而后快。对于大唐而言，渤海国王不过是一个僻远小国的君主，对皇帝如此不逊，绝对是不可能容忍之事。但或许是唐朝皇帝扯谎心虚，玄宗仅以泄露机密罪名，将鸿胪寺那两位官员贬谪，同时，还真的将大门艺转送岭南以安抚渤海国王。唐玄宗似乎既没有表现出大国应有的道义和公正，也没有坚定地维护"亲唐流亡者"的利益，在与渤海国的交锋中未占上风，从史书记载来看有示弱之嫌。

果然，六年之后（732），渤海国大武艺得寸进尺，从水陆两路大举发兵进犯唐朝边郡。

水路是由渤海国大将军张文休率"海贼"自辽东渡黄海进攻登州，袭杀了登州刺史韦俊，这还是唐朝州郡历史上第一次遭到东方部族的入侵。陆路则由国王直接领兵攻至马都山（今河北青龙、宽甸之间的都山），大肆屠城。两路进犯都已深入唐境。特别是陆路进攻，实际上是渤海与突厥、契丹、奚等联合对唐朝作战。

唐朝立即反应，同时派遣左骁卫将军大门艺到幽州，太仆员外卿金思兰返回新罗，分别征兵抗击渤海。金思兰本是新罗王族，这次他带回皇帝加授新罗王为"开府仪同三司、宁海军使"的册封，以及要求新罗王发兵进攻渤海国南境的诏命。"宁海军使"中的"宁海"或许带有"平定渤海"或"平定海东"之意。然而，十万新罗大军因山路险阻，加上雪深丈余，士卒死者过半，无功而返。

渤海国王怨恨弟弟，于是秘密遣使到他所在的唐朝东都洛阳，买通了刺客，刺客在天津桥南暗杀大门艺，而天津桥就在皇城正门不远，是全城最热闹的交通要道。大门艺与刺客奋力格斗，幸免于难。唐朝廷闻讯震怒，诏令河南府全力搜捕渤海密使相关人等，尽杀之。

同一时期，唐军在东北取得了对突厥以及契丹和奚的军事胜利。室韦、黑水靺鞨等也相继向唐朝入贡，表示臣服。渤海国王大武艺因形势变化，不得不向唐朝皇帝上表请罪。大唐也接受了渤海的悔过。唐朝宰相张九龄的文集中保存了这位大文豪代皇帝所拟的给渤海王之敕书，其中说道：

> 敕渤海郡王、忽汗州大都督大武艺：……卿往年背德，已为祸阶，近能悔过，不失臣节。……奚及契丹，今既内属，而突厥私恨，欲仇此蕃。卿但不从，何妨有使，拟行执缚，义所不然，此是人情。

便是渤海断绝突厥关系，倒向唐朝一方的明证。

不久，"武王"大武艺去世，第三代文王大钦茂逐渐开启了一个"文"的时代,渤海与大唐的关系也进入了亲密友好的快车道。

由于渤海国杰出的文化成就,中原典籍称赞其为"海东盛国",唐玄宗给渤海国王的敕书中也说,"卿地虽海曲,常习华风"。如果唐代确实存在一个"东亚汉字文化圈",那么渤海国与新罗、日本一样,无疑都是其不可或缺的重要成员。

原载《澎湃·私家历史》2016 年 6 月 29 日,

内容有删节、改动

渤海与新罗关系的多面性

从渤海国与东部欧亚世界的多元外交视角,能够更为超脱地观察渤海与新罗关系的特点。在唐朝看来,渤海国和新罗都属于其藩臣,唐代"押新罗渤海两蕃使"设置初衷便是管理渤海与新罗"两蕃"事务。渤海国主要京、府的设置,与其最重要的对外联络通道有着密切联系,这些京、府所对应的通道分别是:东京龙原府的"日本道",西京鸭绿府的"朝贡道",长岭府的"营州道",扶余府的"契丹道",南京南海府的"新罗道",以及上京龙泉府以北的"黑水靺鞨道"。通过辐射状的陆海交通线,渤海国完成了与唐、日本、突厥、契丹、新罗、靺鞨的多元外交。其中,渤海国与新罗的关系,经历了从册封关系、和平交往关系到外交竞争甚至兵戎相见的战争关系的演变和反复交叉,呈现出复杂的变化和多面性,而不是始终处于对峙状态的单面性。关于渤海与新罗两国关系性质的定位,朝鲜、韩国是将渤海与新罗纳入"南北国"的历史认识体系,这是一个长期累积、因袭的结果，它源自李朝时代对北方土地的现实考虑与历史想象，以及近代民族主义史学的历史书写等。渤海国自己的文字记录显示出鲜明的"自尊"意识，而所谓新罗的"同族意识"则并无直接的证据。渤海国对外关系的更丰富的细节，仍有赖于今后更多考古资料的及时发布和深入解读，以及东亚各国学术界在历史研究上的对话和交流。

渤海国与新罗关系历来受到研究者的重视，但是观点分歧也相当严重，对于诸如二者间有无正式外交这种基本问题甚至有完全相反的解读。[①]　本文另辟蹊径，在鸟瞰渤海国对外关系的整体样貌的基础上，专门梳理渤海与新罗的关系，力图从渤海国与东部欧亚世界的多元联系中理解渤海与新罗的关系变化，并考察朝韩古代史体系将渤海国与新罗纳入"南北国"的问题。[②]

一　渤海国的对外交通与联系

俄罗斯远东沿海小镇克拉斯基诺，邻近日本海，航船只需直行，便能到达日本。[③]　在 7~9 世纪时，渤海国人就是从这里（当

[①]　关于中国和日本学界关于渤海国与新罗关系主要研究，请参阅马一虹《渤海与新罗关系研究》，《中国社会科学院历史研究所所刊》第 6 辑，商务印书馆，2010（收入氏著《靺鞨、渤海与周边国家、部族关系史研究》第十四章，中国社会科学出版社，2011）；郑炳俊等编《中国的渤海对外关系史研究》，东北亚历史财团，2011。此外，韩国学界的重要研究成果有：韩圭哲：《渤海的对外关系史》，新书苑，1994；赵二玉：《统一新罗的北方进出研究》，书景文化社，2001；小宫秀陵：《新羅・渤海の对唐藩鎮交涉に关する研究》，博士学位论文，首尔大学，2014；金恩国：《渤海对外关系的展开与性格》，博士学位论文，中央大学，2004；李东辉：《渤海的种族构成与新罗的渤海观》，博士学位论文，釜山大学，2004；尹载云：《南北国时代贸易研究》，博士学位论文，高丽大学，2002。

[②]　本文论题的酝酿和撰写过程中曾受到尹铉哲教授、赵俊杰博士、王禹浪教授的启发，承蒙澎湃私家历史于淑娟女史惠助，在此顺致谢意！

[③]　俄罗斯科学院远东分院历史学考古学民族学研究所与韩国东北亚历史财团自 2004 年起连续多年对沿海州克拉斯基诺渤海城进行联合发掘，并出版年度发掘报告。

时称为盐州）乘帆远航，频繁地与日本遣使、通商，当时的日本处在奈良和平安时代，而这些渤海人的足迹曾遍布福冈、奈良和京都。

渤海国人最常弃船登岸的落脚点是在北九州的大宰府，就是今天福冈县的"大宰府迹"①。大宰府是日本"西海道"的特别行政区，这里的鸿胪馆不仅接待渤海国人，也是日本朝廷指定的唐朝商人和朝鲜半岛新罗国商人的下榻地点。喜好大陆舶来品的贵族竞相前来贸易，屡禁不止。除了大宰府，渤海国人的登陆地点还有能登、加贺等。历经二百余年的承平时期，9世纪的东亚贸易异常繁荣，因此也被称为"贸易时代"。②

渤海国人运往日本的交易品主要有貂皮、虎皮、熊皮、人参、蜜、契丹大狗、倭子（犬）、玳瑁酒杯、金铜香炉、陶瓷等，运回的商货则主要有绢、帛、绫、绝、绵、罗、丝、黄金、水银、金漆、水精念珠、槟榔树扇等③。

渤海国与日本关系密切，不仅是贸易的需要，也跟政治外交局势有关，新罗雄踞朝鲜半岛，它的背后是大国唐朝。渤海与日本一度与唐朝和新罗关系不睦，因此二者能够跨海结援。

1950年日本宫内厅公布了咸和十一年（841）渤海国使者出使日本所携带的渤海国中台省致日本国太政官牒文书的照片④。1986年在奈良平城宫东南一处王宫遗址附近出土了230枚木简，其中一枚写有"渤海使""交易"字样，这批木简年代范围在和

---

① 参阅藤井功、龟井明德《西都大宰府》，日本放送出版协会，1977。

② 冯立君：《唐朝与新罗、日本的对外贸易机构比较》，李宗勋主编《东北亚历史与文化》第4辑，九州出版社，2010，第1~33页。

③ 参阅权惠永《古代韩中外交史——遣唐使研究》，一潮阁，1997；郑永振、尹铉哲、李东辉：《渤海史论》，吉林文史出版社，2009。

④ 王承礼：《记唐代渤海国咸和十一年中台省致日本太政官牒》，《北方文物》1988第3期；上田雄：《渤海使の研究——日本海を渡った使節たちの軌跡——》，明石书店，2002，第476页。

铜八年至天平元年（715～729）。此外，还有写有"依遣高丽使
回来天平宝字二年十月"（758年12月）字样的木简在平城京出
土[①]，这些都为渤海国与日本友好往来提供了实物证据。

日本嵯峨天皇弘仁九年（818）编成的汉诗集《文华秀丽
集》、淳和天皇天长四年（827）编成的汉诗赋集《经国集》等书
中都保存有出使日本的渤海诗人与日本士人的唱酬之作，其中渤
海人王孝廉的一首《奉敕陪内宴》写道：

> 海国来朝自远方，百年一醉谒天裳。
> 日宫座外何攸见，五色云飞万岁光。

渤海国自东京龙原府（今吉林珲春八连城）附近的盐州出海
到日本的交通道，被称作"龙原日本道"。据《新唐书·渤海传》
记载，"海东盛国"渤海国有"五京、十五府"，其中的五个重要
的京、府分别与渤海国对外交通的五个方向密切相关，除了东京
龙原府的"日本道"，还有西京鸭绿府的"朝贡道"、长岭府的
"营州道"、扶余府的"契丹道"、南京南海府的"新罗道"，以
及"黑水靺鞨道"[②]。

渤海国的西京鸭绿府，据《新唐书·渤海传》"高丽故地为
西京，曰鸭渌府"[③]，是指在鸭绿江中游的高句丽故国"丸都"
（今吉林集安市）。据唐朝宰相、地理学家贾耽记载，中原前往渤
海国都城的路线是从山东半岛的登州出发，渡海抵达辽东半岛，
再渡过鸭绿江抵达丸都，进而向东北溯流而上，陆行至渤海中京

---

① 上田雄：《渤海使の研究——日本海を渡った使節たちの軌跡——》，明石书店，
2002，第269、274页。
② 《新唐书》卷219《渤海传》，中华书局，1975，第6182页。
③ 《新唐书》卷219《渤海传》，中华书局，1975，第6182页。

（今吉林和龙西古城）和上京龙泉府（今黑龙江宁安）①。所以，丸都是唐朝和渤海国交通的必经之地。另有一说主张渤海国的西京应该在鸭绿江上游（今吉林省临江市），但目前该地并未发现渤海国古城址，值得怀疑。② 两种说法的共同点是西京的位置在鸭绿江畔，且一定是在鸭绿江北岸，而二者的分歧在于究竟具体是鸭绿江中游还是上游。但不论哪一种说法是正确的，渤海国与唐帝国相联系的交通道，都要经过鸭绿江流域的西京，辗转渡黄海，经山东半岛进入内地。

营州，是中古时代中原帝国与辽东诸国陆上通道的咽喉，地理和战略地位极为险要。渤海国都城陆路联系唐朝长安的另一条朝贡道，就是由渤海国都先到长岭府（今吉林桦甸），再经古盖牟城、新城（今辽宁抚顺）抵达唐朝安东都护府（当时在辽东郡故城襄平，今辽宁辽阳），西行至营州（今辽宁朝阳）。这条陆路营州道翻山越岭，与海路朝贡道一起构成了"丝绸之路"自长安向东延伸的一环。

渤海国通过这两条朝贡道，输送了诸多物产和商品到唐都，其中既包括马、羊、鹰、契丹大狗等动物，海豹皮、海东青皮、白兔皮、熊皮、虎皮、罴皮、貂皮等毛皮，发、人参、黄明、松子、麝香、牛黄、白附子、白蜜等药材，以及布、绸、细布等织物，鲻鱼、鲸鲵鱼睛、昆布等海产品，还包括金银佛像、玛瑙杯、紫瓷盆、熟铜等，异常丰富。运回渤海的物品主要是丝、帛、粟、金银器等。③ 渤海亦曾充当唐朝与日本之间贸易的桥梁作用，甚至渤海曾向唐朝献上"日本国舞女一十一人及方物"④。

---

① 《新唐书》卷43下《地理志》，中华书局，1975，第1146页。
② 韩亚男、苗威：《渤海西京鸭绿府考》，《中国边疆史地研究》2015年第1期。
③ 尹铉哲：《"丝绸之路"上的渤海国与唐朝、日本的交往》，郑永振、尹铉哲主编《渤海史研究》第10辑，延边大学出版社，2005，第125页。
④ 《旧唐书》卷199下《渤海传》，中华书局，1975，第5362页。

渤海国派遣了数量众多的子弟进入唐朝学习，在帝国向周边民族开放的科举考试"宾贡"中，渤海国人以极高的汉文化素养常常拔得头筹。他们在长安生活，与唐朝士人往来甚密，大诗人温庭筠就有一首著名的送别诗《送渤海王子归本国》。

> 疆理虽重海，车书本一家。
> 盛勋归旧国，佳句在中华。
> 定界分秋涨，开帆到曙霞。
> 九门风月好，回首是天涯。①

渤海国在与唐朝的交往中，醉心于汉文化，特别是其政治制度"大抵宪象中国"②，模仿唐朝的三省六部制。渤海国的"遣唐使"也极为频繁，这给人一种印象，似乎渤海国是唐朝一个典型的汉化"羁縻州"。

渤海国王虽然接受唐朝皇帝册封的"渤海国（郡）王、忽汗州都督"等官爵，但因其自身的强盛，有证据显示统治者已然自称皇帝。

证据一是 20 世纪 50 年代在吉林省延边朝鲜族自治州出土的汉字骈文书写的贞孝公主、贞惠公主墓碑，其中明确出现了"大兴"年号。特别是墓志中出现的"皇上罢朝兴恸，避寝驰悬"字句，有学者避而不谈，有的学者则认为这是说唐朝皇帝对一个边国公主的哀举，笔者则认为这里的"皇上"指的正是渤海国王。如果说这里的"皇上"尚不完全明确的话，那么 2004～2005 年在吉林和龙出土的两方重要汉文墓志——渤海国第三代文王孝懿皇后墓志和第九代王简王顺穆皇后墓志——则明白无误地称渤海

---

① 《全唐诗》卷 583《送渤海王子归本国》。
② 《新唐书》卷 219《渤海传》，中华书局，1975，第 6183 页。

王后为"皇后"。后一方碑志中出现了"渤海国顺穆皇后"即"简王皇后泰氏"[①] 字样，便是渤海国王对内称帝的第二个证据。

由此可见，汉文史籍中的"朝贡"与"册封"需要重新予以审视，其政治意涵或许并没有史学家强调的那么高，反而可能更多的是"实利主义"贸易行为更接近其本意。

"武王"大武艺去世，第三代文王大钦茂逐渐开启了一个"文"的时代[②]，渤海与大唐的关系也进入了亲密友好的快车道。文王之后，渤海国加紧向唐朝学习的步伐。在"遣唐使"的频度上，大历年间"或间岁而至，或岁内二三至者"[③]。借助向唐朝派遣的人员，学习当时世界上最先进的唐朝制度和文化建设国家。

大祚荣时代开始，渤海国陆续派遣学生入唐求学，开元年间（713~741）、太和七年（833）、开成二年（837）都有明确的派遣记录，依照渤海频繁向唐朝所派朝贡使、贺正使、宿卫等广义"遣唐使"推断，没有被明确记录下来的入唐学生的数量应该更多。

更引人注意的是，渤海国和当时汉字文化圈诸国家和民族一样，本国学生在唐朝还考取了科举。唐穆宗以后将唐朝本国进士由乡贡及第者称作"乡贡进士"，由生徒擢第者称作"国子进士"，与之相区别，则将外邦士子登第者习称为"宾贡进士"。[④]唐朝时的宾贡进士以新罗人最多，其中最著名的是大文豪崔致远，他被称为"海东儒宗"；中宾贡进士者比较著名的还有日本人——如来自奈良的阿倍仲麻吕（汉名"晁衡"），他和崔致远一

---

① 吉林省文物考古研究所、延边朝鲜族自治州文物管理委员会办公室：《吉林和龙市龙海渤海王室墓葬发掘简报》，《考古》2009年第6期，第38页。
② 滨田耕策：《渤海国兴亡史》，吉川弘文馆，2000。此据韩文译本，东北亚历史财团，2008，第73~131页。
③ 《旧唐书》卷199下《渤海靺鞨传》，中华书局，1975，第5362页。
④ 党银平：《唐与新罗文化关系研究》，中华书局，2007，第47~51页。

样都曾经在唐朝做官，与当时文坛上的名诗人也有唱和、交往。这是东亚士人具有共通的文化教养的绝佳范例①，也是那个开放时代一种特殊的盛景。

相较而言，宾贡进士中的渤海国人不太被注意，但实际上他们的表现丝毫不逊于新罗人、日本人。而且，9世纪下半叶渤海国人乌昭度（亦写作"乌炤度"）曾位居宾贡进士之首，还一举力压新罗人李同，名在其上。这让新罗人引以为耻，朝野异常不满。乌昭度后来位至渤海国相，其子乌光赞在唐昭宗时也入唐参加宾贡考试，并与新罗人崔彦撝同榜进士及第。除了乌氏父子，文献记载中的有名有姓的渤海国宾贡进士至少还有高元固、欣彪、沙承赞等。

渤海国上层贵族掌握了良好的汉字文化，他们与唐朝和日本文人的酬唱都体现出了高超的文学素养。渤海国的年号"仁安""大兴""宝历""中兴""朱雀""太始""建兴""咸和"，历代国王取名用字"仁秀""元义""明忠"，公主号"贞孝""贞惠"，皇后号"孝懿""顺穆"，甚至渤海中央行政机构三省六部的六部分别以"忠、仁、义、礼、智、信"命名，这些无不体现着一种儒家文化精神的内蕴。②

从考古资料来看，渤海佛教无论是上京地区的观音信仰，还是西京和东京地区的法华信仰，抑或渤海国境内分布广泛的佛寺遗迹，都说明汉传佛教在社会生活中具有的地位。③渤海墓葬兼具高句丽和靺鞨文化的特征，唐朝的文化因素也处处可见，同时也逐渐形成了自己的特色。④

---

① 高明士：《东亚古代士人的共通教养》，氏著《天下秩序与文化圈的探索》，上海古籍出版社，2008，第251~263页。

② 《新唐书》卷219《渤海传》，中华书局，1975，第6182~6183页。

③ 宋基豪：《渤海佛教及其性质》，《韩国佛教史的再照明》，佛教时代社，1994。

④ 郑永振：《高句丽、渤海、靺鞨墓葬比较研究》，延边大学出版社，2003。

最令人惊叹的是渤海国城市对于唐朝都城（长安和洛阳）的模仿，虽然西古城（今吉林和龙）、八连城（今吉林珲春）等也都具有唐代城市布局的典型特点①，但渤海国"第一代表作"非上京龙泉府莫属。上京城又称忽汗城，位于今黑龙江宁安市②。1930年代俄国人和日本人先后进行过发掘，1963～1964年中朝联合考古队再次对上京城进行调查发掘，此后朝鲜和中国分别出版了《渤海文化》③和《六顶山与渤海镇》④进行总结。

上京城郭城呈东西横长方形，周长16288.5米。宫城和皇城位于郭城的北部稍偏西处，皇城在前，宫城在后，中轴对称，城临忽汗河（今牡丹江）。城有十门，南北城墙各三、东西各二，与城内主要的五条大街相连通。其中，朱雀大街南北长逾2000米，北连内城南门，南通外城中门（正南门）。皇城占地约45万平方米。渤海国上京城约为唐长安城的一半，除以上特征一致外，里坊、两市布局等也基本相似。⑤正如中古东亚都城史的比较研究显示的，处于王权凝聚时期的渤海国与古代日本一样，对以隋唐为代表的都城形制的模仿达到了一个新的高度。⑥

由于渤海国杰出的文化成就，中原典籍称赞其为"海东盛

---

① 吉林省文物考古研究所等编著《西古城：2000～2005年度渤海国中京显德府故址田野考古报告》，文物出版社，2007；吉林省文物考古研究所等编著《八连城：2004～2009年度渤海国东京故址田野考古报告》，文物出版社，2007。

② 黑龙江省文物考古研究所：《渤海上京城》，文物出版社，2009；黑龙江省文物考古研究所：《海曲华风：渤海上京城文物精华》，文物出版社，2010。

③ 朱荣宪：《渤海文化》，社会科学出版社，1971。

④ 中国社会科学院考古研究所编《六顶山与渤海镇：唐代渤海国的贵族墓地与都城遗址》，中国大百科全书出版社，1997；吉林省文物考古研究所等编著《六顶山渤海墓葬：2004～2009年清理发掘报告》，文物出版社，2012。

⑤ 魏存成：《渤海都城的布局发展及其与隋唐长安城的关系》，原载《边疆考古研究》总第2辑，科学出版社，2003，此据氏著《高句丽渤海考古论集》，科学出版社，2015，第306～328页；郑永振、尹铉哲、李东辉：《渤海史论》，吉林文史出版社，2009，第362～368页。

⑥ 妹尾达彦：《东亚都城时代的诞生》，《唐史论丛》第14辑，陕西师范大学出版社，2012，第296～311页。

国"，唐玄宗在给渤海国王的敕书中也说，"卿地虽海曲，常习华风"①。如果唐代确实存在一个"东亚汉字文化圈"，那么渤海国与新罗、日本一样，无疑都是其不可或缺的重要成员。

在渤海国的对外交流中，扶余"契丹道"蕴含的内容同样多姿多彩，它将渤海国与内陆欧亚世界紧密连接在一起。

扶余契丹道，是从渤海都城出发，翻越张广才岭，抵达渤海西部重镇扶余府（今吉林农安），折向西南进入西辽河流域的契丹腹地（今内蒙古巴林左旗一带），这是当年阿保机的契丹大军途经扶余府攻打渤海上京城的往返路线，也是渤海与室韦、达莫娄等部族联系的通道。②

渤海国长年在扶余府屯驻劲兵扞格契丹。吉林农安至今也未发现确定的渤海国城址，并且这条契丹道沿线并不如其他交通道那般有一长串城址遗迹作为标志。

大祚荣创建渤海国之初，便"遣使交突厥"，其时的突厥指的是反唐复兴的突厥第二汗国（682～745）③。新罗大文豪崔致远在给唐朝皇帝的表文中，也抓住渤海国"与突厥通谋"④ 这一点，向唐朝皇帝告状。不论是建都于平壤的高句丽，还是都城更靠近北方的渤海国，都曾通过草原之路到达突厥牙帐，取得内亚世界的某种外交承认。新旧唐书皆认为渤海国的风俗与契丹、高句丽略同，在反唐自立之初，渤海国与曾是亚洲大陆霸主的突厥汗国

---

① （唐）张九龄撰，熊飞校注《张九龄集校注》卷9《敕渤海（郡）王大武艺书》，中华书局，2008，第579页。

② 尹铉哲：《渤海国交通运输史研究》，华龄出版社，2006，第148～154页；魏存成：《渤海政权的对外交通及其遗迹发现》，原载《中国边疆史地研究》2007年第1期，此据氏著《高句丽渤海考古论集》，科学出版社，2015，第363～364页；郑永振、尹铉哲、李东辉：《渤海史论》，吉林文史出版社，2009，第255～256页。

③ 《新唐书》卷219《北狄·渤海传》，中华书局，1975，第6180页。

④ 崔致远：《谢不许北国居上表》，《东文选》卷33《崔文昌侯全集》所收。

结交，也在情理之中。再联系到渤海国王自称皇帝，广泛建立与日本的经济和政治联系，长期与新罗对峙，特别是渤海第二代王大武艺曾派出刺客在唐都长安进行暗杀活动，以及派军自海上攻入唐朝登州杀掠的旧事，渤海与突厥的外交不仅合情合理，而且对于制衡唐朝十分必要。据已故学者马一虹先生的研究，在 745 年突厥被回纥灭亡之前，渤海国与唐朝的诸多重大事件都与突厥第二汗国有千丝万缕的关系。①

　　在撒马尔罕（在今乌兹别克斯坦）的王宫壁画中，出现了两位戴鸟羽冠的使者，有学者认为他们是来自渤海国的使者。② 渤海国地处内亚草原游牧文明和中原农耕文明之间，汉文史籍对它的记载阙芜，这也是我们看不到它与内亚诸国更多实际存在的文化、政治互动证据的重要原因。近年来，对粟特人的经商活动的深入研究发现，靠近营州的渤海国境内存在不少粟特人，出使日本的渤海国人中有不少安姓、史姓的粟特人（裔）③。加之，在渤海上京发现的舍利函中的玻璃瓶，来自内亚；在俄罗斯远东渤海国遗址中发现的刻有伊朗文字的铜镜、"安国王"银币和萨珊波斯银币仿制品，以及带有☆形的陶罐等也都具有鲜明的内亚特征，考古文物有力地说明渤海国与内亚之间存在的文化联系④。

---

① 马一虹：《渤海与后东突厥汗国的关系——渤海建国初期的周边环境》，原载《民族研究》2007 年第 1 期，此据氏著《靺鞨、渤海与周边国家、部族关系史研究》，中国社会科学出版社，2011，第 257～273 页。

② 参阅《中亚的高句丽人足迹》，东北亚历史财团，2008。笔者倾向于认为该壁画所画为高句丽使者，但推测渤海国也一定拥有能力与内亚保持顺畅的交流通道。

③ 王小甫：《"黑貂之路"质疑——古代东北亚与世界文化联系之我见》，《历史研究》2001 年第 3 期；张碧波：《渤海国与中亚粟特文明考述》，《黑龙江民族丛刊》2006 年第 5 期；刘永连：《朝鲜半岛康安诸姓群体初探》，《文史》2013 年第 2 期；孙炜冉、苗威：《粟特人在渤海国的政治影响力探析》，《中国边疆史地研究》2014 年第 3 期。

④ 张碧波：《渤海国与中亚粟特文明考述》，《黑龙江民族丛刊》2006 年第 5 期，第 74～76 页。

跨过森林、草原、大漠，渤海国与内亚民族的文化交流，在当时的欧亚世界简直是"无远弗届"。

渤海国的北方是靺鞨诸部，其中黑水靺鞨最强，独立性最高。渤海国9世纪初期以后威压诸靺鞨。渤海与黑水靺鞨的交通线路则被称为"黑水靺鞨道"。《新唐书·地理志》记载，自唐朝的安东都护府出发，"千五百里至渤海王城，城临忽汗海……其北经德理镇，至南黑水靺鞨千里"[①]。据考古资料的提示，自牡丹江市区附近的南城子古城开始，沿着牡丹江沿线一直到最北边的烟筒砬子古城，再经松花江沿线，正是渤海通往黑水靺鞨的交通道[②]。

黑水靺鞨作为一股独立的政治势力前往长安向大唐皇帝朝贡，虽然渤海强盛，弹服北方靺鞨诸部，但黑水靺鞨始终直接向唐朝朝贡。据史料记载，黑水靺鞨在渤海国926年被契丹帝国灭亡之后，占据一部分渤海土地，与当时的高丽、契丹为界，并立于欧亚东端。在靺鞨人的世界中，渤海国与黑水靺鞨很像德意志统一前的奥地利和普鲁士，这似乎注定他们永远不可能融为一体，对峙冲突多于和平共处。

总之，在7~9世纪，居于内陆欧亚边缘的渤海国，通过多元的文化交流，搭建起一座欧亚大陆桥，渤海人的足迹遍布从撒马尔罕到京都的高山和大海，实际上他们将"丝绸之路"从海上和陆上两个方向往东大大延伸了。

此外还有一个国家邻近渤海国并与其长期并立，它就是位于渤海国南方的新罗。新罗曾响应唐朝的号召，准备发兵合击渤海。渤海也曾联系日本，企图对新罗不利。即便如此对立，渤海

---

①　《新唐书》43下《地理志·羁縻州》，中华书局，1975，第1146~1147页。

②　魏存成：《渤海政权的对外交通及其遗迹发现》，原载《中国边疆史地研究》2007年第1期，此据氏著《高句丽渤海考古论集》，科学出版社，2015，第364~366页。

仍通过南京南海府与新罗都城保持陆海交通顺畅：陆路上有驿站相连，海路则紧靠海岸线。巧合的是，大唐帝国覆亡之后（907），渤海（926）、新罗（935）亦先后灭亡，这其中或许有历史的整体趋势使然。以下分别对两国关系的诸面相进行分析，进而考察朝韩史体系将渤海国强行纳入"南北国"的源流。

二 渤海国与新罗关系诸面相

在渤海国二百余年（698～926）的对外交往史上，有人认为渤海国与新罗长期对立，无任何和平交往；有人认为渤海国与新罗不但和平通使，而且"同族意识"强烈；也有学者认为唐朝深刻影响着渤海与新罗亲疏远近。那么，渤海国与新罗国之间关系的真相到底如何呢？让我们从"封""和""竞""战"四个方面来考察。

1. "封"

新罗大文豪崔致远在一篇奏文中宣称，渤海国在建立之初曾遣使新罗国，"初建城邑，来凭邻援。其酋长大祚荣，始受臣藩第五品大阿飡之秩。后至先天二年（713），方受大朝宠命，封为渤海郡王"①。依据崔致远的说法，渤海国在先天二年接受唐朝册封之前曾经向新罗这个邻居求援，关键的是渤海国的创建者大祚荣还接受了新罗五品大阿飡的爵位。

在政权草创初期，渤海的领导者为了图存，不仅远交突厥，联络契丹，还迅速南下与新罗沟通，寻求支援。而纵观当时欧亚大陆东端的国际局势，新罗权衡利益，与渤海国结成一种政治关系是完全合乎情理的。首先，在高句丽灭亡（668）之后、渤海国建立（698）之前，新罗与"盟国"靠山唐朝矛盾激化，甚至

---

① 崔致远：《谢不许北国居上表》，《东文选》卷33《崔文昌侯全集》所收。

爆发大规模战争，史称唐罗战争（韩国称"罗唐战争"）①，其原因主要是"近水楼台"的新罗抢占百济故地和原高句丽部分故土及人口，而与唐朝"辽东之役"诸战争目标相冲突。新罗在战争中得利，但与唐朝关系迟迟得不到修复。由此，大祚荣遣使求援无疑有联手新罗共同对付唐帝国的考量。

有迹象表明，渤海国草创期的大祚荣不仅接受过新罗封爵，还允许突厥派驻吐屯，甚至跨海向日本寻求军事结盟。② 然而，唐朝的册封和承认最终解决了渤海国的生存问题，其他的封册也就变得不重要。

不论如何，渤海国与新罗关系史无疑开了个好头，或许这给后来磕磕绊绊的邻里关系中"和"的一面带来了希望，虽然现代研究者大多喜欢强调的是两位邻居对峙和反目的一面。

2. "和"

新罗国至少曾两度正式遣使渤海国，这在《三国史记》的元圣王本纪和宪德王本纪中载有明文："元圣王六年（790）三月，以一吉飡伯鱼使北国。""宪德王四年（812）秋九月，遣级飡崇正使北国。"③ 这还是只是新罗单方面的记录而已，据此推测渤海与新罗之间互相派遣的使节应不止于此。

790 年的第一次遣使，新罗和渤海都面临着与此前不同的内政外交局面。渤海国在 8 世纪 60~70 年代突然有一个频繁朝贡唐朝的时段，明显带有特定的政治意图，而 8 世纪 80 年代渤海

---

① 关于唐罗战争的研究，参阅拜根兴《论罗唐战争的性质及其双方的交往》，《中国边疆史地研究》2005 年第 1 期。2005 年以后的成果可参阅：徐荣教：《罗唐战争史研究》，亚细亚文化社，2007；卢泰敦：《新罗、唐战争与新罗、日本关系》，李花子译，余太山、李锦绣主编《欧亚学刊》总第 9 辑，中华书局，2009；李相勋：《罗唐战争研究》，周留城，2012。

② 崔致远：《谢不许北国居上表》，《东文选》卷33《崔文昌侯全集》所收。

③ 《三国史记》卷 10《新罗元圣王本纪、宪德王本纪》，吉林文史出版社，2003，第 135、140 页。

国王亦曾遣使日本，特别是 795 年渤海使给日本桓武天皇的国书中说："嵩璘（渤海国王名字）视息苟延，奄及祥制。官僚感义，夺志抑情。起续洪基，只统先烈，朝维依旧，封域如初。"[①] 有学者分析这是由于渤海国"国人"（豪贵阶层）势力的崛起对王权构成某种威胁，国书中透露出渤海王大嵩璘刚刚平息政局的信息。

新罗在景德王时期的 8 世纪 50 年代，大体完成了中央集权的政治制度构建：在新罗原有国土和新统一进来的百济、高句丽故土上，新罗设立了九州、五小京、四百余郡县。军事上，在全国地方上统一建立十支军区式的驻屯军——"十停"，中央则设置了以绿、紫、白、绯、黄、黑、碧、赤、青九种颜色区分的九个集团军——"九誓幢"，分别来自三个新罗人部队、三个高句丽人部队、两个百济人部队、一个靺鞨人部队。中央行政机构中包括"执事部"（相当于唐朝三省，掌国家机密）、"位和府"（管理官吏位阶）、"船府"（管理全国船舶）、"领客府"（主管外宾接待）、"议方府"（即理方府，掌管刑律）在内都进行了改组。[②]

更重要的是，新罗在 8 世纪 80 年代着力经营北方边境：781 年，派出使臣安抚浿江镇；782 年，国王巡幸汉山州，并向浿江镇迁移大量民户，以充实北边；783 年，任命阿湌体信为大谷镇军主。一种看法认为，这是新罗欲趁渤海内部统治秩序紊乱之际加紧北上扩张。但是，另一种看法则认为新罗的北边经营找不到与渤海的直接联系，而更多的是国家内政整备的一个部分。[③] 因

---

① 《类聚国史》卷 193，桓武天皇延历十五年四月条，吉川弘文馆，1983，第 348 页。

② 李宗勋：《唐·新罗·日本政治制度比较研究》，延边大学出版社，1998，第 84 ~ 95 页，第 113 ~ 123 页，第 143 ~ 152 页。

③ 马一虹：《渤海与新罗关系研究》，《中国社会科学院历史研究所所刊》第 6 辑，商务印书馆，2010，此据氏著《靺鞨、渤海与周边国家、部族关系史研究》，中国社会科学出版社，2011，第 361 ~ 362 页。

此，790年新罗向渤海国的遣使应该只是一次官方和平交往，虽然他们似乎没有取得彪炳史册的外交成绩。

812年的遣使"北国"是在790年第一次遣使后第十二个年头，这时渤海国政局继续动荡，王位更迭频繁，统治集团围绕最高权力持续纷争。渤海与唐朝保持着通使"朝贡"，但与日本之间围绕国书违例事件等出现了不愉快。渤海国为了扩大对日本的交流贸易想要缩短去日本的时间间隔，多次与日方交涉，并终于在798年大昌泰赴日时如愿以偿。然而，此后十年间渤海却未派出任何使臣，学者分析这正是渤海国内部出现麻烦的表现。[①] 811年日本遣渤海使林东人归国之际，以渤海国书"不据常例"为由拒绝接受国书，径自返回日本。此后日方未再派出遣渤海使，且在814年渤海使臣再度踏上日本国土时重新提起这个问题。渤海国大使王孝廉表示："愆在本国，不谢之罪，唯命是听者。"天皇则谓："不咎已往，容其自新。"[②] 与这种情势相对比，新罗的外交格局则较平稳，与唐朝平均两年一次遣使朝贡的同时，新罗还与日本短暂地恢复了此前甚为冷淡和龃龉的国交。因此新罗812年对渤海的通使，或许有着刺探邻国内部详情的意味，同时新罗也占据着对渤海外交的主导地位。

到10世纪初时，唐朝灭亡了，渤海国西邻契丹却蒸蒸日上，征服了党项、沙陀、奚等部，渤海国也成为其攻击对象。渤海国再次面临生存危机，不得不积极向新罗国及其北部割据的后高句丽国求援，渤海末王十五年（921），"王遂与高丽修好，并通婚

---

① 马一虹：《靺鞨、渤海与周边国家、部族关系史研究》，中国社会科学出版社，2011，第362~368页。

② 《日本后纪》卷24，嵯峨天皇弘仁六年春正月条，吉川弘文馆，1987，第131页。

姻。"① 末王十九年（925），"王惧契丹见逼，遣使与新罗结援"②。可惜他们都没有援助渤海，渤海国终被契丹灭亡，新罗、渤海的二百年邻居关系也随之结束。

两国之间有限的官方正式使臣往来的文献记录不过上述几次，但是考古资料却显示唐朝东方的这两个国家还存在民间的交流。

在中国吉林省延边朝鲜族自治州和黑龙江省宁安市，以及朝鲜民主主义人民共和国咸镜北道的清津市、渔郎郡、金策市的海岸线，一共发现了十多处"二十四块石"遗迹。每处遗迹规格大致统一，都是平行分布三排，每排八块玄武岩块石组成，遗迹及其周边多散布大量建筑瓦件。③ 中朝两国学者以往的研究多认为二十四块石遗迹实际上是渤海辖境南部交通要冲上的驿站，还可能起着路标和向导作用，并且为辽金时期沿用④。虽然这一主导意见还没有考古发掘的充分支持，但将二十四块石遗迹所连缀起来的交通线路，作为日本海西岸地区渤海—新罗交通道，以及后世金朝时期的战略通道是没有问题的。渤海国的"新罗道"无疑就是这一推论的主要依据之一。

据魏存成先生研究，渤海新罗道先从上京（今黑龙江宁安）到东京（今吉林珲春），此段与"日本道"相同。然后沿朝鲜半岛东海岸南行，经过清津、渔郎、金策的三处二十四块石遗迹地点，到达南京南海府（今朝鲜咸镜南道北青郡），继续向南与新

---

① 金毓黻：《渤海国志长编》卷 3，黑龙江人民出版社，1995，第 384 页，"高丽"即后高句丽国。

② 金毓黻：《渤海国志长编》卷 3，黑龙江人民出版社，1995，第 385 页。

③ 王志刚：《考古学实证下的二十四块石》，吉林大学边疆考古研究中心：《边疆考古研究》总第 8 辑，2009；王志刚、丁极枭、郭建刚：《二十四块石的发现与研究》，《东北史地》2010 年第 3 期。

④ 魏存成：《渤海考古》，文物出版社，2008，第 185~190 页。

罗相连。① 新罗国的泉井郡与渤海国南部之间陆上通道有驿站相连，《三国史记》引唐朝宰相贾耽《古今郡国志》说："渤海国南海、鸭渌、扶余、栅城四府，并是高句丽旧地也。自新罗泉井郡，至栅城府，凡三十九驿。"② 由此，可以看到一条纵贯南北的交通动脉，打开了两国非官方层面的文化联系通道。

3. "竞"

渤海与新罗还同时充当了东部欧亚世界交流的中介。以往渤海史和新罗史的学者都强调各自研究对象对于东北亚特别是唐朝与日本之间海上丝绸之路的贡献，而实际上，二者的作用相似，同时两国也存在着持久而广泛的竞争——无论是在科举的"考场"、外交使节林立的"官场"，还是在驱动东亚贸易圈的"商场"，甚至是在真刀真枪的"战场"。

"考场"。在唐朝开设的宾贡科中，渤海国与新罗国都有一种文化优越感，与对方"争长"，也就是在科举成绩名次上位居对方之上。比如，唐懿宗咸通十三年（872），渤海国乌昭度宾贡试及第，位在新罗人李同之上，就曾引起新罗朝野的震动，以崔致远为代表的士大夫文人不止一次提及此事，将之视为耻辱，耿耿于怀。唐昭宗天佑三年（906），渤海国乌光赞与新罗崔彦㧑同榜登第，是年渤海国相乌昭度朝唐，也为其子光赞登第"争长"。总结起来，宾贡"争长"不仅是名次问题，还与文化水平、国际地位有关，体现着新罗、渤海两国在国际上的文化竞争。

"官场"。唐昭宗乾宁四年（897），渤海王子大封裔朝唐贺正时，上表要求唐朝皇帝准许渤海使臣居于新罗使臣之上，以提高渤海国的地位。这次外交"争长"，是国家间更为直接的竞争。崔致远在《谢不许北国居上表》中代表新罗王激烈反对渤海人欲

---

① 魏存成：《渤海考古》，文物出版社，2008，第162页。
② 《三国史记》卷37《地理志》，吉林文史出版社，2003，第452页。

变更国名先后、渤海应居于新罗之上的做法。[1] 虽然唐昭宗最终否决了渤海人的请求，反映出唐朝对新罗、渤海"两蕃"的某种认知，但在实力对比上渤海国已跃居新罗之上，处于"下代"衰落期的新罗王朝中央权力不断被侵蚀，地方豪族势力抬头，风雨飘摇。

"商场"。新罗与渤海国在东亚海上贸易中都发挥了桥梁作用。新罗兴盛一时的清海镇，在以大使张保皋为首的军事与贸易集团的推动下，在唐朝、新罗、日本之间广泛建立贸易据点，构建贸易网络，一度垄断着东亚环中国海的贸易。新罗人的造船和航海技术在唐朝的影响下十分发达，在唐朝中央财权部分下放导致地方商人崛起的时代，新罗、日本也都出现类似的情形，受到新罗国家支持的清海镇由此主导东亚贸易几十年。渤海国位于东亚北部，通过陆海交通，西面联系内亚诸民族和唐朝帝国，东面借助日本海联系日本，与新罗贸易的中介性一样，逐级交换大陆物品与日本物品的利润是很可观的。而且，据黄约瑟先生研究，9 世纪众多赴日展开大宗贸易的"大唐商人"实际上是渤海人以及新罗人，日本对唐朝文化感兴趣，山海阻隔，不得不以渤海与新罗为中介[2]。新罗、渤海人带去本国物产到日本的同时，也带去大量唐朝物品，日本奈良东大寺正仓院保存的大陆文物便是明证。日本对待"大唐商人"的态度前后有所变化，逐步趋向于排斥，但不论如何，渤海与新罗的"官商贸易"在那个时代在竞争与合作中完成了东亚贸易圈的空前整合，为 10 世纪以后更为开放和活跃的民间贸易时代的到来做好了准备[3]。

---

[1] 崔致远：《谢不许北国居上表》，《东文选》卷 33《崔文昌侯全集》所收。

[2] 黄约瑟：《"大唐商人"李延孝与九世纪中日关系》，《历史研究》1993 年第 4 期。

[3] 冯立君：《唐朝与新罗、日本的对外贸易机构比较》，李宗勋主编《东北亚历史与文化》第 4 辑，九州出版社，2010，第 1～33 页。

4. "战"

渤海与新罗之间曾经从"封"到"和"，其实他们也从"竞"到"战"。

732 年，渤海国大武艺大举发兵进犯唐朝边郡，唐朝派太仆员外卿金思兰返回新罗征兵抗击渤海。唐朝皇帝加授新罗王为"开府仪同三司、宁海军使"①，要求新罗王发兵攻渤海国南境，以牵制渤海。十万新罗大军迅速出动，进攻渤海国南部边境，但是因山路险阻，加上天气严寒，雪深丈余，新罗军队的士卒死者过半，这次军事行动无功而返。② 这是新罗与渤海之间的第一次战事。

9 世纪初期，渤海宣王大仁秀的即位结束了政局动荡期。《辽史》记载，"渤海王大仁秀南定新罗，北略诸部，开置郡邑，遂定令民"③。《新唐书》也说，"仁秀颇能讨伐海北诸部，开大境宇"④，但未提及新罗。马一虹先生的研究认为渤海在此一时期逐渐占据军事上风，虽有南下企图，但对新罗北境的拓展并不多。新罗 9 世纪在北部边疆修筑长城，征发民力着力经营。819 年，唐朝平定李师道叛乱而从新罗征调三万军队；822 年，新罗国内熊川州都督金宪昌发动叛乱，渤海宣王趁着这两个时机，对新罗施以打击，但是从史书对大仁秀的评价来看，渤海此时的北进，也就是对靺鞨世界的征服成果要比南下更大。⑤

总体来看，渤海国与新罗国的这一对邻居之间，既有心平气和，也有剑拔弩张，既有遣使求援，也有兵戎相见，绝不应过度强调某一断面。而在唐朝看来，渤海国和新罗都属于其藩臣，唐

① 《旧唐书》卷 199 上《新罗传》，中华书局，1975，第 5337 页。
② 《三国史记》卷 8《新罗圣德王本纪》，吉林文史出版社，2003，第 117 页。
③ 《辽史》卷 38《地理志》，中华书局，2016，第 520 页。
④ 《新唐书》卷 219《渤海传》，中华书局，1975，第 6181 页。
⑤ 马一虹：《靺鞨、渤海与周边国家、部族关系史研究》，中国社会科学出版社，2011，第 368 ~ 371 页。

代"押新罗渤海两蕃使"设置初衷便是管理渤海与新罗"两蕃"事务。① 当然，系统观察东部欧亚世界中更多的族群与国家关系，或许能为更好地理解这一对邻居提供更多细节。

三　渤海与新罗如何被强纳入"南北国"？

朝鲜和韩国现存最早的纪传体史书《三国史记》，是在高丽王朝时期由金富轼等人编纂完成的。② 后来，还出现过《三国遗事》③、《三国史节要》等以古代"三国"为记述对象的史籍。这些史书中的"三国"就是新罗、高句丽和百济。虽然，在三国并立的同一时期，朝鲜半岛南部曾长期存在着加耶诸国，但朝韩史学界习惯上使用"三国时代"来指称公元前 1 世纪至公元 7 世纪的朝鲜半岛。中国读者不陌生的是，历史上唐朝曾分别和三国建立朝贡册封关系，并试图调解三国纷争。7 世纪中叶，唐朝最终联合新罗灭亡了百济、高句丽，并大败前来援助的日本水军，奠定了朝鲜半岛和东北亚的新格局。

此后，唐代的东北方存在一个"海东盛国"渤海国（698~926）。在中国历史教科书中，它被认为是肃慎人的后裔靺鞨人所建立的王国，而且，肃慎、勿吉、靺鞨、女真、满洲一脉相承。这是中国历史学界的通行看法。但是，在朝鲜、韩国的古代史体系中，渤海国与新罗王国一起被称为"南北朝"（或直译为"南北国"）。韩国国史编纂委员会出版的韩国通史《韩国史》，每一

---

① 冯立君：《唐朝与新罗、日本的对外贸易机构比较》，李宗勋主编《东北亚历史与文化》第 4 辑，九州出版社，2010，第 1~33 页。

② 东亚各国史学界整理出版的《三国史记》排印本有多种：吉林文史出版社 2003 年版（孙文范、孙玉良校勘）和吉林大学出版社 2015 年版（杨军校勘）两种，首尔乙酉文化社原文附韩译版（李丙焘）、日本朝鲜史学会刊本（东京近泽书店，1941 年版），等等。此外，还有一些古籍影印版。

③ （高丽）释一然著，孙文范、孙玉良校勘《三国遗事》，吉林文史出版社，2003；（高丽）释一然著，权锡焕校，陈蒲清注译《三国遗事》，岳麓书社，2009。

版都明确将渤海国作为与新罗国（此为"统一新罗"或"后期新罗"，676～901，是吞并了百济全部故土和高句丽南部故土后的新罗）南北对峙的王朝，认为它们同属于一个国家，只是处于分裂的状态。① 那么，这一历史认识的依据是什么？渤海国和新罗国真的是朝韩古代的"南北国"吗？

渤海国没有留下自己的史书，渤海人的著述留存得极少，仅有的几方墓志中也找不到这样的证据。9 世纪的大文豪崔致远，代表新罗国王给唐朝皇帝的表文《谢不许北国居上表》中，抗议渤海国与新罗在唐朝廷外交礼仪中的争端，将渤海国称为"北国"。崔致远上表提及新罗曾授予始建国的大祚荣新罗本国官秩"第五品大阿飡"，并认为大祚荣是"高句丽残孽类聚"②，实际上是高句丽的附庸，还极力贬辱渤海，并挑动唐朝廷对渤海的恶感。12 世纪的金富轼在其撰写的《三国史记》中，强调新罗统一了高句丽、百济的"三国史观"，将统一新罗的北方邻国渤海国排除在外；该书记载了新罗与渤海国的两次通使，并将渤海国写作"北国"，而在其他的记事中则称渤海为"渤海靺鞨"或"靺鞨"。可以说，渤海国人自己、新罗的崔致远，以及高丽王朝的金富轼，全都不能提供存在所谓"南北国"的历史依据。

但是，到了李氏朝鲜时代出现了一股关注北方领土的倾向。在这一背景下，18 世纪朝鲜实学家柳得恭的《渤海考》第一次将新罗与渤海视作"南国"和"北国"，但既未展开论述，也未明确提出"南北国时代"。他认为高句丽百济灭亡之后，新罗与渤海分占南北，是为南北国："昔者高氏居于北曰高句丽，扶余氏居于西南，曰百济朴昔金氏居于东南，曰新罗，是为三国。宜其

---

① 韩国国史编纂委员会：《韩国史》第 10 卷《渤海》，探求堂，2013。这是最新版的《韩国史》。

② 崔致远：《谢不许北国居上表》，《东文选》卷 33《崔文昌侯全集》所收。

有三国史而高丽修之，是矣。及扶余氏亡、高氏亡，金氏有其南；大氏有其北，曰渤海，是谓南北国。宜其有南北国史而高丽不修之非矣。"[1] 19世纪初的大实学家丁若镛也在《疆域考》中着重将渤海列入。18世纪李朝史学家、《东史纲目》的作者安鼎福则反对将渤海国纳入朝鲜史。

1910年日本吞并朝鲜之后，朝鲜进入长达36年的日本殖民统治时期。民族主义史学家申采浩、张道斌等人掀起的渤海史研究热潮，其背景无疑与日本占领有关。这一时期，古代历史研究与民族独立运动紧密相连，他们对中国东北历史格外关心。申采浩批判金富轼《三国史记》排斥了夫余国、渤海国，并将渤海王高王和宣王称为"高帝""宣帝"。[2] 张道斌《国史》（1916）则将渤海视作高句丽继承国。

朝鲜半岛光复后，朝鲜和韩国分别展开了各自的民族史—国家史构建。1962年朝鲜金日成综合大学朴时亨教授发表《为了渤海史的研究》之后，朝鲜史学界开始强调渤海国与高句丽文化的关系，20世纪70年代以后朝鲜的"南北国史观"将古代历史传承关系梳理为"古朝鲜—扶余—高句丽—渤海—高丽—李氏朝鲜"，十分强调所谓北方系统的重要性。[3] 韩国学者宋基豪等人批判朝鲜的渤海史认识，认为其中充满了政治化的表述，而非客观的学术研究。在韩国，20世纪60、70年代也将渤海国史纳入韩国史范畴，继承了近代民族主义史学的观点，但是直到20世纪80年代之后才开始较为细致地研究。目前，韩国境内没有一处渤海国考古遗存，但是学术界研究热情很高。借助雄厚的资金支持，韩国学术研究机构搜集的中朝俄三国考古发掘资料十分丰富。

---

[1] （李朝）柳得恭著，宋基豪译注《渤海考》，弘益出版社，2000。
[2] 申采浩：《丹斋申采浩全集》，萤雪出版社，1972～1977。
[3] 朴时亨：《渤海史》，金日成综合大学出版社，1979年原版，此据宋基豪解题版，理论与实践出版社，1991年第2版。

在东亚历史上，古代中国及其周边的朝鲜、日本、越南等国进行过长期而密切的文化传播与交流，形成了汉字文化圈，各国受中国文化影响极深。中国的南北朝历时近 170 年，这是东亚各国熟知的历史。而且，中国史学界近年又提出了"第二次南北朝"，即辽金与两宋实际是另外一次南北大分裂的认识①。无论是第一次南北朝还是第二次南北朝，它们都至少有两个显著的特点：一是南北两国皆由一个先行的统一帝国分裂而来；二是南北都自居为正统。14 世纪日本出现了短暂的后醍醐天皇的南朝与室町幕府所立光明天皇的北朝分裂对峙的南北朝时代。16 世纪越南也出现了北方的莫朝和南方的后黎朝分庭抗礼的南北朝时代。日本和越南的南北朝都基本符合中国南北朝的特征。那么，朝韩史上的"南北朝"又是怎样的情况呢？渤海国和新罗国是统一国家分裂出来的吗？

武则天万岁通天元年（696），在辽东边地的营州（今辽宁朝阳），契丹部落举兵叛乱，武周朝廷于是联合突厥默啜可汗对契丹进行大举镇压。在营州有一位靺鞨人大祚荣，带领麾下的高句丽残余势力和靺鞨人，趁着营州之乱，向东奔逃。朝廷派李楷固将军追击，《旧唐书》说：大祚荣"合高丽、靺鞨之众以拒楷固，王师大败"。他将靺鞨人和高句丽人力量凝聚起来，甩开了朝廷追军，最终于圣历元年（698）在辽东北部的牡丹江流域建国。都城最初是在旧国，后来迁都至东京、中京等地（都在今吉林省延边州境内），但沿用时间最长的都城则是上京（今黑龙江省宁安市）。关于大祚荣建立政权的国号，有"震国"或"振国"、"靺鞨国"等不同看法，但有一点是可以肯定的，他们并没有自称"渤海国"。既然大祚荣从未自称渤海国，现在的中外史书为

---

① 　李治安：《两个南北朝与中古以来的历史发展线索》，《文史哲》2009 年第 6 期。

什么都称呼它为"渤海国"呢？

原来，武则天的孙子唐玄宗即位之初，随即派遣使臣崔忻自长安前往大祚荣的王庭予以册封。可能是考虑到突厥和契丹对辽东陆路的阻隔，崔忻一行没有走陆路，他们是自山东半岛渡海经今天的大连旅顺登陆前往大祚荣的都城。这方面的证据是当时在旅顺黄金山开凿的水井上的刻石铭文，其中有"敕持节宣劳靺鞨使鸿胪卿崔忻""开元二年五月十八日造"等字样（这块刻石在日本侵略东北时期就被当作战利品运回，现藏日本皇宫）[①]。崔忻携带皇命，册拜大祚荣为左骁卫大将军、渤海郡王，以所统为忽汗州，大祚荣领忽汗州都督。《新唐书》记载说，大祚荣"自是始去靺鞨号，专称渤海"。[②] 渤海国的得名实际是来自"渤海郡王"封爵号。

这次册封之后，大祚荣的后代相继也获得了"渤海国王"的封号。大祚荣及渤海国统治阶层主要是靺鞨人和一部分高句丽人，作为唐朝羁縻州的一员——忽汗州，渤海国一直被纳入中国史的范畴。新罗国始建于公元前57年，核心统治区在距离上京千里之外的朝鲜半岛东南端的古庆州地区。渤海国与新罗显然绝非从一个统一的国家分裂开来的两个国家。

渤海国的最大疆域包括了今中国东北东部、朝鲜东北部以及俄罗斯沿海州的小部分。针对中国和朝韩分别将渤海国纳入本国史的做法，俄罗斯学界全都予以反对。他们更愿意从古代独立国家的角度理解渤海国，而将其放到俄罗斯历史体系中。[③]

东亚各国近代以来遭受西方入侵，在民族独立之后，普遍都

---

① 相关成果可参阅韩树英、罗哲文主编《唐鸿胪井碑》，人民出版社，2010。
② 《新唐书》卷219《渤海传》，中华书局，1975，第6180页。
③ 郑永振、李东辉、尹铉哲：《渤海史论》，第40～45页。另请参阅马一虹《俄罗斯的靺鞨、渤海史研究》，《中国史研究动态》2006年第7期；盖莉萍《五十年来俄罗斯学界的渤海史研究》，《黑龙江社会科学》2006年第6期。

具有一种自尊意识和民族史观的浓厚倾向。^① 渤海国被纳入朝韩古代史体系的历程，反映出一种企图超越朝鲜半岛地域局限的意识，这种意识随着不断被写入教科书而成为更广大民众的历史认识。

在韩国，剧情离奇曲折、大部分为虚构的诸多历史剧，如《大祚荣》《太王四神图》《善德女王》等都创下良好的收视率，也从侧面印证了这种并不严谨的历史观的广泛影响。

幸运的是，中韩日三国东亚近代史的共同编纂已经取得很大的成绩，中韩日三国历史学家同步编写、同时出版的中文、日文、韩文版《东亚三国的近代史》《超越国境的东亚近现代史》^②相继出版，中国社会科学院近代史研究所与韩国、日本相关机构联合主办的东亚青少年间的历史文化交流活动每年在三国轮流举行。

我们也十分期待，有朝一日，东亚三国也能解决包括高句丽、渤海、任那日本府、倭寇在内的古代历史分歧，共同编纂一部超越国境和民族主义区隔的新古代东亚史。

四　小结

本文在前人研究的基础上，对于渤海与新罗关系的大致特征进行了粗线条的勾勒，提出了与以往不同的见解，要点总结如下。

从渤海国与东部欧亚世界的多元外交视角，能够更为超脱地观察渤海与新罗关系的特点。在唐朝看来，渤海国和新罗都属于其藩臣，唐代"押新罗渤海两蕃使"设置初衷便是管理渤海与新

① 李宗勋：《东亚传统华夷观念与现代自尊历史意识》，氏著《东亚中韩日三国的文化冲突与葛藤》，延边大学出版社，2009，第87~106页。
② 《东亚三国的近代史》《超越国境的东亚近现代史》的中文版2005年、2013年先后由社会科学文献出版社出版。

罗"两蕃"事务。

渤海国主要京、府的设置，与其最重要的对外联络交通道有着密切联系，这些京、府所对应的交通道分别是：东京龙原府的"日本道"，西京鸭绿府的"朝贡道"，长岭府的"营州道"，扶余府的"契丹道"，南京南海府的"新罗道"，以及上京龙泉府以北的"黑水靺鞨道"。

通过辐射状的陆海交通线，渤海国完成了与唐、日本、突厥、契丹、新罗、靺鞨的多元外交。其中，渤海国与新罗的关系，经历了从册封关系、和平交往关系到外交竞争甚至兵戎相见的战争关系的演变和反复交叉，呈现出复杂的变化和多面性，而不是学界以往较多强调的两国始终处于对峙状态的单面性。

关于渤海与新罗两国关系性质的定位，朝鲜、韩国是将渤海与新罗纳入"南北国"的历史认识体系，这是一个长期累积、因袭的结果，它源自李朝时代对北方土地的现实考虑与历史想象，以及近代民族主义史学的历史书写等。

渤海国自己的文字记录显示出鲜明的"自尊"意识，而所谓新罗的"同族意识"则并无直接的证据。渤海国对外关系的更丰富的细节，仍有赖于今后更多考古资料的及时发布和深入解读，以及东亚各国学术界在历史研究上的对话和交流。

总之，本文的粗疏论述还只是渤海国与外部关系以及新罗"文化外交"的一个初步尝试，相信随着视角的转换、史料的扩充，渤海、新罗之外周边世界的外力连环作用将会更清晰，这也是笔者今后要进一步深入探讨的话题。

原载周伟洲主编《西北民族论丛》第 14 辑，2016 年

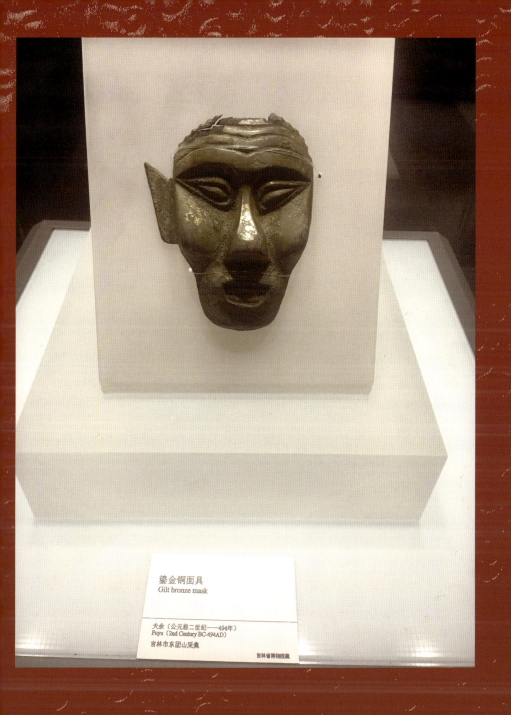

鎏金铜面具
Gilt bronze mask

夫余（公元前二世纪——494年）
Fuyu（2nd Century BC-494AD）
吉林市东团山采集

吉林省博物院藏

夫余鎏金铜面具，吉林省博物院藏，2018 年 8 月

《毌丘俭纪功碑》，辽宁省博物馆藏，2018 年 7 月

将军坟，吉林集安，2014年6月

辽宁青石岭山城城墙局部，2016年8月

渤海马镫，延边博物馆藏，2018 年 1 月

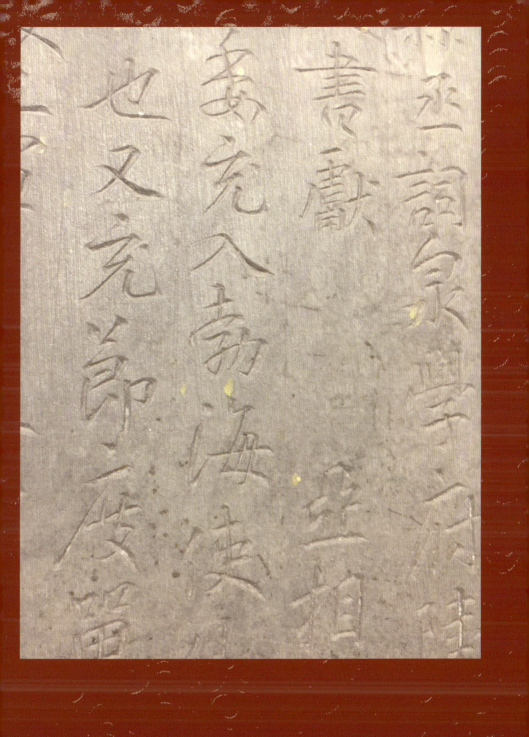

《张光祚墓志》局部，涿州博物馆藏，2018 年 1 月

赤山法华院，山东荣成，2015 年 10 月

新罗元圣王陵外景，韩国庆州

金贤淑摄

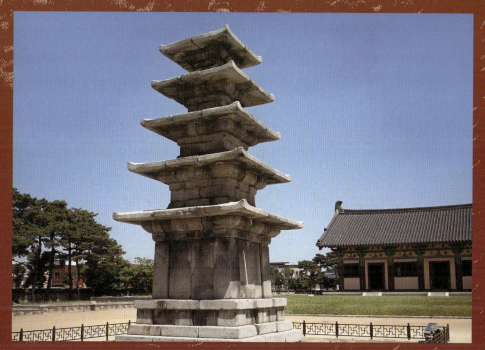

百济定林寺塔，韩国扶余郡，2018 年 6 月

拜根兴摄

东大寺，日本奈良，2013 年 8 月

唐李寿墓石门，西安碑林博物馆藏，2018 年 6 月

唐招提寺，日本奈良，2013 年 8 月

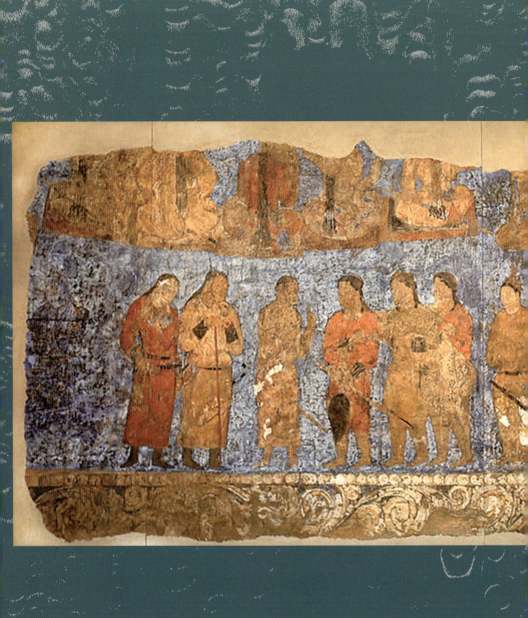

撒马尔罕大使厅壁画局部，乌兹别克斯坦

康马泰（Matteo Compareti）、李思飞供图

撒马尔罕大使厅壁画中的戴鸟羽冠人物，乌兹别克斯坦

康马泰摄

唐章怀太子墓壁画《客使图》，陕西历史博物馆藏

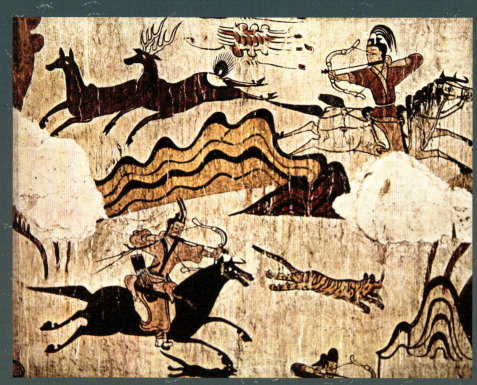

舞踊墓壁画中的鸟羽冠人物，吉林集安

耿铁华摄

都管七国六瓣银盒，西安博物院藏

都管七国六瓣银盒俯视图，西安博物院藏

大城山山城城墙局部，朝鲜平壤

范恩实摄

百济公山城，韩国公州市

拜根兴摄

临津江畔瓠芦古垒，韩国京畿道
王飞峰摄

江西大墓玄武，朝鲜平安南道
王飞峰供图

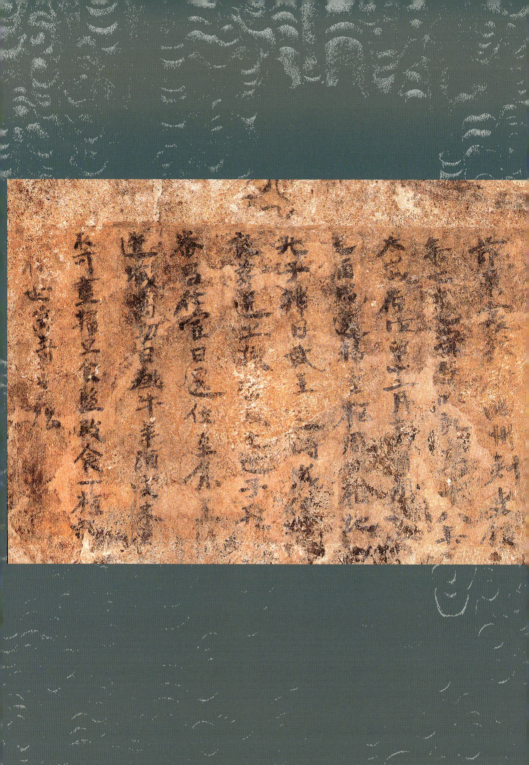

德兴里壁画墓主人□镇墓志，朝鲜平安南道

王飞峰供图

日本收藏的高句丽瓦当，平壤出土，东京大学建筑学研究室藏

王飞峰供图

《刘仁愿纪功碑》，韩国忠清南道

拜根兴摄

《砂宅智积碑》，韩国忠清南道

拜根兴摄

唐"杨州道造船大使"唐逊墓志拓片局部，西安碑林博物馆藏

唐遣靺鞨（羯）使崔忻刻石，黑龙江宁安，2018 年 7 月
原件藏日本皇宫

【除注明者，全部为作者拍摄】

第四章
中古东亚史的学术史

韩国古代对外关系史的新视角

中国学界的韩国学研究主要集中在两大领域：一是当代韩国的经济、语言、外交研究；二是传统韩国的历史文化研究。这一特点既在数据统计[①]中有明显表现，又可通过检索历届"中国韩国学国际学术研讨会"（表4-1）讨论文章、韩国学代表性刊物（表4-2）学术论文、中国韩国学核心高校的硕博士学位论文，得到充分的体现。中韩建交20多年来中国韩国学研究取得的成绩，得到了外界广泛认可[②]，但同时不少学者也已清醒地指出我们的研究存在"大量低层面重复研究"等不容忽视的问题[③]。本

---

① 韩国学论文学科统计也可参阅宋成有《韩国史研究综述》，《世界历史》1999年第2期，第90~93页；李奎泰：《当代韩国"中国学"与中国"韩国学"之比较》（《当代韩国》2012年春季号，第107页）；李忠辉、肖霞《中国韩国学研究的现状、特征与趋势——基于1998~2010年CSSCI数据》（《当代韩国》2012年秋季号，第111页）。
② 李奎泰上揭论文，第92~118页。
③ 石源华：《中韩建交二十年来中国韩国学现状及发展》，《当代韩国》2012年秋季号，第12~16页。

文不揣简陋，试从成果发布及成果积累的全新角度，分析韩国学研究中的选题偏重性问题，重点探讨韩国史①研究的课题，并在此基础上提出"韩国古代对外关系史"的研究理念，意在抛砖引玉，希望这种新的视角能有益于中国学界的韩国学研究，也能引起韩国国内对于"国史"研究的反思。

一 韩国学的成绩

韩国学领域的回顾与反思有利于不断发现问题，推动研究的深入。此前学界已然从不同角度对韩国学进行过总结和展望，《当代韩国》在中韩建交 20 周年的 2012 年也刊发了一系列综述文章②，这些文章都从不同角度很好地总结了 20 多年来韩国学的主要成就，也体现出中国学者自觉的学术史意识。在这些反思性文章基础上，本节拟从新的角度，即成果发布和成果积累视角，对韩国学的成绩及其问题略做一点补苴罅隙之论。

---

① 在目前中国学术界的话语体系中，"韩国史"和"朝鲜史"的用法并存，二者在指 1948 年之前的朝鲜半岛历史时含义相同。实际上对于朝鲜半岛历史最为严密的用词是中国朝鲜史研究会会刊采用的"朝鲜·韩国历史"。本文为简便起见，除转述和援引者外，均写作"韩国史"。

② 石源华：《中国韩国学研究的回顾与展望》，《当代韩国》2002 年春季号，第 73 ~ 78 页；郑成宏：《当代中国的韩国学研究现状与趋势》，《中国社会科学院研究生院学报》2003 年第 1 期，第 86 ~ 90 页；李得春：《韩国学与中国的韩国学》，《东疆学刊》2006 年第 6 期，第 9 ~ 18 页；蔡美花：《东亚韩国学方法之探索》，《东疆学刊》2008 年第 4 期，第 1 ~ 5 页；刘宝全：《近三年来中国的韩国学研究》，《当代韩国》2009 年春季号，第 92 ~ 95 页；具洸范：《中国研究韩国学的动向分析》，《韩国学论文集》第 21 辑，2012，第 125 ~ 133 页；石源华：《中韩建交二十年来中国韩国学现状及发展》，《当代韩国》2012 年秋季号，第 12 ~ 16 页；李奎泰：《当代韩国"中国学"与中国"韩国学"之比较》，《当代韩国》2012 年春季号，第 92 ~ 118 页；李忠辉、肖霞：《中国韩国学研究的现状、特征与趋势——基于 1998 ~ 2010 年 CSSCI 数据》，《当代韩国》2012 年秋季号，第 108 ~ 120 页；朴东勋：《中国的韩国政治研究现状述评》，《当代韩国》2013 年夏季号，第 109 ~ 120 页。

表 4 - 1　历届中国韩国学国际学术研讨会（1995 ~ 2014）*

届	时间	承办高校（城市）	论文结集出版情况
1	1995 年 10 月	北京大学（北京）	《韩国学论文集》第 4、5 辑，社会科学文献出版社，1995、1996
2	1997 年 10 月	杭州大学（杭州）	《韩国传统文化》（多卷本），学苑出版社，2000
3	1999 年 11 月	山东大学（济南）	《第三届韩国传统文化国际学术讨论会论文集》，山东大学出版社，1999
4	2001 年 10 月	复旦大学（上海）	未结集，部分论文收入《韩国研究论丛》第 9 辑，中国社会科学出版社，2002
5	2003 年 10 月	南京大学（南京）	《中韩交流：第 5 届韩国传统文化国际学术研讨会论文集》，华夏文化艺术出版社，2005
6	2005 年 8 月	辽宁大学（沈阳）	《经济社会发展与传统文化》，辽宁大学出版社，2006
7	2006 年 10 月	北京大学（北京）	《韩国学论文集》第 15 辑，辽宁民族出版社，2006
8	2007 年 8 月	延边大学（延吉）	《中韩交流与韩国传统文化研究》，延边大学出版社，2008
9	2008 年 10 月	浙江大学（杭州）	《韩国研究》第 9、10、11 辑，国际文化出版公司，2010
10	2009 年 10 月	复旦大学（上海）	部分论文收入《韩国研究论丛》第 22、23 辑，社会科学文献出版社，2010
11	2010 年 10 月	山东大学（威海）	无
12	2011 年 10 月	吉林大学（长春）	
13	2012 年 11 月	中山大学（广州）	
14	2013 年 10 月	辽宁大学（沈阳）	
15	2014 年 10 月	浙江大学（杭州）	《第十五届中国韩国学国际研讨会论文集》，民族出版社，2016

* 中国韩国学国际学术研讨会，第 1 ~ 9 届称为"韩国传统文化国际学术研讨会"，第 10 届开始改称"中国韩国学国际研讨会"；第 1 ~ 6 届每两年举办一次，此后每年举办一次。

中国历代古籍中载有关于朝鲜半岛的丰富资料，知识阶层关注、研究朝鲜半岛国家的传统久远。但是新中国成立后，长期以来作为世界史一部分的韩国史，从事专门研究的学者极少，很多学者是在中外关系史、中国边疆民族史、中国地方史等学科框架的制约下努力坚守研究阵地。目前，韩国学与韩国史研究者群体，已经广泛分布于全国多所高校和科研单位。比如，1979年成立的中国朝鲜史研究会，是以研究朝鲜半岛历史为宗旨的唯一的全国性学会和该领域专业性最强、规模最大的学术研究团体，其会员基本涵盖了该领域的主要研究力量。从学科与队伍建设意义上说，该会自2008年以来，在不断推动国际国内学术交流等方面的成绩十分突出①。韩国史研究者被广泛地联系起来，从学术机构间的交流与学者间的对话等角度看，中国的韩国史研究整体水平和面貌焕然一新，加之各院校硕博士后备研究力量的纳入，韩国史研究队伍形成稳定结构。改革开放以来，延边大学是最早开展朝鲜教学与研究的代表院校（1948年设朝鲜语、朝鲜历史专业），为全国输送了一大批懂朝鲜语的各类专业人才，其中很多就活跃在外交、教研、出版等领域。在学科建设上，延边大学朝鲜韩国学相关研究开展较早，拥有最为完整的教学与科研体系，尤其是保证了本硕博三阶段连贯进行韩国学课程教学，形成了特色化的朝鲜史学科，涵盖中韩日古代关系、朝鲜古代史、朝鲜近现代史、东北亚国际关系、中朝韩日文化比较等多个研究方向。复旦大学在国内具有举足轻重地位的韩国研究中心，是另一所建有世界史学科下的"韩国史"博士点的高校。以上是韩国学研究取得的第一个成绩，即培养了大量掌握韩国语、熟悉韩国学研究理论方法和研究动向的研究人才。

　　1992年中韩建交后，国内出现了韩国学研究的热潮，各地纷纷建立与韩国有关的学术研究团体，中国社会科学院、延边大

---

① 金成镐：《中国朝鲜史研究会简史》，《朝鲜·韩国历史研究》第10辑，延边大学出版社，2009，第491~508页。

学、北京大学、山东大学、复旦大学、浙江大学（原杭州大学）、青岛大学、辽宁大学、中山大学、上海外国语大学等院校都成立了韩国语系或韩国（学）研究中心（所）①。这些研究基地在韩国学的研究上之所以具有长期的学术影响力，除了其有效组织学术研究等基本学术活动外，还在于创办了一批作为研究成果出版与发表平台的出版物，包括研究期刊、辑刊、丛书等。这些出版物日益增多，令人眼花缭乱，经过大浪淘沙，其中目前被公认具有持续的学术影响力的代表性连续出版物如表4－2所示。这是韩国学取得的第二项成绩，即建立起良好的成果发布平台。

表4－2　韩国学代表性连续出版物（截至2015年1月1日）

创始年份	主办（管）单位	名称	已出刊数	备注
1980	中国朝鲜史研究会	《朝鲜·韩国历史研究》	15辑	会刊，初为内部刊物
1984	延边大学	《东疆学刊》	117期	
1992	北京大学	《韩国学论文集》	22辑	初名《朝鲜学论文集》
1993	中国社会科学院	《当代韩国》	84期	中国大陆地区唯一的韩国学专门期刊
1994	浙江大学	《韩国研究》丛书	53种	含《韩国研究》与其他单行本
1995	复旦大学	《韩国研究论丛》	28辑	
2008	社会科学文献出版社	《韩国蓝皮书》	11册	山东大学韩国学院组织编写

① 2010年延边大学宣布《中国朝鲜韩国研究信息汇编》基本编写完成，该汇编共收录中国1008位朝鲜韩国研究人员及其研究成果、64个朝鲜韩国研究机构、189个开设韩国语专业的学校等信息（详见延边大学朝鲜韩国研究中心《工作简报》2010年第1期，http://ckjc.ybu.edu.cn/gzjb.php? show = 26）。截至2010年国内相关机构情况，也可参阅宋成有《东北亚史研究导论》，世界知识出版社，2011，绪论。

第三个成绩是研究成果的积累。20 世纪 90 年代大陆学界出版有《韩国研究中文文献目录（1912～1993）》（杭州大学出版社，1994）和《中国朝鲜学—韩国学研究文献目录（1949～1990）》（中央民族大学出版社，1995），对韩国学研究成果文献进行了初步总结；2008 年又出版了《朝鲜半岛相关文献目录（1992～2005）》（辽宁民族出版社，2008）。韩国史作为其中一个组织有序、学术传统浓厚的领域，各类"通论型""断代型""专题型"的学术史综述已有不少①；中国朝鲜史研究会年会频繁召开与交流日益紧密，每年的会员研讨与大会总结也起到了阶段性总结的作用。为避免与之重复，以下为更直观地了解韩国史研究成绩，我们重点分析韩国史古代部分的研究成果，由于其数量宏富，为节省篇幅，择要以最具代表性的通史与通论、中韩关系史两大类公开出版发行的专著成果为例，对其整体趋势进行简要考察（数据截至 2015 年 1 月 1 日），见表 4-3、表 4-4。

表 4-3　通史、通论类著作

年份	著作	作者	出版者
1983	《朝鲜简史》*	朴真奭、朴文一等	延边大学出版社
1995	《朝鲜通史》（第一卷）	姜孟山主编	延边大学出版社
1997	《朝鲜通史》（第四卷）	金光洙、金成镐等	延边大学出版社
2006	《朝鲜通史》（第二卷）	李春虎、王明星、李梅花	延边大学出版社

① 学界反思文章有：杨昭全：《中国朝鲜古代史研究概述》，《韩国研究论丛》第 4 辑，上海人民出版社，1998，第 374～390 页；宋成有：《韩国史研究综述》，《世界历史》1999 年第 2 期，第 90～94 页；冯鸿志：《朝鲜古代中世纪史研究》，《中国世界历史学 30 年（1978～2008）》，中国社会科学出版社，2008，第 76～80 页；权赫秀：《最近三十年来国内学界的中韩关系史研究综述》，《过去的经验与未来的可能走向：中国近代史研究三十年（1979～2009）》，社会科学文献出版社，2010，第 424～445 页；权赫秀：《中国的朝鲜史研究与教学：历史的回顾与基于现实的展望》，《朝鲜·韩国历史研究》第 13 辑，延边大学出版社，2013，第 472～502 页。

年份	著作	作者	出版者
2012	《朝鲜通史》（第三卷）	姜秀玉、王臻	延边大学出版社

* 1983 年延边大学内部印刷作为讲义使用，后由延边教育出版社（1986）、延边大学出版社（1998、2007）先后重印、再版。

表 4 - 4　中韩关系史类论著

年份	著作	作者	出版者
1951	《五千年来的中朝友好关系》	张政烺、宿白、金毓黻等	开明书店
1984	《中朝经济文化交流史研究》	朴真奭	辽宁人民出版社
1992	《中朝关系简史》	杨昭全	辽宁民族出版社
1995	《中朝日关系史》（古代卷，朝鲜文）	朴真奭、李宗勋等	延边大学出版社
	《中朝关系史研究》	刘永智	中州古籍出版社
1996	《中朝关系通史》	吉林社会科学院编写组	吉林人民出版社
	《中韩古代关系史论》	杨通方	中国社会科学出版社
1996 ~ 1998	《中韩关系史》（三卷）*	王小甫、徐万民、宋成有等	社会科学文献出版社
1997	《中韩关系史论》	陈尚胜	齐鲁书社
	《宋丽关系史研究》	杨渭生	杭州大学出版社
1998	《唐·新罗·日本政治制度比较研究》	李宗勋	延边大学出版社
1999	《明代中朝关系史》	姜龙范、刘子敏	黑龙江朝鲜民族出版社
	《朝鲜王朝（1392 ~ 1910）对华观的演变》	陈尚胜	山东大学出版社
	《中朝日关系史》（近现代卷）	金龟春等	黑龙江朝鲜民族出版社
2001	《中国—朝鲜·韩国关系史》（上、下册）	杨昭全	天津人民出版社
	《明清中日朝关系史研究》	刁书仁	吉林文史出版社
2002	《中朝关系史：明清时期》	白新良	世界知识出版社
	《清代中朝使者往来研究》	刘为	黑龙江教育出版社
2003	《七世纪中叶唐与新罗关系研究》	拜根兴	中国社会科学出版社
	《元代高丽贡女制度》	喜蕾	民族出版社

续表

年份	著作	作者	出版者
2004	《中国—朝鲜·韩国文化交流史》（四册）	杨昭全、何彤梅	昆仑出版社
2005	《朝鲜前期与明建州女真关系研究》	王臻	中国文史出版社
	《壬辰倭乱时期朝明关系史研究》（朝鲜文）	刘宝全	民族出版社
2006	《明代抗倭援朝战争》	刘子敏、苗威	香港亚洲出版社
	《清朝与朝鲜关系史研究：以越境交涉为中心》	李花子	延边大学出版社
	《清代中朝日关系史》	姜龙范、刘子敏等	吉林文史出版社
	《中韩关系史研究》	魏志江	中山大学出版社
	《清代中朝关系研究》	赵兴元	吉林文史出版社
	《10~13世纪宋、丽、日文化交流研究》	李梅花	华龄出版社
	《十八世纪中朝文化交流研究》	廉松心	吉林文史出版社
	《中国与朝鲜半岛关系史论》	杨军等	社会科学文献出版社
2007	《大明旗号与小中华意识——朝鲜王朝尊周思明问题研究（1637~1800）》	孙卫国	商务印书馆
	《唐与新罗文化关系研究》	党银平	中华书局
	《清代中朝宗藩关系嬗变研究》	宋慧娟	吉林大学出版社
2009	《唐朝与新罗关系史论》	拜根兴	中国社会科学出版社
	《明清史学对朝鲜的影响》	孙卫国	上海辞书出版社
	《朝鲜对明清外交文书研究》	李善洪	吉林人民出版社
2010	《朝鲜朝使臣眼中的中国形象：以〈燕行录〉〈朝天录〉为中心》	徐东日	中华书局
2011	《元朝与高丽关系研究》	乌云高娃	兰州大学出版社
	《明清时期中朝边界史研究》	李花子	知识产权出版社
	《穆克登碑问题研究——清代中朝图们江界务考证》	陈慧	中央编译出版社
	《燕行与中朝文化关系》	杨雨蕾	上海辞书出版社
2012	《朝鲜与明外交关系研究：以诗赋外交为中心》	王克平	香港亚洲出版社

年份	著作	作者	出版者
2015	《朝鲜初期与明朝政治关系史研究》	郑红英	社会科学文献出版社

　＊ 2014 年 1 月增订版由社会科学文献出版社出版，笔者策划编辑。

　　通过两大类研究专著类成果的统计结果，显然韩国史领域在研究选题方向上存在偏重中韩关系史的倾向。中韩关系史通史、断代史、专题史都有多部著作，论题的精细化、深入化程度也都是令人可喜的，中韩关系史研究堪称中国韩国学研究的重大成绩。但同时，正如我们前面指出的，这也说明中国学者惯于或者乐于从中国史的延长线角度（"中外关系史""中国边疆民族史"皆然）研究朝鲜半岛历史文化，我们在韩国本体的研究上还明显较为薄弱，中韩关系史这些成果虽然丰赡，但难以胜任韩国史作为韩国学所属的国别史所要求的研究韩国民族历史的任务。韩国史研究者不研究韩国自身历史，而长期以中韩关系史研究取而代之，这似乎是中国韩国学的常态。有些学者则更明确地提出"东亚韩国学"概念，倡导"以中国人的美学观和价值观来研究韩国的人文科学"和"从反观的层面促进中国文化的深层研究"①。无疑这种研究观念有其区域整体研究、"从域外看中国"视角等优点，但也确实易于湮没韩国学的主角之主体性。我们要研究的韩国学，毕竟首先要透彻研讨韩国民族文化。相较之下，笔者建议取来"他山之石"——例如中国历史学者在研究北方民族时反对以往拘泥于汉文史料偏狭的中原中心观②、提倡高度重视研究对象的"主体叙事和主体意识"之理论方法③，就可以纳入韩国学

---

① 蔡美花：《东亚韩国学方法之探索》，《东疆学刊》2008 年第 4 期，第 1~5 页。

② 李鸿宾：《移民：事项背后的隐喻》，《中国边疆史地研究》2013 年第 2 期，第 119~128 页。

③ 姚大力观点，详见 2012 年 4 月 25 日《中华读书报》。

的视野中来。以下结合韩国国内"国史"动态，略论"古代对外关系史"研究内容、方向等问题。

二 韩国古代对外关系史的内涵

韩国古代对外关系史，指朝鲜半岛古代国家在漫长的前近代时期，对外同周边的中国、日本等国家或部族进行外交与交流活动以及相关外交决策、制度的历史，也可称为朝鲜半岛古代国家外交史。在研究范畴上，朝鲜半岛古代国家彼此之间的交往也不应被排除在外，举例来说，新罗在统一之前与加耶、百济、高句丽彼此之间的关系，无疑也是韩国古代对外关系史的重要研究内容。

韩国历史学界的"古代"一词不同于中文话语中指前近代时期这一内涵，而是指高丽时代之前的古朝鲜至统一新罗时代，即前近代时期早期。韩国国内在专著成果上虽不常使用"对外关系"，仅以近十五年出版的著作为例，以对外关系史为主题的著作多为论文集和合著作品（如国史编纂委员会《韩国史》，见表4-5），以此为题的独著很少，但其实在学术论文中和具体行文中，"对外关系"概念使用则相当频繁和广泛，而且某些古代国家如百济的对外关系史研究专著则略多。① 无独有偶，朝鲜史学界也一贯重视对外关系史研究，2012年出版的三卷本《朝鲜对外关系史》，就是一部前近代时期对外关系通史。②

表4-5 韩国古代对外关系史部分著作（2000～2013）

年份	著作	作者	出版者
2000	《统一新罗的对外关系与思想研究》	白山学会	白山资料院

---

① 冯立君：《韩国和中国近30年百济史研究述要——以对外关系史研究为中心》，《朝鲜·韩国历史研究》第15辑，延边大学出版社，2014，第220～248页。

② 《朝鲜对外关系史》Ⅰ、Ⅱ、Ⅲ，社会科学出版社，2012。

续表

年份	著作	作者	出版者
2003	《讲座韩国史》4《古代国家的对外关系》	编委会	驾洛国史迹开发研究院
2004	《高丽时代的政治变动与对外政策》	이정신	景仁文化社
	《高丽时代对外关系史研究》	金渭显	景仁文化社
2005	《渤海的对外关系史》	韩圭哲	新书院
	《百济的对外关系》	申滢植	周留城
2006	《高句丽的历史与对外关系》	신종원	书景文化社
2008	《前近代东亚国际关系与对外贸易》	하원수，박기수	仙人
2009	《朝鲜后期对外关系研究》	김종원，이양자	宇宙
	《韩国对外交流的历史》	김당택	一潮阁
2011	《中国的渤海对外关系史研究》	郑炳俊等	东北亚历史财团
2012	《百济的对外交涉与交流》	卢重国	知识产业社
	《东亚交通路与对外关系》	檀国大学东洋学研究院	檀国大学出版部
2013	《百济的对外关系》	梁起锡	书景文化社
	《韩国史》15《高丽前期社会与对外关系》	国史编纂委员会	探求堂
	《韩国史》20《高丽后期社会与对外关系》	国史编纂委员会	探求堂
	《韩国史》22《朝鲜王朝的成立与对外关系》	国史编纂委员会	探求堂

　　韩国古代对外关系史的主要内容是韩国古代国家的外交史历程。朝鲜半岛上最早的古朝鲜国家和"三韩"（马韩、辰韩、弁韩）虽史载阙略不详，但也留存有通交中国王朝的记录①。根据金富轼等编纂的《三国史记》和一然所撰《三国遗事》，朝鲜半岛在公元前1世纪先后建立了新罗（前57～918）、高句丽（前37～668）、百济（前18～660）、加耶诸国（42～532），列国长期争雄称霸，在彼此之间以及与东亚国家之间展开了纵横捭阖的

---

① 参阅姜孟山、刘子敏主编《中国正史中的朝鲜史料》（第一卷），延边大学出版社，1996。

外交。这一长时段的前期，尤其是高句丽，几乎与中国汉唐诸中原王朝皆有通交，和战不断，与北方部族也有程度不同的交流；后期，百济和新罗逐渐兴起，百济曾与高句丽在东亚诸国之间展开外交竞争，与东晋南朝有异常活跃的外交和交流；新罗则后来居上，依靠外交上与中国的紧密关系，与唐朝联手最终驱逐倭势力、吞并百济故地、灭亡高句丽，从而在历史上第一次统一了朝鲜半岛中南部。7 世纪后半岛先后出现了三个统一王朝国家：统一新罗（676～918）①、王氏高丽（918～1392）、李氏朝鲜（1392～1910）。其中统一新罗与唐王朝、日本往来密切，据中韩学者的研究，与西域应也有文化交往②。继之而起的高丽王朝统一朝鲜半岛之前也曾历经与后百济和新罗短暂的并立分裂期，即"后三国"时代，这一短暂时期也有一些具有特色的外交事件。高丽王朝时代，中国大陆正值五代十国、宋辽金元以及明朝初期，中国的分裂和政权更迭，给高丽提供了一个广阔的外交舞台，高丽外交史因此而异彩纷呈③。东亚封建时代末期，李氏朝鲜对日本、中国明清王朝的外交较之前代，无论在制度、礼仪上，还是在交往模式上，都更"有章可循"，其主流是事大主义，李氏朝鲜作为明清两朝的册封国、属国地位一直到甲午中日战争后才被改变。

---

① 朝鲜学界以及部分韩国学者亦称之为"后期新罗"，并认为新罗没有完成统一，它和北方的渤海国对峙的局面是"南北国"，类似中国、日本历史都存在的"南北朝"。中国唐史学者对这种历史认识代表性的驳议为王小甫《新罗北界与唐朝辽东》，《史学集刊》2005 年第 3 期，第 41～47 页；亦收入氏著《中国中古的族群凝聚》，中华书局，2012，第 291～304 页。

② 申滢植：《新罗与西域：新罗文化国际化过程一考》，《新罗文化》（8），1991，第 117～126 页；李兰荣（音）：《统一新罗与西域》，（东亚大学）《石堂论丛》（20），1994，第 165～185 页；李汉祥：《新罗坟墓中西域系文物的现况与解析》，《韩国古代史研究》（45），2007，第 133～159 页；孙泓：《从考古资料看西域文化在新罗的传播》，《朝鲜·韩国历史研究》第 10 辑，延边大学出版社，2009，第 65～78 页。

③ 卢启铉：《高丽外交史》，甲寅出版社，1994；中文版，延边大学出版社，2002。

在韩国古代对外关系史发展历程中，不可避免地经历了朝鲜半岛国家外交主体一元化、外交思想及策略的重大变化、东亚局势总体阶段性变动等多种历程，为认识这一过程中韩国民族外交的独特性，在研究上有必要对韩国古代对外关系史进行历史分期，这也有利于完整地认识和理解包括古代、近现代等历史时期在内的朝鲜半岛外交史。历史分期方法并非唯一，既可以按王朝国家来分期，也可以以外交特点阶段来分期（比如7世纪中叶以前的韩国古代对外关系呈现"战国"外交特点，7~14世纪有自主外交与事大外交争相交替的特点，14世纪末至19世纪中后期大体为事大外交达到巅峰并走向瓦解），还有以东亚外交体系来分期，又可以分为前国际体系、宗藩体系等①。

在中国史学界，自从有学者开创性地探讨中国古典外交史、提出东亚外交圈概念以来②，以东亚为核心的东方外交史的研究也得到学界重视，尤其是中国学者率先组织了东方外交史的集体研究③。而无论是在东方外交史还是在亚洲外交史中，朝鲜半岛古代外交史都应占有一席之地，至少从朝鲜半岛与古代中国关系之紧密、历史跨度之连贯绵长是世界其他任何国家都无法比拟这一点来说，它也应引起学者的足够重视。

然而，在中国学者进行的东（北）亚史、中韩〔日〕关系史研究中，朝鲜半岛古代国家并不是研究的中心或"主角"。因为，

① 杨军：《中国与朝鲜半岛关系史论》，社会科学文献出版社，2006。

② 自黎虎《汉唐外交制度史》（兰州大学出版社，1998）率先提出中国古典外交史、东方外交圈研究理念以来，以外交制度作为研究对象的著作和学位论文有：吴晓萍：《宋代外交制度研究》，安徽人民出版社，2006；玄花：《金丽外交制度初探》，硕士学位论文，吉林大学，2007；韩雪松：《北魏外交制度研究》，博士学位论文，吉林大学，2009；冯立君：《九世纪中韩日三国外交制度比较》，硕士学位论文，延边大学，2010；张申：《金朝外交礼仪制度研究》，硕士学位论文，安徽师范大学，2013。

③ 东方外交史历次国际学术会议及成果情况，请参阅外交学院东方外交史研究中心网站（http://dfwj.cfau.edu.cn/）。

东亚关系史是东亚大陆及海域诸国家、部族相互间在政治、经济、文化等方面关系交错的历史①，朝鲜半岛国家并不被当作研究的第一主体。但是实际上，在朝鲜半岛古代的外交实践中，半岛古代民族的外交特点异常鲜明，具有区别于中国、日本以及北方草原诸国的独一无二的外交思想、策略和制度，而朝鲜半岛古代国家外交历程却从未被完整地予以研讨。因此，研究以朝鲜半岛古代国家为中心进行的外交史具有很重要的意义：一是认识独特的韩国古代外交历程及其细节；二是通过韩国外交史认识韩国民族及其文化心理；三是通过韩国对外关系演变，反观中国本身。从韩国学角度讲，前两个层面显得较为重要；第三层面则似乎和业已展开的"从周边看中国"研究②殊途同归。

三 古代对外关系视角与韩国学

韩国古代对外关系史作为韩国学的一个研究领域，本身即是一项研究课题，依笔者浅见，这一课题的若干重要方向支撑着其作为一个独立学科领域。

其一，韩国历代王朝外交思想、战略、制度、实践与韩国民族文化独特性研究。在古代历史上，由各时期古代国家所产生的关乎国家命运的外交思想、战略和实践以及制度设置等，比其内政更能体现韩国古代民族、国家的文化特点，因为外交是在与"他者"的互动中确立"自我"的过程。历史上韩国在与中国、

---

① 中古东亚世界研究典型论著，请参阅李宗勋《隋唐时期中朝日关系和东亚汉字文化圈的形成》，氏著《唐·新罗·日本政治制度比较研究》，延边大学出版社，1998；杨军：《区域结构的形成（公元前3世纪末~8世纪末）》，氏著《东亚史》，长春出版社，2006；高明士：《天下秩序与东亚世界》，氏著《天下秩序与文化圈的探索》，上海古籍出版社，2009；韩昇：《东亚世界的历史进程》，氏著《东亚世界形成史论》下编，复旦大学出版社，2009。
② "从周边看中国"研究，请参阅葛兆光《宅兹中国》，中华书局，2011；《想象异域》，中华书局，2014。

日本及北亚政权交往过程中表现出来的独特心理和行为方式即韩国民族文化独特性，这应成为以"透彻理解韩国文化精髓"为宗旨的韩国学的优先性课题。

其二，韩国的古代对外关系史与近代以来的外交史的贯通研究。① 以长时段来通篇考察韩国外交史，实际上就是完整地再现韩国民族及国家的建构史，因为与庞大的中国最为邻近的农业文明中，朝鲜半岛是仅有的未被纳入中国版图的区域之一②，其外交常常关乎国家存亡的韩国民族，与中国诸王朝、部族的交往以及同非中国国家、部族的交往是一个内容丰富多彩的历史过程。当代中韩两国都是注重历史的国家，中国学者大力研究韩国外交通史，无论是对还原历史本来面目，还是对当代两国相互之间的文化理解等都具有重要的现实意义。

其三，韩国古代对外关系史与东亚关系史的交叉研究、比较研究。如前所述，中国既有的韩国学成果大多集中于以中国视角为主的中韩关系史、东亚区域史，从深化研究的角度来看，东亚外交史的比较研究可行而必要，因为在对照相同文明区域内其他诸国的外交史之后，韩国古代对外关系的特点也会愈加分明。至于韩国古代对外关系史与东亚关系史的交叉研究，也就是在具体问题的探讨中，不拘泥于某一国视角，倡导区域内的多国别视角转换、交叉和比较。

通过以上三个主要方向的研究，可以将完整地再现韩国古代

---

① 关于近代东亚的大变革特别是中韩日三国关系的空前巨变已有不少论著，但因研究难度、畛域分野等，贯通古今的韩国外交史专著尚付之阙如。中文论著可参阅权赫秀《东亚世界的裂变与近代化》，中国社会科学出版社，2013。伊原泽周：《近代朝鲜的开港——以中美日三国关系为中心》，社会科学文献出版社，2008。滨下武志：《近代中国的国际契机——朝贡贸易体系与近代亚洲经济圈》，朱荫贵等译，中国社会科学出版社，1999；《中国、东亚与全球经济》，王玉茹等译，社会科学文献出版社，2009。

② 和田清：《东亚民族史序说》，《日本学者研究中国史论著选译》第一卷，中华书局，1992。

对外关系活动的长时段历程以及重要外交事件的细节，勾勒韩国古代对外关系史的骨骼框架和脉络，并以韩国古代外交思想、战略、制度等外交文化即韩国民族外交独特性作为韩国外交史的血肉。这无疑也十分契合韩国学研究的旨趣，因为后者正是通过各学科角度致力于研讨韩国民族的文化精髓。目前中日韩三国史学界都有强调"超越国境"的区域史视角的倾向①，这也促使我们重新思考在研究范式转换中，如何既兼顾区域内在联系与研究对象主体性，又能跳脱当代民族国家本位的束缚的问题。这是韩国学、东亚区域研究亟待解决的课题。目前从史料丰富程度、选题空白点、学术活跃度等方面来看，李朝一代丰富的汉文史料不仅能够提供朝鲜王朝外交史研究的基础材料②，而且早已经成为东亚学术增长的发动机，因此朝鲜王朝外交历程的研究很可能将成为韩国古代对外关系史一个重要的突破口。

综上所述，本文基于国内外研究状况所提出的韩国古代对外关系史（朝鲜半岛古代国家外交史）这一研究理念，尚未被广泛认知，它要求以朝鲜半岛古代国家为主体，考察其与周边的中国、日本古代国家之间关系。无论是从目前中国韩国学的成绩来看，还是从韩国史研究角度来看，它的范式都有意义，理应得到中韩两国学界同行更多的关注。③

原载《当代韩国》2015 年春季号

---

① 中日韩三国共同历史编纂委员会继 2005 年合作编撰《东亚三国的近代史》后，2013 年再度共同编写《超越国境的东亚近现代史》（中文版皆由社会科学文献出版社出版）。这是一种体现"超越国境"解决历史认识分歧、达成互相理解的良好实践。
② 参阅韩国古典翻译院网站（www.itkc.or.kr）韩国古典综合数据库。
③ 本文初稿曾在中山大学"中国第 13 届韩国学国际研讨会"（2012 年 11 月，广州）宣读，后经大幅修订。特此感谢会议期间滨下武志教授、曹中屏教授、孙卫国教授的评议，以及张东明教授、刘宝全教授、千勇博士提供的信息。本文原刊《当代韩国》2015 年春季号，第 101～112 页，略有增补。

百济及其对外关系史研究现状

百济在强盛时期掌握汉江下游、控扼东亚海上交通路的要冲，其时新罗最初（521 年）遣往中国南朝的使臣须"随百济贡方物"①，日本也需通过百济获取南朝先进的文化和技术。百济的国家发展和对外政策与高句丽、新罗、加耶诸国相比具有鲜明的特征，而且从考古遗存来看，百济文化呈现令人惊叹的"开放性""优越性和国际性"②，因此百济研究备受东亚各国学者瞩目。本文整理韩国学界自 1985 年以来的百济研究成果，并归纳中国学者东亚视角下涉及百济的研究，尝试对两国近 30 年来的研究予以初步的总结，希望能为深化研究、扩大国际交流提供有益参考③。

一　韩国的百济史总体研究成绩

百济史作为韩国"国史"内容，一直受到学界重视，取得了较大研究成绩：专业学术研究机构林立，学者、高校、政府多方参与百济遗迹调查、百济历史文化研究，形成很强的研究实力；拥有多种专业学术刊物，累计发表论文数量可观，学术会议密集举行且主题意识较强，推动学术对话和研究持续深入；百济研究著作出版多、水准高，积淀深厚，针对民众的知识传播也颇具成效。

除韩国古代史学会、国立中央博物馆、国立文化财研究所这

---

① 《梁书·新罗传》，姜孟山、刘子敏主编《中国正史中的朝鲜史料》（第一卷），延边大学出版社，1996，第 122 页。

② 权五荣：《百济对外交流中呈现的开放性》，韩国大学博物馆学会学术会议，2008；卢重国：《百济在古代东亚世界的地位》，《百济文化》40，2009；梁起锡：《百济文化的优越性和国际性》，《百济文化》40，2009。

③ 本文承蒙延边大学李宗勋先生和金锦子老师、陕西师范大学拜根兴先生、韩国忠南大学朴淳发先生、南京师范大学周裕兴先生、南开大学曹中屏先生或审阅批改或增订内容或提出建议，使笔者获益良多，特此鸣谢！

些综合性组织或机构涉及百济历史研究、文化遗产调查活动外，专门性的百济研究机构的活动更为突出，后者包括高校所属研究所、百济学会、百济故都所在地的博物馆、百济文化财研究院、百济文化开发研究院等。

忠南大学百济研究所、公州大学百济文化研究所、圆光大学马韩·百济文化研究所，分别定期出版各自的专业学术刊物《百济研究》《百济文化》《马韩·百济文化》。百济学会前身为2000年成立的百济史研究会，会员以百济史博士学位获得者为主，出版会刊《百济学报》。这些专业刊物发表了大量关于百济史的研究论文（及考古调查报告、学术资料），论题广泛涉及百济政治、军事、文化、社会、经济、外交等方面，研究精细化、实证化、考古与文献方法综合化的趋势明显。这些研究机构还组织召开学术会议，组织开展遗迹调查活动，出版考古与遗迹调查报告、研究专著、论文集等，是学术研究的主要推动力量。

百济都城汉城、熊津城、泗沘城遗址所在的首尔市、公州市、扶余郡，除拥有百济都城遗址外，还留存不少墓葬、佛寺遗址等文化遗迹。汉城百济博物馆、国立公州博物馆、国立扶余博物馆等机构进行了相关考古调查、学术研究活动，出版了大量的关于百济遗迹的发掘调查报告、图录图册、研究著作和知识读物。

1982年成立的百济文化开发研究院，组织讲演讲座、资助学术研究、调查百济文化遗迹，并编纂、刊行各种百济史料集、论文汇编、论著总览①，也是不断推动百济历史文化研究进展的力量。值得一提的是，该院和周留城出版社2004~2009年推出"百济文化开发研究院历史文库"系列丛书，包罗百济历史与考古新

---

① 《百济史料集》，百济文化开发研究院，1985；《百济史论文选集》，不咸文化社，1996，第10~11卷"对外关系"；《百济研究论著总览》1~2，百济文化开发研究院，1982~1983；白种五等编《百济史研究论著总览》，书景文化社，2003。

研究诸多著作，很有代表性，可谓韩国百济研究成果的一次巡礼。其中一些著作由该领域具有公认水准或者已出版过相应代表作的专家来撰写，例如，李基东、李南奭、卢重国分别撰写了《百济的历史》《百济墓葬探讨》《百济复兴运动探讨》。从韩国出版界与史学界合作的这套文库可以看出，韩国对百济史的长期研究已形成深厚的积淀，成绩斐然。

实际上，韩国出版的学术专著，在综合概论、分期断代史、专门史、考古研究等方面都有丰硕成果。从 1985 年成周铎、1986年卢重国分别完成首篇百济考古和历史研究博士学位论文开始，目前已经有 50 余篇博士学位论文，其中大部分都出版了单行本，从而构成百济研究的主要专著成果，而且这些学位获得者也是百济研究的主要力量（见附表）。百济史专著成果在大致 2000 年前主要以政治史和综合概论为主，在 2000 年后则呈现论题的细化趋势，百济断代史、专门史专著成为主流，考古资料的运用和文化史研究占比增大。

（1）百济史的综合性著作

自 1971 年公州宋山里意外发现武宁王陵以来，百济史研究出现热潮，出版了多部以"百济史"为主题的通史或概论性专著，主要者如下。

韩国国史编纂委员会 20 世纪 70 年代开始出版《韩国史》，并不断修订，确立了韩国历史的基本体系，影响深远。第 6 卷涉及百济的政治与社会，分为百济的成立与发展、汉城后期至泗沘时期变迁、对外关系、政治体制、经济与社会构造几部分。其中，对外关系部分除分列百济与高句丽、新罗、加耶关系，与中国、日本关系外，还专门设一节对"百济略有辽西"予以承认[1]。

---

[1]　国史编纂委员会：《韩国史》6，探求堂，2013。

1992 年申滢植出版的《百济史》① 分别对百济史特征、文献中的百济社会、百济国家成长与发展、统治构造、对外关系、文化诸问题进行系统阐释，重理论分析而轻史实叙述。作者的成绩和特色在于对《三国史记》等历史文献的娴熟运用，对韩国和朝鲜学界的百济研究史有所检讨，并在百济研究论著附录中单列"任那日本府及济倭关系"，显示出对这一问题的重视。

李基东《百济史研究》② 是作者摆脱关于百济史历来以政治史为中心的研究潮流，以文化史观点从问题意识出发，对百济史进行全局性的新解读，以金石文资料为主对百济和倭的早期交涉史进行了多角度分析。

崔梦龙等著的《百济史的理解》③ 是作者关于百济早期史以及中后期考古研究论文的汇总，主要涉及如目支国、建国神话、王室、略有辽西、白江地理考证问题，文献中的早期国家形成、佐平制、都弥问题、百济都城、伽蓝、佛像、陶器等诸多微观问题的探讨。

《新著百济史》是李道学受到争议的著作。该书封面上写有"东方的罗马帝国百济史的复原"等字样，全书共 642 页，主要论述百济是怎样的国家、百济的历史如何展开、百济的位置、百济的势力圈、历史记录与百济人、百济人如何生活以及他们留下了怎样的文化等。该书后来改名为《鲜活的百济史》再版④。

（2）百济"断代史"著作

这主要是指专门研究百济以汉城、熊津、泗沘为都各时期历史的著作，或研究百济特定王代、特定时段的著作。

---

① 申滢植：《百济史》，梨花女子大学出版部，1992。
② 李基东：《百济史研究》，一潮阁，1996。
③ 崔梦龙：《百济史的理解》，学研文化社，1998。
④ 李道学：《新著百济史》，青史，1997；李道学：《鲜活的百济史》，Humanist，2003。

朴淳发的《汉城百济的成立》[1] 围绕 "百济国家何时以及如何成长" 的主题，对于百济国家历史实体的形成问题运用考古学资料进行微观研究；对与百济国家形成相关联的诸问题，特别是对于探明国家形成时间非常关键的汉江流域，建立了考古学编年体系，并对百济国家的形成和发展史进行综合整理，从理论上阐释百济国家的形成。

2008 年版《汉城百济史》是汉城时期研究的集大成之作。该书开宗明义地说，为强调百济以汉城为首都时期的地域性，而将该书题目定为 "汉城百济史"，将公元前 18 年至公元 475 年统一称作 "百济汉城时代"。全书共分五卷，全彩印刷，图文并茂，对学界汉城百济史在政治、经济、文化、对外关系、军事各方面的研究成果进行了充分吸收[2]。

姜钟沅的《4 世纪百济史研究》[3] 着眼于东亚急剧变动、不容各国再孤立发展的 4 世纪，从百济对内通过中央集权力图加强王权、对外为提高国际地位而实施多项政策角度，试对百济的成长与发展过程做系统解释。对外关系主要考察了领域膨胀、加耶地区的进出、马韩地区的归附、与高句丽的对立、与东晋和倭国通交、国际地位的确立等。

俞元载的《熊津百济史研究》[4] 集中关注迁都熊津的历史背景、熊津时代的政治情况、贵族势力的变化、地方统治制度等政治史内容，以及汤井城与大豆山城、百济与高句丽军事关系及百济国际地位、百济防御体制、百济泗泚经营等军事、外交内容。

忠南大学百济研究所《古代东亚与百济》[5] 一书，对古代东

① 朴淳发：《汉城百济的成立》，书景文化社，2001。
② 首尔特别市史编纂委员会：《汉城百济史》（全 5 卷），2008。
③ 姜钟沅：《4 世纪百济史研究》，书景文化社，2002。
④ 俞元载：《熊津百济史研究》，周留城，1997。
⑤ 忠南大学百济研究所：《古代东亚与百济》，书景文化社，2003。

亚世界中的百济（熊津、泗沘时期）进行了宏观与微观考察，为综合理解百济史，对熊津和泗沘时期政治、经济、社会诸领域的时代划分、官等制、军事运用、经济基础、衣冠制和身份制、对外关系、新都城建设等进行了诸多考察。

李道学 2010 年完成了《百济汉城·熊津城时代研究》和《百济泗沘城时代研究》两部专著①。前书关注国家起源、征服国家的出现和集权国家体制的构筑，天下观，都城制与百济关弥城，王系、王位继承、王权，熊津时期汉江流域的支配文化，泗沘迁都及都城计划等前期政治史问题，后书则对迁都泗沘后的政治情况和王权与佛教、百济人的对外活动范围、复兴运动等问题进行了考察，着眼于对政治史重要问题的分析。

（3）百济"专门史"著作

这主要集中在政治史、社会思想史、复兴运动史领域，而以政治史研究为主，涉及国家权力运行体制、王权与贵族势力统治阶层、领域扩张与地方统治等。

朴贤淑的《百济的中央与地方》是关于百济国家统治体制简明而较系统的研究，对国家发展及其环境、官等制、官府和官职设置、统治阶层变化和贵族合议制、王都构造、军制等中央统治制度的整备，以及五部、檐鲁等地方统治体制的发展进行分析，对统治体制的机能和特性进行了总结②。

文东锡的《百济支配势力研究》③ 大体按时间顺序以百济历史上主要支配势力的变化为线索，对政治势力及其相互关系进行考察，对各时期国家权力的特性有新的阐发，涉及近肖古王代的新兴势力、辰斯王和盖卤王代王族的抬头、东城王和武宁王代新

① 李道学：《百济汉城·熊津城时代研究》，一志社，2010；《百济泗沘城时代研究》，一志社，2010。
② 朴贤淑：《百济的中央与地方》，周留城，2005。
③ 文东锡：《百济支配势力研究》，慧眼，2007。

支配势力的登场、圣王和威德王大姓贵族阶层的形成等。

文安植的《百济的王权》一书①对史料中隐藏的围绕百济王位继承及由此衍生的权力斗争予以揭示，并通过整理王位继承和权力斗争研究的学术史，总结百济史研究趋势。全书按百济历史顺序对百济建国和王权成长、王室更迭与贵族国家形成、国力的衰退与王权的动摇、王权失坠与贵族势力的挑战、熊津迁都与政变的延续、泗沘时代王位继承与政局动向、统治层的内讧与百济灭亡等问题进行论述，实际上是一部较为完整的百济王权与贵族权力演进史。文安植的另一部著作《百济的领域扩张与地方统治》② 分别从百济领域扩张的时间和空间两个角度，探讨百济发展和扩张与地方统治的互动关系问题，涉及百济的发展与五部构成、对岭西和马韩地方的进出及其统治政策等问题，弥补了对长期以来维持着本土生活方式和土著秩序的边疆势力实体研究的不足。

姜钟沅的《百济国家权力的扩散与地方》③ 主要探讨的是汉城时期百济的领域扩张及地方统治、中央和地方政治势力间的关系、汉城末期地方统治与地方势力、大姓贵族的形成与锦江流域土著势力、国家权力的地方渗透诸问题，还涉及百济迁都熊津及贵族势力动向、泗沘迁都的政治特性等问题。书中使用了不少考古成果，如以水村里百济古墓考察汉城末期地方势力等。

《百济与蟾津江》④ 考察百济熊津、泗沘时期蟾津江及其周边地区的文化面貌及其变化情况，并力图对百济的蟾津江进出进行深入探究。《百济与锦江》⑤ 以百济将锦江地区作为基地发挥其政

---

① 文安植：《百济的王权》，周留城，2008。
② 文安植：《百济的领域扩张与地方统治》，新书院，2002。
③ 姜钟沅：《百济国家权力的扩散与地方》，书景文化社，2012。
④ 梁起锡、权五荣：《百济与蟾津江》，书景文化社，2008。
⑤ 百济史研究会：《百济与锦江》，书景文化社，2007。

治、经济、军事功能的情况予以揭示和探讨。《百济与荣山江》[①]依照文献和古墓等考古资料研究了荣山江流域政治与文化实体、百济与荣山江集团的关系。

2013 年出版的《东亚中的百济政治制度》[②] 一书，主要对百济官制形成与发展有关的问题进行研究，包括：早期国家形成期的左右辅，古尔王代左将、佐平制，百济与中国南北朝关系和对其官制的吸收，大王专制体制的整备，武宁王至圣王代地方政治制度（即二十二部司体制和五方制），武宁王代六佐平、十八部体制及其与唐制关系。

梁起锡撰写的于 2013 年 11 月出版的《百济政治史的展开过程》一书，[③] 由三篇构成。第一篇百济政治史的趋势，讨论百济的建国、汉城时代后期政治史的展开、熊津迁都初期的政治情势、泗沘迁都及其背景、威德王的即位和集权势力的变化五个问题。第二篇百济的政治体制，侧重于百济初期的部、泗沘时代的佐平、百济的地方统治体制三大问题。第三篇百济的王权和政治改革，选取武宁王代自尊的天下观、圣王代的政治改革及其性格、管山城战斗的情况及影响、王兴寺的创建和变迁四个代表性事例进行了剖析。

卢重国的《百济政治史研究》是最早一部以国家发展和统治体制变化为中心的较为系统的百济政治史专著[④]，实际上是作者的博士论文修订本。他在《百济复兴运动史》中论述了百济国灭亡、复兴运动的兴衰、唐与新罗对百济故地的统治等历史；针对中国史书和《三国史记》中作为"平定"对象的复兴军的地位及以往受此影响进行的研究，作者以肯定和褒扬复兴运动为主轴进行了史料分析、整理。他的《百济复兴运动探讨》加入更多历史

---

① 卢重国等：《百济与荣山江》，学研文化社，2012。
② 郑东浚：《东亚中的百济政治制度》，一志社，2013。
③ 梁起锡：《百济政治史的展开过程》，书景文化社，2013。
④ 卢重国：《百济政治史研究：以国家形成与支配体制变迁为中心》，一潮阁，1988。

细节的描述，如关于百济复兴之前大势已去的百济史、复兴军与罗唐军事对抗过程、罗唐冲突、唐熊津都督府设置、百济遗民等内容①。卢重国还著有《百济社会思想史》，该书是一部将社会史与思想史分别加以考察的著述，它打破以政治史为中心的研究倾向，拓宽了百济史研究范围。关于邑落与共同体问题，探讨了邑落社会特性、社会构成单位（城、村）、共同体组织和农耕礼仪等；关于姓氏集团与贵族世家问题，探讨了姓氏集团来源、骨族意识及骨族范围、贵族世家人物活动、姓氏分支化与贵族分化等；关于社会秩序与社会安全问题，探讨了户口掌握与户籍、度量衡的统一与变化、物资流通与惩罚、民生政策与赈贷制、医药技术发展与医疗等问题。

（4）百济考古与文化著作

2010 年以来，这类研究比重明显增大，包括都城、墓葬、城郭、寺塔与建筑、陶器等领域。

《百济的都城》为作者朴淳发十余年研究的集成，以汉城时期的凤纳和梦村土城、熊津时期的公山城、泗沘都城及益山王宫遗迹为中心对百济都城相关问题进行了系统阐述②。

李南奭的《百济石室坟研究》《百济墓制研究》③ 是关于百济墓葬制度特别是石室墓文化的系统研究之作。

国立扶余博物馆文化财研究所曾召开主题学术研讨会，会议论文结集为《百济都城的变迁与研究问题》④，对与百济汉城都城相关的梦村土城和凤纳土城最新的发掘调查资料进行新的解释，

---

① 卢重国：《百济复兴运动史》，一潮阁，2003；《百济复兴运动探讨》，周留城，2005。
② 朴淳发：《百济的都城》，忠南大学出版部，2010。
③ 李南奭：《百济石室坟研究》，学研文化社，1995；《百济墓制研究》，书景文化社，2002。
④ 国立扶余文化财研究所：《百济都城的变迁与研究问题》，书景文化社，2003。

对百济定都熊津和泗沘的过程与背景重新检讨，并注意到可以阐明百济都城系统的外国史料。

《百济的城郭》① 一书的考察对象城郭，是百济史上作为具体物证象征着国家实质出现，并在古代国家体制完成之后成为收取地方民赋税、动员劳动力的单位，是理解地方统治体制的核心要素。该书主要着眼于熊津、泗沘时期的城郭的基本特性和历史意义，具体研究内容包括城郭构造与防御体制、山城地址与构造、五方城位置和郡县等问题。

赵源昌的《百济寺址研究》② 对熊津、泗沘两个时期百济的佛寺遗址进行了研究，对百济寺址调查的现状与遗留课题进行了阐述。同作者的《百济的土木建筑》③ 探讨了百济土木技术和建筑技术的特性，并从新罗建筑物、日本寺址角度考察百济建筑技术的影响。

金钟万的《百济陶器》对百济陶器的研究史、形成与发展、种类与用途、制作技法、分期与主要器种形制和编年、国际性与开放性等一系列问题进行了阐述，作者还著有《百济陶器研究》和《百济陶器新研究》等专著④。朴淳发亦著有《百济的陶器探究》一书⑤。

二 韩国的百济对外关系史研究成果

百济的对外关系包括与朝鲜半岛上新罗、高句丽、加耶、耽罗等国的关系，也包括与中国汉唐诸王朝以及倭国的外交关系。1985 年以来，韩国学界百济对外关系史的研究成果，既有围绕百济国际关系各种角度的大量学术论文，也有百济对外关系史的体

---

① 徐正硕（音译）：《百济的城郭》，学研文化社，2002。
② 赵源昌：《百济寺址研究》，书景文化社，2013。
③ 赵源昌：《百济的土木建筑》，书景文化社，2011。
④ 金钟万：《百济陶器研究》，书景文化社，2004；《百济陶器新研究》，书景文化社，2007；《百济陶器》，글을읽다，2012。
⑤ 朴淳发：《百济的陶器探究》，周留城，2006。

系化研究，出现了多部高质量专著。

（1）单行本

韩国百济对外关系史研究的一个明显特点是学者通过多年的积累和研究完成系统性专著。

申滢植2005年出版的《百济的对外关系》①　共6章，分别论述：各时期百济与高句丽和新罗的关系、与中国外交和文化交流、"辽西进出"问题、中韩古代文献中的倭人以及百济对倭关系，问题意识贯穿考察的全过程。该书还从百济的发展与西海的联系、对外关系中的百济这两个独特的角度，对百济是一个怎样的国家予以总结。全书以东亚国际关系中的百济的地位与形态为结语，道出了作者通过对外关系反观百济史的意图和立场，这是作者的独到之处。申滢植是唯一一位撰写完成百济史、新罗史、高句丽史专著的学者②，他对百济史诸问题的探索其实更多的是从三国整体史角度进行的解读。《百济的对外关系》继续强调作者所谓百济的"辽西进出"和西海（即黄海）的意义。作者多次谈及西海对古朝鲜、高句丽、百济、新罗等古代国家发展的重大影响③，也重视汉江流域的历史意义，这与作者的韩国古代史整体视角研究有很大关系④。

卢重国2012年底出版的《百济的对外交涉和交流》⑤　与申著

① 申滢植：《百济的对外关系》，周留城，2005。
② 申滢植：《新罗史》，梨花女子大学出版部，1985；《百济史》，梨花女子大学出版部，1992；《高句丽史》，梨花女子大学出版部，2003；《新罗通史》，周留城，2004。
③ 申滢植：《韩国古代史上汉江流域的政治、军事特性》，《乡土首尔》41，首尔特别市史编纂委员会，1983；《韩国古代的西海交涉史》，《国史馆论丛》2，国史编纂委员会，1989，第1～40页；《统一新罗的繁荣与西海》，《统一新罗史研究》，三知院，1990，第253～307页。
④ 申滢植：《韩半岛的对外关系与文物交流》，《汉城百济史》（第4卷），首尔特别市史编纂委员会，2008；《汉城百济的对外关系》，《首尔与百济》，首尔特别市史编纂委员会，2011。
⑤ 卢重国：《百济的对外交涉和交流》，知识产业社，2012。

不同，除关注政治关系外，还特别注重经济文化交流内容，体现了学界近年来重视百济文化史的趋势。卢氏该书篇幅为申氏两倍，分5篇共19章（外含导论、结论），也是作者研究百济对外关系史20多年的总结成果[①]。作为研究的前提，该书最先探讨的是百济对外交涉与交流概念、时期划分、考察视角、战争与谍报、海上航路等理论或概念问题，并对相关外交用语，如贡、献、聘、属、臣属等，以及外交使节团的组织与活动，包括其规模、管理、作用、译语等进行了分析。全书主体部分按时间顺序分为百济早期、汉城时期、熊津时期、泗沘时期。关于文化交流史，除百济早期是将对外关系与文化交流合在一起外，百济汉城、熊津、泗沘各时期的文化交流都被单独提出：汉城时期，包括百济与高句丽、新罗的文化交流，百济与中国晋、南朝宋、北魏的文化交流，从文献与遗物看百济对倭文化交流；熊津时期，包括百济对新罗、加耶的儒学和佛教影响，从文献与遗物看百济与南齐、梁、北魏的文化交流和对倭文化交流；泗沘时期，包括百济与高句丽、新罗的文化交流，与梁和北朝、隋唐的文化交流，以及文献资料所见百济对倭交易品和交流的特性、思想和学问的传播、技术和工艺的传输等。该书关于百济早期的部分，分别探讨了百济与辰韩、弁韩、靺鞨、乐浪郡、带方郡、倭的交涉与交流。表述政治关系时以"交涉"与"关系"两词来区别，显示了作者对百济与对外关系中不同层次属性的独到认识。在百济对汉郡关系方面，作者详细论述公孙氏分乐浪地设置带方及与曹

---

① 卢重国：《高句丽、百济、新罗之间的力学关系变化相关考察》，《东方学志》28，1981；《马韩的成立与变迁》，《马韩·百济文化》10，圆光大学马韩百济文化研究所，1987；《7世纪的百济和倭及其关系》，《国史馆论丛》52，国史编纂委员会，1994；《新罗与百济的交涉和交流》，《新罗文化》17、18，2000；《百济的对中交流》，《百济文化》34，2005；《4世纪伽倻诸国与百济的关系》，《历史与世界》30，孝圆史学会，2006；《5~6世纪高句丽和百济的关系》，《北方史论丛》11，2006；《武宁王代百济在东亚的地位》，《百济文化》46，2012。

魏的战争、百济与西晋时期乐浪带方二郡的缓和与冲突史实，并从官号、器物等方面探讨文化交流。学界对百济早期对外关系的探讨相对较少，因此作者从百济对外关系整体史角度进行的再审视颇有价值。至于汉城、熊津、泗沘各时期百济的对外交涉，作者大致仍按照百济与高句丽、新罗，百济与中国，百济与倭的顺序分别进行细致而翔实的历史论述，非常系统。全书以"对大王意识和朝贡原则的利用""百济对外交涉与交流的特征""百济与古代东亚共有文化圈的形成"来总结百济对外交涉交流史，这是作者对百济对外关系研究的重要理论贡献。卢重国该书与其百济政治史、社会思想史及复兴运动史的专著构成了作者对百济史完整的体系化研究①，可以说是百济史研究的重要里程碑。

梁起锡于 2013 年 11 月出版的《百济的国际关系》② 是作者多年来对百济对外关系史研究的总结。全书分为三篇：第一篇为百济与周边世界，包含全南地区马韩社会与百济、近仇首王的对外活动和政治地位、475 年慰礼城陷落后高句丽与百济的国境线、威德王代的对外关系四个专题。第二篇为 5 世纪百济的对外关系，分别从 5 世纪百济与高句丽和新罗的关系、5 ~ 6 世纪前半期新罗和百济的关系、5 世纪后半期韩半岛政局与大加耶、5 世纪百济与倭这四个角度重点探讨转折期的百济对外关系史。第三篇为百济的对外交流，主要以百济的文化交流与国际性、百济文化的优秀性和国际性、百济人的移住日本列岛与交流、古代东亚的文化交流为主题，对百济文化交流史进行剖析。作者在附录中以地区史与古代文化为题对相关问题进行了补论。

俞元载也是百济史研究的主要学者，著有《中国正史〈百济

① 卢重国：《百济社会思想史》，知识产业社，2010；《百济政治史研究》，一潮阁，1988；《百济复兴运动史》，一潮阁，2003；《百济复兴运动史探讨》，周留城，2005。

② 梁起锡：《百济的国际关系》，书景文化社，2013。

传〉研究》《熊津百济史研究》① 等。他对百济对外关系的研究
有自己的特色：首先是将百济与丽、罗关系排除在外，只探讨百
济与中国王朝和与倭国的关系，并专门论述百济"略有辽西"问
题②。其次，对于辽西问题，作者展开所擅长的文献分析，广泛
利用《宋书》《南齐书》《梁书》《南史》《梁职贡图》《建康实
录》《通典》《三国史记》等史料。同时，作者对李朝末期至 20
世纪 80 年代末丁谦、那珂通世、申采浩、郑寅普、池内宏、金
庠基、井上秀雄、李弘植、金哲埈等日韩 22 位学者在这一问题
上的见解进行了总结，并以文献中出现的册封官爵号探讨南北
朝对百济与高句丽的认识问题。此外，在百济与倭的关系上，
作者认为自近肖古王对倭接触开始，百济与倭关系一直持续，
其间的关键是政治与文化关系，政治关系主要表现为"结好"、
"通好"和百济为牵制丽罗而进行的"人质外交"，文化关系则
主要是百济对倭文化、技术传播。

最近，系统性的新研究还有朴允善（音译）的《5 世纪中叶
至 7 世纪百济的对外关系》和姜民植（音译）的《5 世纪至 6 世
纪中叶百济的对外关系》两篇博士学位论文。两文研究的时空范
围的不同显示出旨趣的差异。朴允善着眼于对熊津和泗沘时期百
济与高句丽、新罗之间的纵横捭阖，百济对中国南北朝的关系及
文化交流、百济与隋唐的关系变化，百济与倭不同时期的关系变
化等问题的分析。换言之，此文是在熊津迁都前后直至灭亡期间
东北亚诸国的错综关系演变过程中，重点审视百济对外关系的历
时性变化，研究主体是百济，但东亚国际全局史观念较强。姜民
植则以熊津时期为中心，突出强调其间朝鲜半岛内百济与高句

① 俞元载：《中国正史〈百济传〉研究》，学研文化社，1993；《熊津百济史研究》，
周留城，1997。
② 俞元载：《百济的对外关系》，《百济的历史与文化》，学研文化社，1996；《百济
的对外关系》，《韩国史》6，国史编纂委员会，1995。

丽、新罗之间的关系演变以及加耶的动向，对百济在朝鲜半岛以外的关系只重点涉及与北魏强化外交及高句丽的应对。换言之，后文限定于百济5世纪初和高句丽冲突中与新罗关系的和好、对北魏外交中高句丽的军事动向、迁都后国内贵族势力的推移及与新罗和加耶关系、汉江流域得而复失过程中与丽罗关系变动等朝鲜半岛史，而非东亚全局历史，研究主体更集中于百济，问题意识较强。显然，这两篇论文都按历史发展顺序，分阶段论述百济对外关系的变化，区别于以往将百济对外关系分别划为对高句丽、新罗、中国、倭的关系等专题论述的模式，力图复原百济整体对外关系的历时性发展过程，即"百济对外关系史"的叙述。

（2）学术论文

除系统性研究的专著和博士论文外，韩国学界还有大量关于百济对外关系的学术论文，研究角度不仅有百济对外关系总论或概论，还有大量侧重朝鲜列国关系即百济、高句丽、新罗、加耶之间的双边或多边关系，以及百济与中国关系、百济与日本关系的考察，主要论题如下。

关于百济对外关系或对外文化交流的总论、概论，有李基东对百济文化在东亚的地位、卢重国对百济对外关系特点和形态、申滢植关于汉江与西海对韩国三国时期历史的意义、俞元载关于百济对中对倭关系的研究论文，都在发表的同时收录于各自的百济史专著中。此外，还有朴淳发、朴允善、朴贤淑、郑东浚对百济各阶段对外关系的研究，姜凤龙、金柄男等从海上贸易角度对百济对外关系的研究，以及从百济与多国关系综合研究视角进行的研究。

关于百济和高句丽的关系，一是从高句丽"南进"史角度进行的大量研究，如高句丽史研究者孔锡龟、朴性凤、白种五等，李道学、余昊奎、朴灿圭、文安植等众多学者也侧重从高句丽角度来探讨两国军事关系；二是从百济与高句丽关系角度进行的考察，如梁起锡关于百济近仇首王与高句丽关系的探讨、金周成对两国相互关系的平行审视等；三是从三国史整体角度进行的研究，如卢重国对高句丽、百济、新罗三者力量关系的对比变化的考察，李成制在研究高句丽"西方"政策研究中涉及高句丽、百济关系，卢泰敦也多以三国史综合角度予以考察。以上三方面代表了高句丽史、百济史、三国史三种研究视角。

关于百济与新罗关系，学者分别从政治、军事等角度进行了研究，此外，也有不少关于两国文化交流与比较的论文。围绕百济和新罗战争，有金瑛河、金柄男、金寿泰、朴大在、朴勇国对三国初期至末期两国军事斗争的多样探讨；金甲童、金英心、金德在、张昌恩等对管山城战斗，金周成、金昌锡等对大耶城战斗有专门探讨。李纯根、姜锺沅等对济罗同盟有专门研究。此外，金寿泰等着眼于百济各王代对新罗关系，白承玉、延敏洙、梁起锡、姜锺薰等或围绕加耶问题，或着眼两国关系的某一问题展开论述。卢重国等从佛寺、陶器、墓葬等角度对两国文化交流进行了探讨。

关于百济与加耶的关系，论题较早就受到韩国学界的重视，这可能与韩国的区域史研究较为盛行有关。论题集中在关于百济各时期和加耶的军事、政治关系上，包括百济势力的加耶进出，百济的"加耶征伐"及新罗应对政策，全北地方视角中的百济和加耶关系，围绕加耶问题的百济对新罗、倭的关系等。此外，也有考察百济和加耶的文化交融、经济交流问题以及从加耶对外关系角度进行的研究。

关于百济与马韩关系，论题集中在百济吞并马韩及百济早期对外关系相关问题上，李基东对此有系列论文，并着重探讨了西海航路问题；朴灿圭围绕百济征服马韩问题形成了博士论文；李道学、李贤惠等关注伯济国与马韩的关系；金寿泰、朴淳发分别从百济和马韩角度探讨两国交涉问题。因加耶史和马韩史受到重视，考古学的研究今后可能会提供更多百济早期对外关系的相关成果。

关于百济与中国关系，由于涉及中国南北王朝、部族、郡县等多种势力，较为复杂。朴允善博士曾进行专门的研究史整理，视野开阔，对中国学者和日本学者的研究同时予以关注，成果涉及两晋时代交涉、辽西（大陆）进出说、对南朝外交、对北朝外交、对隋唐外交①。其中，关于"辽西进出"问题，除前述专著外，姜鍾薰、金起燮、梁起锡、余昊奎、郑载润、李文洙、徐炳国也都有专文探讨；关于百济与乐浪、带方等汉郡关系，全荣来、尹龙九、姜鍾薰、金寿泰、文安植、宋知娟等学者有专门的探究。总体而言，百济与中国王朝关系的研究论题覆盖全面，成绩不小，对其特性的把握，相比中国学界的强调"朝贡关系"、战争关系、南朝文化对百济传播等，显得更细微、实证，也更全面。其中，朴淳发从乐浪陶器对百济的影响及百济与中国郡县关系的考察，权五荣关于百济与中国墓葬文化的比较研究，金春宝从百济佛像对百济与中国文化交流影响的考察，金荣官从百济防御战略对罗唐与百济战争的研究，以及关于《梁职贡图》等微观实证研究等研究的方法、角度乃至结论都值得中国同行参考。

关于百济与日本关系，该选题研究论文的总量比较大，实际上日本学者参与也相当多，并且日韩两国就此问题的相关学术交流也十分活跃。韩国学者的论题除津津乐道的百济对日文化传播外，广泛涉及两国政治、外交、军事、经济交流史，如百济与倭"人质外交"问题、日本国家起源问题、任那问题、在日百济移民（遗民）及其活动、百济与西日本地方关系，等等；许多论文关注百济文化

对日本国家起源的影响，如洪元卓针对江上波夫的"骑马民族征服说"及 Gari Ledyard"扶余人征服说"①，提出"百济人造就日本国家"②；通过《日本书纪》《宋书》等文献资料，以及七支刀、百济寺、广开土王碑文、武宁王陵遗物等重要考古资料，来考察百济与倭关系的论文较多；韩国学界对各时期百济和倭关系都有检讨，虽然有不少观点值得商榷，但整体研究成绩值得注意。

战争其实是古代国家关系的特殊形式，韩国学界围绕百济对外战争也有专门的研究著作。其中，金寿泰的《百济的战争》内容包含百济对汉晋边郡战争、对马韩战争、对高句丽战争、对新罗战争、对中国王朝战争；文安植《百济的兴亡与战争》的立意则更倾向于从对外战争角度探讨古代国家的发展，以百济发展史为线索细致地审视了百济对外关系特别是对外战争；卢泰敦《三国统一战争史》的角度另有不同，富于启发意义，在将新罗、百济、高句丽之间的战争史单独作为一个研究对象的基础上，他更关注的是对"新罗的三国统一论"和以新罗为主的战争过程的评价，后者包括百济的灭亡与复兴战争等③。

俞元载、卢重国等人都在不同时期对百济研究史进行过总

---

① 江上波夫：《骑马民族国家》，张承志译，光明日报出版社，1988；Gari Ledyard, "Galloping along with the horseriders: Looking for the founders of Japan," Columbia University reprint edition, 1973.

② Wontack Hong, *Ancient Korea – Japan Relations: Paekche and the Origin of the Yamato Dynasty*, Seoul: Kudara International, 1994（1st），2010（2nd）；Wontack Hong, *Korea and Japan in East Asian History*, Seoul: Kudara International, 2006；Wontack Hong, "Ancient Korea – Japan Relations: Dating the Formative Years of the Yamato Kingdom（366 – 405 CE）by the Samguk – sagi Records and Reinterpreting the Related Historical Facts," *The Open Area Studies Journal*, 2009, 2, pp. 12 – 29.

③ 忠南大学百济研究所：《百济史上的战争》，书景文化社，2000；文安植：《百济的兴亡与战争》，慧眼，2006；金寿泰：《百济的战争》，周留城，2007；卢泰敦：《三国统一战争史》，首尔大学出版部，2009。

结①，学界也有多种文献研究目录、论文集等，特别是 2004 年、2011 年金起燮、郑载润、金寿泰分别对汉城、熊津、泗沘时期百济史先后进行了两次总结②。这些学术史整理对百济对外关系都有专门叙述。尤其是朴允善的博士论文对百济对外关系研究情况进行的详细整理和分析，值得参考。总之，韩国学界对研究成果不断自觉进行回顾，有利于推动研究的持续深入。

三　中国的百济史研究

在中国，历史学一直以来和其他学科一样，专业分割严重，韩国史（即朝鲜史）被划分到世界史学科下，而世界史直到 2011 年才被正式定为与中国史、考古学并列的一级学科。实际上，中国的韩国史研究既有从中国史的延长线角度，以"中韩关系史"面貌取得的研究成果③，也有从世界史的分支角度，以"东亚史""东北亚国际关系史"面貌取得的研究业绩，但直接以韩国史本体为研究对象的人并不多。

中国朝鲜史研究会集中了国内最广泛的韩国史研究力量④。不过百济史仍是一个薄弱环节，中国学界实际上还未出现专门的或体系化的百济研究。但是，围绕中国与百济关系相关问题已经有不少探讨。截至 2006 年的学术史，周裕兴先生已有细致考察，

① 卢重国：《百济学研究的现状与展望》，《百济学报》创刊号，2009；俞元载：《百济史研究现状与课题》，《百济文化》25，1996。
② 详见《百济文化》33（2004）、44（2011）。
③ 中韩关系史研究成果，请参阅权赫秀《中国的朝鲜史研究与教学：历史的回顾与基于现实的展望》（《朝鲜·韩国历史研究》第 13 辑，延边大学出版社，2013）与《最近三十年来国内学界的中韩关系史研究综述》（《过去的经验与未来的可能走向：中国近代史研究三十年（1979~2009）》，社会科学文献出版社，2010）。此外还有最新出版的北京大学宋成有、徐万民、王小甫等著《中韩关系史（第 2 版）》（社会科学文献出版社，2014）。
④ 金成镐：《中国朝鲜史研究会简史》，《朝鲜·韩国历史研究》第 10 辑，延边大学出版社，2009。

并对研究方向提出了中肯的意见①。为避免重复，笔者以下除增补 2006 年以来的成果外，主要对中国学界总体成果予以分类归纳，侧重对研究方向的把握。

目前以百济为题的论文有近百篇，关注点集中在中国与百济政治和文化关系、百济移民（遗民）、高句丽与百济关系，以及百济与扶余、辽西的关系等方面，主要是魏晋隋唐史、区域史、考古学研究的延伸，较少有以百济为主体的研究。

关于百济与中国的外交关系为历来研究最多者。主要有姜孟山对熊津时期百济与中国关系②、韩国磐对南北朝隋唐与百济关系、杨通方对汉唐时期中国与百济关系、周一良对百济与南朝关系的梳理③。陈尚胜探讨了百济与高句丽积极利用中国南北朝的分裂和对立开展双重外交和对外竞争的历史④。韩昇在百济对日文化关系、百济与南北朝关系、唐与百济战争等问题上都有较为深入的研究，参与百济史研讨较多⑤。罗东阳对 4～6 世纪百济与

① 周裕兴、丁利民：《中国的百济史研究》，《蒋赞初先生八秩华诞颂寿纪念文集》，学苑出版社，2009，原载韩国《百济研究》45（2007），题为《中国百济学的回顾与展望》。

② 姜孟山：《熊津时期百济与中国关系》，《百济文化》26，1997。

③ 韩国磐：《南北朝隋唐与新罗百济的往来》，《历史研究》1994 年第 2 期；杨通方：《汉唐时期中国与百济的关系》，《中韩古代关系史论》，中国社会科学出版社，1996；周一良：《百济与南朝关系的几点考察》，《魏晋南北朝史论集》，北京大学出版社，1997。

④ 陈尚胜：《分裂时代的外交竞争——魏晋南北朝中韩关系述评》，《中韩关系史论》，齐鲁书社，1997。

⑤ 参阅韩昇《四至六世纪百济在东亚国际关系中的地位和作用》，第七回百济研究国际学术会议"百济社会的诸问题"，韩国忠南大学百济研究所，1994；《"魏伐百济"与南北朝时期东亚国际关系》，《历史研究》1995 年第 3 期；《唐平百济前后的东亚国际形势》，《唐研究》1，北京大学出版社，1995；《日本古代的大陆移民研究》，文津出版社，1995；《南北朝与百济政治、文化关系的演变》，《百济研究》26，1996；《唐朝对百济的战争：背景与性质》，《百济文化》32，2003；《白江之战前唐朝与新罗、日本的关系的演变》，《中国史研究》2005 年第 1 期；《百济与南朝的文化交流及其在东亚的意义》，石源华主编《东亚汉文化圈与中国关系》，中国社会科学出版社，2008；《东亚世界形成史论》，复旦大学出版社，2009；《海东集：古代东亚史实考论》，上海人民出版社，2009。

中国关系亦有论述①。拜根兴《七世纪中叶唐与新罗关系研究》对 7 世纪中叶唐、新罗、百济关系中的"与百济义慈王书"、唐罗联军伐百济时间等若干重要问题有新的发覆②。金锦子对百济与北魏关系、百济旨在遏制高句丽的外交竞争有实证性研究③。赵智滨近来围绕唐朝与熊津都督府相关问题，从历史地理角度进行了系列研究④。近年的一些硕士学位论文对百济与南北朝朝贡关系、与隋唐关系都有涉及，主要的方法是文献解析，尚未有新突破。

关于百济与中国文化交流及在东亚文化中的地位的研究，中国学者通过以墓葬为主的考古资料以及金石文、文献史籍，进行过不少探讨⑤。其中，周裕兴在中国南朝与百济的文化比较研究上有新探索，特别是对武宁王陵相关遗物有独到的分析和比较，从海

---

① 罗冬阳：《4~6 世纪百济与大陆各国的往来》，《马韩·百济文化》16，2004。

② 拜根兴：《七世纪中叶唐与新罗关系研究》，中国社会科学出版社，2003。

③ 金锦子：《论百济与北魏的关系——以百济的上表文为中心》，《东疆学刊》2006 年第 4 期；《五世纪中后期东亚国际局势与百济、高句丽的外交竞争》，李宗勋主编《中朝韩日关系史论丛》3，延边大学出版社，2007。

④ 赵智滨：《熊津都督府陷落始末——兼论唐罗战争的爆发》，《中国边疆史地研究》2010 年第 6 期；《关于唐代熊津都督府的几个问题》，《东北史地》2010 年第 11 期；《唐朝在百济故地初设行政建置考略》，《中国历史地理论丛》2012 年第 1 期。

⑤ 代表性论文有：朴真奭：《一至七世纪中朝两国人民的文化交流》，《中朝经济文化交流史研究》，辽宁人民出版社，1984；杨泓：《吴、东晋、南朝的文化及其对海东的影响》，《考古》1984 年第 6 期；王仲殊：《东晋南北朝时代中国与海东诸国的关系》，《考古》1989 年第 11 期；黄宽重：《外交关系与社会变迁：百济对中国文化的受容的初步观察》，《百济研究》26，1996；齐东方：《百济武宁王墓与南朝梁墓》，武宁王陵发掘 30 周年纪念国际学术大会，2001；拜根兴：《〈大唐平百济国碑铭〉关联问题考释》，《唐史论丛》第 8 辑，三秦出版社，2006；宋成有：《百济与中国文化交流的特点及其影响》，北京大学《韩国学论文集》16，2011；杨森：《敦煌壁画中的高句丽、新罗、百济人形象》，《社会科学战线》2011 年第 2 期。

上交通视角对百济与中国的关系有新的阐发①。王志高对百济都城考古遗迹如韩国首尔风纳土城、公州宋山里 6 号坟、武宁王陵形制结构等有全新的考古认识②。此外，邵磊等也有关于武宁王陵墓志的分析和比较研究③，赵俊杰对武宁王陵形制结构也有新的见解④。王巍《东亚地区古代铁器及冶铁术的传播与交流》一书还探讨了 4~6 世纪百济铁器和冶铁遗迹及其冶铁术对日本的影响⑤。

关于百济遗民（中国学者多使用"移民"一词）的研究也是中国学者的一个兴趣点。拜根兴对中国境内高句丽、百济移民相关考古资料的新研究⑥，较为系统地对与高句丽和百济移民相关联的唐与罗济丽三国关系背景、唐人的认识问题、遗迹的分布、移民活动等问题进行了探讨，特别是在对百济移民个案研究上多有创见，应引起中韩学界重视。姜清波对入唐高句丽、百济、新罗人进行了较为系统的研究⑦。对于黑齿常之等百济遗民个案有

① 周裕兴：《武宁王陵出土文物探析之一：以"琉璃童子像"为例》，《东亚考古论坛》2，忠清文化财研究院，2006；《武宁王陵出土文物探析之二：以三枚铜镜为例》，韩国《百济文化海外调查报告书Ⅴ》，书景文化社，2006；《百济与六朝文化交流研究的断想》，《南京历史文化新探》，南京出版社，2006；《武宁王陵出土文物探析之三：以炭木兽形佩饰及棺木为例》，《东亚考古论坛》3，2007；《从海上交通看中国与百济的关系》，《百济文化》38，2008；《百济文化与南朝文化：以武宁王陵为中心》，《百济文化》40，2009；《东晋高崧家族墓与韩国百济武宁王陵比较研究》，《百济文化》46，2012。

② 王志高：《韩国公州宋山里 6 号坟几个问题的探讨》，《东南文化》2008 年第 7期；《百济武宁王陵形制结构的考察》，《东亚考古论坛》1，2005；《六朝墓葬出土玻璃容器漫谈——兼论朝鲜半岛三国时代玻璃容器的来源》，《南京博物院集刊》第 12 辑，文物出版社，2011。

③ 邵磊：《韩国百济武宁王陵出土墓志略论》，《苏州文博论丛》，2010；王俊、邵磊：《百济武宁王墓志与六朝墓志的比较研究》，《南方文物》2008 年第 8 期。

④ 赵俊杰：《再论百济武宁王陵形制与构造的若干问题》，《边疆考古研究》第 7 辑，2008。

⑤ 王巍：《东亚地区古代铁器及冶铁术的传播与交流》，中国社会科学出版社，1999。

⑥ 拜根兴：《唐代高丽百济移民研究》，中国社会科学出版社，2012。关于百济移民的研究现状请参阅该书第 83~104 页。

⑦ 姜清波：《入唐三韩人研究》，暨南大学出版社，2010。

五六篇文章专门探讨，显示出中国学者的偏好，其中马驰先生从唐代蕃将研究角度进行了以金石文为中心的细致考察①。随着新出土墓志的发现，一些学者也开始将焦点转向百济移民将领等具体个案的研究上②。

关于百济族源，主要有李宗勋的《百济族源与丽济交融过程之考察》③和刘子敏的《百济起源与夫余、高句丽无关》④。李宗勋先生主张百济是以马韩为基础，以夫余、高句丽人为统治贵族，并由多个族群构成的政治共同体。杨军《从扶余南下看百济国族源》通过貊系扶余人公元前1世纪的迁徙过程考察，认为百济人起源于沸流部⑤。关于百济"略有辽西"问题，刘永智认为百济略有的是浿西而非辽西。金宪淑依据史料认为百济略有辽西完全可能，但不一定在晋代。刘子敏从考古资料等角度论证百济未统治辽西，对金宪淑的观点提出质疑⑥。

关于百济与高句丽关系。中国学者因对高句丽史研究积累较多，在考古、文献研究中取得巨大成绩，其中不少研究涉及高句丽与百济关系问题，笔者认为，这方面的研究主要是以好太王碑

---

① 马驰：《〈旧唐书·黑齿常之传〉补阙与考辨》，《百济的中央与地方》，忠南大学百济研究所，1997。

② 董延寿、赵振华：《洛阳、鲁山、西安出土的唐代百济人墓志探索》，《东北史地》2007年第2期；张全民：《新出唐百济移民祢氏家族墓志考略》，《唐史论丛》第14辑，陕西师范大学出版社，2011；王连龙：《百济人〈祢军墓志〉考论》，《社会科学战线》2011年第7期；孙炜冉：《唐代百济蕃将沙吒相如考疑》，《通化师院学报》2012年第7期。

③ 李宗勋：《百济族源与丽济交融过程之考察》，《朴文一教授80周年寿辰纪念史学论集》，香港亚洲出版社，2012。

④ 刘子敏：《百济起源与夫余、高句丽无关》，《朝鲜·韩国历史研究》第12辑，延边大学出版社，2012。

⑤ 杨军：《从扶余南下看百济国族源》，《北方民族》2001年第2期。

⑥ 刘永智：《百济略有辽西辨》，《学术研究丛刊》1983年第4期；金宪淑：《"百济略有辽西"记事初探》，《延边大学学报》2000年第3期；刘子敏：《驳〈"百济略有辽西"记事初探〉》，《延边大学学报》2001年第1期。

等考古资料为中心①和以文献史料辨析为中心②。高句丽对外关系史研究中有不少相关论述，其成果不赘述，可参阅韩国学者余昊奎和中国学者耿铁华相关总结③。苗威新近还从历史疆域和地理角度直接探讨长时段百济的对外关系，颇值得注意④。

《朝鲜通史》第一卷⑤对百济国家发展、领域扩张、对中国和日本的关系和经济文化交流有比较全面的概述，是目前国内最详细的百济对外关系论述。全春元先生《早期东北亚文化圈中的朝鲜》涉及百济的兴起，与新罗和高句丽的争战，与东晋南朝、倭的关系和文化交流，唐、百济、新罗、高句丽的关系变化及百济的灭亡历史过程⑥。

涉及百济的东北亚古代关系史研究也取得不少宏观理论成果⑦。

---

① 典型论著：朴真奭：《高句丽好太王碑研究》，延边大学出版社，2000；耿铁华：《好太王碑新考》，吉林人民出版社，1994。

② 典型论著：刘子敏：《高句丽历史研究》，延边大学出版社，1996；朴灿奎：《〈三国志·高句丽传〉研究》，吉林人民出版社，2000；姜维东等：《正史高句丽传校注》，吉林人民出版社，2006；刘子敏、苗威：《中国正史〈高句丽传〉详注及研究》，香港亚洲出版社，2007；李大龙：《〈三国史记·高句丽本纪〉研究》，黑龙江教育出版社，2013。专题探讨与百济、新罗关系的有：王臻《高句丽同新罗百济的战和关系》，《东北史地》2005年第1期；史未央：《高句丽与百济、新罗的争霸》，《东北史地》2005年第3期。

③ 余昊奎：《中国学界的高句丽对外关系史研究状况》，《东北工程相关韩国学者论文选》，韩国东北亚历史财团，2007；耿铁华：《高句丽研究史》，吉林大学出版社，2012。

④ 苗威：《百济前期历史与地理述考》，《韩国研究论丛》第二十六辑，社会科学文献出版社，2013；《百济前期疆域述考》，《朝鲜·韩国历史研究》第14辑，延边大学出版社，2013。

⑤ 姜孟山主编《朝鲜通史》（第一卷），延边大学出版社，1992。

⑥ 全春元：《早期东北亚文化圈中的朝鲜》，延边大学出版社，1995。

⑦ 关于汉唐间东亚三国关系史的代表性成果有：李宗勋：《隋唐时期中朝日关系和东亚汉字文化圈的形成》，见《唐·新罗·日本政治制度比较研究》，延边大学出版社，1998；杨军：《区域结构的形成（公元前3世纪末~8世纪末）》，见《东亚史》，长春出版社，2006；高明士：《天下秩序与东亚世界》，见《天下秩序与文化圈的探索——以东亚古代的政治与教育为中心》，上海古籍出版社，2009；韩昇，2009，《东亚世界的历史进程》，见上揭《东亚世界形成史论》下编。

熊义民、金锦子两位博士的论文进行了新的努力，他们就4～7世纪东北亚关系史课题中涉及的百济史内容深度剖析，角度与以往的中韩关系双边视角有所区别，视角灵活，同时对国内外学界成果都有很好地吸收和辨析，因此他们的研究都有"可对话性"的特点。

熊义民的《公元四至七世纪东北亚政治关系史研究》[①] 将4～6世纪作为一个时段，逐一对4～5世纪的百济、高句丽、倭，以及6世纪新罗的崛起予以论述；将6世纪中后期至7世纪中叶作为另一个时段，实际上按照中国朝代再分作隋、唐两段，大体按事件发展顺序，对东北亚自隋初朝鲜三国冲突开始一直到唐、新罗、倭鼎立格局形成期间东北亚诸国的动向与相互关系进行了论述。其中，关于百济部分，作者综合国内外史籍，对4世纪百济崛起过程中对乐浪郡和马韩故地的扩张、百济与高句丽交战及其中衰、"百济略有辽西"问题、"两个百济"问题、6世纪前百济迁都等问题进行了考释，论及对百济4～5世纪的对外关系时，作者认为经过中衰期，百济475年迁都熊津后继续稳步发展与中国南朝的关系，"不计虚名"积极发展与倭国关系，修补与新罗的关系并结成抗击高句丽的统一战线。关于6世纪武宁王后百济对高句丽、新罗的关系，论及在6世纪中叶百济即将达至中兴时，羽翼渐丰的盟国新罗的反戈一击几置其死地，百济虽然势力渐弱，但在对南朝、倭关系态度上却始终比新罗更为积极。

金锦子《五至七世纪中叶朝鲜半岛三国纷争与东北亚政局》[②]亦是按照将长时段分作几个短时段来逐序论述，与熊义民依照

---

① 熊义民：《公元四至七世纪东北亚政治关系史研究》，博士学位论文，暨南大学，2003。

② 金锦子：《五至七世纪中叶朝鲜半岛三国纷争与东北亚政局》，博士学位论文，延边大学，2007。同名专著于2011年由香港亚洲出版社出版。

国别分开讨论不同，作者以朝鲜半岛三国局势变动为中心，把5~7世纪中叶朝鲜半岛与中国王朝联动下的东北亚大陆政治局势演进史，划分为5世纪前期、5世纪中至6世纪中、6世纪中至7世纪初、7世纪中后期四个具有阶段性特征的时段，实际上以高句丽的强势扩张、百济与新罗同盟对高句丽、高句丽与百济同盟对抗新罗崛起、丽济倭三国反抗罗唐两国为线索展开论述。作者主要关注的是朝鲜半岛局势走向中各阶段"主角"与众"配角"之间的互动关系，而不是静态地逐一罗列各国而组成"东北亚拼盘"，因此通过历时性重大事件进程的梳理，作者成功再现了5~7世纪朝鲜半岛诸国势力此消彼长过程及其与中国王朝关系的演变史，为认识高句丽、百济、新罗的历史特性提供了有益参考。

四 结语

通过以上总结，特将本文的主要认识归纳如下。

第一，作为"国史"内容，韩国对百济史的研究，无论从研究队伍建设、对机构和刊物的支持角度，还是从研究论著的质与量、考古与调查的规模、学术会议的召开与学术问题的集体合作程度上来讲，都取得了很大的成绩。百济史通史通论、断代史、专门史、考古与文化史研究领域皆有不少成果。随着研究的深入，百济史研究论题精细化、文献与考古研究方法多元化趋势明显，非传统历史学科参与促成的综合化交叉研究的特点已经展现，值得中国同行借鉴之处不少。

第二，韩国学界的百济对外关系史研究，关注的主体更多的是百济，而目前中国学者进行的古代东北亚政治关系史研究，百济属于东北亚全局之一员，而非研究主体。大体上来讲，韩国对百济对外关系史的研究精细而深入，考古与文献结合紧密，参与该领域研究的既有前辈宿学，也有年青新锐，新成果不断，已经有多部百济对外关系史专著及多篇博士论文。但在关于"辽西进出"、日本国家起源影响等具体问题上有继续加强与中日同行的"切磋"即学术交流的必要。中国部分学者的论著中涉及百济与东亚世界关系，更多的是从东亚大局对各国的相互关系进行宏观把握，对百济史尚未形成系统、细化的成果，中韩两国学者就同一课题加强对话、互相学习的空间很大。

第三，展望中国在世界史框架下的朝鲜史研究，对于百济史、朝鲜古代对外关系史及其所交叉的百济对外关系史研究这一新课题，学术对话仍不活跃，国际交流水平也有待提升。在论题上，如百济与高句丽和新罗间的势力消长问题、百济与汉唐王朝关系特性问题、百济对倭影响及在东亚文化中的地位问题、百济在朝鲜古代对外关系史中的特点和地位问题，以及争论中的百济族源及与北方民族关系、"百济略有辽西"诸问题，随着中国学者对朝鲜半岛相关考古资料及学界研究成果的更多了解，也有再深入探讨的必要。

附表1　韩国百济研究博士学位论文（1985～2013）

类别	著者	年份	题目	院校
历史研究类	노중국	1986	백제정치사연구: 국가형성과 지배체제의 변천을 중심으로	서울대학교
	유원재	1990	중국정사 백제전 연구	충남대학교
	김주성	1990	백제 사비시대 정치사 연구	전남대학교
	양기석	1990	백제 전제왕권 성립과정 연구	단국대학교
	이도학	1991	백제 집권국가형성과정 연구	한양대학교
	이근우	1994	『일본서기』에 인용된 백제삼서에 관한 연구	한국학중앙연구원
	박찬규	1995	백제의 마한정복과정 연구	단국대학교
	김기섭	1997	백제 한성시대 통치체제 연구: 근초고왕대를 중심으로	한국학중앙연구원

续表

类别	著者	年份	题目	院校
历史研究类	박현숙	1997	백제 지방통치체제 연구	고려대학교
	김영심	1997	백제 지방통치체제 연구 : 5~7세기를 중심으로	서울대학교
	강종원	1998	4세기 백제 정치사 연구	충남대학교
	문동석	2000	4~6세기 백제 지배세력의 연구	경희대학교
	정재윤	2000	웅진시대 백제 정치사의 전개와 그 특성	서강대학교
	오순제	2001	백제 한성시기 도성체제의 연구	명지대학교
	김병남	2001	백제 영토변천사 연구	전북대학교
	이용빈	2001	백제 담노제 연구	명지대학교
	최범호	2001	백제 온조왕대의 부 연구	전북대학교
	문안식	2001	백제의 영역확장과 변방세력의 추이	동국대학교
	김영관	2004	백제부흥운동연구	단국대학교
	최병식	2006	백제부흥운동과 공주·연기지역	상명대학교
	길기태	2006	백제 사비시대의 불교신앙 연구	충남대학교
	조경철	2006	백제불교사의 전개와 정치변동	한국학중앙연구원
	박중환	2007	백제 금석문 연구	전남대학교
	박윤선	2007	5세기 중반 ~7세기 백제의 대외관계	숙명여대학교
	김수미	2007	웅진도독부 연구	전남대학교
	정동준	2008	백제 정치제도사 연구	성균관대학교
	박재용	2009	『일본서기』의 편찬과 백제 관련 문헌 연구	한국교원대학교
	홍성화	2009	고대 한일관계사 연구 : 한반도 남부 경영론 비판을 중심으로	고려대학교
	강민식	2010	5세기 ~6세기 중반 백제의 대외관계	충북대학교
	윤수희	2010	백제의 인적교류 연구 : 5세기를 중심으로	한국학중앙연구원
	이현숙	2011	4~5세기대 백제의 지역상 연구	고려대학교
	전우식	2011	백제 '왕권중심 귀족국가' 정치운영체제 연구	국민대학교
	송만영	2011	한반도 중부지역 취락의 발전과 정치체의 성장 : 청동기시대 ~ 한성백제기를 중심으로	숭실대학교

续表

类别	著者	年份	题目	院校
考古研究类	성주탁	1985	백제성지 연구: 도성지를 중심으로	동국대학교
	장경호	1988	백제 사찰건축에 관한 연구	홍익대학교
	임영진	1995	백제한성시대고분연구	서울대학교
	이남석	1995	백제 석실분묘제의 연구	고려대학교
	최완규	1998	금강유역 백제고분의 연구	숭실대학교
	박순발	1998	백제 국가의 형성 연구,	서울대학교
	곽장근	1999	호남 동부지역의 석곽묘 연구	전북대 학교
	성정용	2000	중서부 마한지역의 백제영역화과정 연구	서울대학교
	서정석	2001	백제성곽연구: 웅진 • 사비시대를 중심으로	한국학중앙연구원
	조원창	2003	백제 건축기술의 대일전파: 기단축조와 제와술을 중심으로	상명대학교
	김종만	2004	사비시대 백제토기 연구	충남대학교
	서미영	2004	백제 복식의 연구	충남대학교
	서현주	2006	영산강유역 삼국시대 토기 연구	서울대학교
	이동희	2006	전남동부지역 복합사회 형성과정의 고고학적 연구	성균관대학교
	신광섭	2006	백제 사비시대 능사 연구	중앙대학교
	이한상	2009	장신구 사여체제로 본 백제의 지방지배	서울대학교
	채현석	2009	한강 본류역의 유적층위 형성과정 연구: 미사리 • 암사동 • 풍납동 유적을 중심으로	세종대학교
	김정옥	2010	백제 장신구에 나타난 조형적 특징과 상징성에 관한 연구: 웅진시기를 중심으로	원광대학교
	김성범	2010	나주 복암리 출토 백제목간의 고고학적 연구	공주대학교
	김선기	2010	익산지역 백제 사지 연구	동아대학교
	이귀영	2011	백제 금속공예기술사 연구	고려대학교
	탁경백	2011	백제 사비기 불탑의 조형기술 연구	명지대학교

续表

类别	著者	年份	题目	院校
考古研究类	박철희	2011	역사문화도시 이미지 형성모형과 적용방안에 관한 연구: 백제의 수도 부여를 중심으로	충남대학교
	장수남	2013	웅진~사비초 백제의 남조문화 수용 연구	연세대학교
	土田纯子	2013	百濟土器 編年 研究	충남대학교
	장성윤	2013	백제 무령왕릉 벽돌의 고고과학적 특성과 태토 산지 해석	공주대학교
	판보싱	2013	동북아에서 강대국의 부상과 주변국의 동맹전략 선택: 백제와 신라의 사례 연구	인하대학교
	김정호	2013	백제권 문화재를 기반으로 한 문화상품 디자인 개발요소 연구	충남대학교

附表2 韩国学界百济对外关系研究论文目录 (1980~2018)

类别	著者	年份	题目	发表刊物
概论类	김용욱	1996	「백제의 위상과 대외 관계」	『馬韓』 創刊號, 마한향토사연구회
	박순발	1999	「한성백제의 대외관계」	『백제연구』 30
	許重權	1999	「1~4세기 三國의 戰鬪力에 관한 研究」	『文化史學』 11·12·13
	박진숙	2000	「백제 동성왕대 대외정책의 변화」	『百濟研究』 32
	김병남	2001	「백제의 국가 성장과 대외 교역」	『전주사학』 8
	姜鳳龍	2002	「고대 동아시아 海上交易에서 百濟의 역할」	『한국상고사학보』 38
	양종국	2002	「7세기 중엽 義慈王의 政治와 동아시아 국제관계의 변화」	『백제문화』 3
	정동준	2002	「7세기 전반 백제의 대외정책」	『역사와 현실』 46
	박현숙	2003	「6세기 백제 대외관계의 변화와 그 의미」	『先史와 古代』 19
	정운용	2005	「4-7세기 고구려와 백제·신라관계의 추이」	International Journal of Korean History, Vol.8
	전종익	2005	「고대의 백제·가야·왜(일본)은 어떤 사이였을까?: 사료와 교과서로 본 고대 한일관계」	『한일교육연구』 11
	정동준	2006	「7세기 중반 백제의 대외정책」	『역사와 현실』 61
	김은숙	2007	「7세기 동아시아의 국제 관계: 수의 등장 이후 백제 멸망까지를 중심으로」	『한일관계사연구』 26

类别	著者	年份	题目	发表刊物
概论类	박윤선	2007	「7세기 전반 삼국의 역관계와 백제의 대당외교 : 백제의 입장을 중심으로」	『역사문화연구』 27
	박윤선	2007	「5세기 중후반 백제의 대외관계」	『역사와 현실』 63
	권오영	2008	「백제의 대외교류에 나타난 개방성」	한국대학박물관협회 학술대회
	노중국	2009	「고대동아시아 세계에서의 위상」	『百濟文化』 40
	박현숙	2010	「5~6세기 삼국의 접경에 대한 역사지리적 접근」	『韓國古代史研究』 58
	노태돈	2011	「7세기 전쟁의 성격을 둘러싼 논의」	『한국사연구』 154
百济与高句丽政治、军事关系	盧重國	1981	「高句麗　百濟　新羅사이의 力關係變化에 대한 一考察」	『東方學志』 28
	梁起錫	1997	百濟 近仇首王의 對外活動과 政治的 地位 - 高句麗와의 關係를 중심으로 -」	『百濟論叢』 6 , 백제문화개발연구원
	최종택	1998	「고고학상으로 본 고구려의 한강유역진출과 백제」	『백제연구』 28
	吳舜濟	1999	「百濟의 東明과 高句麗의 朱蒙」	『역사와실학』 12
	임기환	1999	「고구려・백제・신라의 동류의식과 문화 차이」	『역사비평』 46
	朴燦圭	2002	「廣開土王代 高句麗와 百濟의 關係」	『고구려연구회 학술총서』 3
	박진숙	2004	「長壽王代 高句麗의 對北魏外交와 百濟」	『韓國古代史研究』 36
	李道學	2005	「漢城陷落 以後 高句麗와 百濟의 關係 : 耽羅와의 관계를 중심으로」	『전통문화논총』 3
	李道學	2005	「高句麗와 百濟의 對立과 東아시아 世界」	『고구려발해연구』 21
	李道學	2005	「高句麗와 百濟의 出系 認識 檢討」	『고구려발해연구』 20
	金周成	2005	「6 ~ 7세기 고구려와 백제의 상호관계」	『고구려발해연구』 20
	서영일	2006	「고구려의 백제 공격로 고찰」	『史學志』 38
	임기환	2007	「웅진시기 백제와 고구려 대외관계 기사의 재검토」	『百濟文化』 37
	김현숙	2009	「고구려의 한강유역 영유와 지배」	『백제연구』 50
	李龍虎	2009	「百濟 支王代 解氏勢力의 擡頭와 對高句麗 政策」	『한국사연구』 147
	문안식	2010	「고구려의 한강 유역 진출과 서울지역의 동향」	『서울학연구』 39

唐朝与东亚

类别	著者	年份	题目	发表刊物
百济与高句丽政治、军事关系	신광철	2010	「고구려 남부전선 주둔부대의 생활상 : 한강유역의 고구려 보루를 통해서」	『고구려발해연구』 38
	장종진	2011	「5 世紀 前後 國際情勢와 高句麗 平壤遷都의 배경」	『韓國古代史研究』 61
	신광철	2011	「황해도 일대의 고구려 관방체계와 남부전선의 변화」	『先史와 古代』 35
	신정훈	2011	「고구려 광개토왕의 백제 정벌이 가진 의미에 대하여 -392 년 ~ 394 년을 중심으로 - 」	『大韓政治學會報』 19-2
	신정훈	2011	「百濟 枕流王・辰斯王代의 정국과 高句麗의 동향」	『白山學報』 90
	李道學	2012	「廣開土王代의 南方 政策과 韓半島 諸國 및 倭의 動向」	『韓國古代史研究』 67
	李成制	2012	「高句麗의 對倭外交와 東海交涉路 : 6 세기 후반 7 세기 초 고구려・왜・백제 3 국의 상호전략에 대한 재검토를 겸하여」	『고구려발해연구』 43
	여호규	2013	「5 세기 후반 ~ 6 세기 중엽 高句麗와 百濟의 국경 변천」	『百濟文化』 48
百济与新罗政治、军事关系	延敏洙	1990	「6 世紀前半 伽倻諸國을 둘러싼 百濟　新羅의 動向」	『신라문화』 7
	朴性鳳	1991	「資治通鑑 百濟・新羅關係記事의 整理」	『경희사학』 16・17
	白承玉	1992	「新羅・百濟 각축기의 比斯伐伽倻」	『부대사학』 15・16
	梁起錫	1994	「5 ~ 6 世紀 前半 新羅와 百濟의 關係」	『新羅의 對外關係史研究』 15 , 신라문화선양회
	姜鍾薰	1998	「新羅上古期金氏族團의 出自 : 尼師今時期 百濟關係記事와 관련하여」	『한국사연구』 102
	이순근	1998	「三國統一期 三國의 對外戰略 : 소위 '羅濟同盟' 과 신라의 한강하류 진출 배경을 중심으로」	『人文科學研究』 3
	金瑛河	1999	「新羅의 百濟統合戰爭과 體制變化 : 7 세기 동아시아의 國際戰과 사회변동의 一環」	『韓國古代史研究』 16
	金甲童	1999	「新羅와 百濟의 管山城 戰鬪」	『白山學報』 52
	박대재	1999	「'三國史記' 初期記事에 보이는 新羅와 百濟의 戰爭」	『한국사학보』 7
	盧重國	2000	「新羅와 百濟의 交涉과 交流 : 6 ~ 7 세기를 중심으로」	『新羅文化』 17・18

类别	著者	年份	题目	发表刊物
百济与新罗政治、军事关系	김수태	2005	「삼국의 외교적 협력과 경쟁 : 7 세기 신라와 백제의 외교전을 중심으로」	『新羅文化』 24
	양종국	2005	「백제의 멸망과 신라의 삼국통일」	『역사와 역사교육』 10
	朴勇國	2005	「新羅의 660 년 百濟戰役에 대한 考察」	『白山學報』 73
	정운용	2007	「웅진시대 백제와 신라」	『백제문화』 37
	김영심	2007	「광산성전투 전후 시기 대가야·백제와 신라의 대립」	『한국학연구원 학술총서』 10
	金周成	2009	「百濟 武王의 大耶城 進出 企圖」	『百濟硏究』 49
	김병남	2009	「백제 초기의 대외 팽창과 대신라 전쟁의 이해」	『전북사학』 34
	全德在	2009	「관산성전투에 대한 새로운 고찰」	『新羅文化』 34
	金昌錫	2009	「6 세기 후반~ 7 세기 전반 百濟·新羅의 전쟁과 大耶城」	『新羅文化』 34
	전우식	2009	「백제 위덕왕대 대신라 정책의 전개와 결과」	『한국학논총』 32
	김수태	2010	「백제 무왕대의 대신라 관계」	『백제문화』 42
	김병남	2010	「백제 성왕대 관산성 전투의 의미」	『전북사학』 36
	장창은	2011	「6 세기 중반 한강 유역 쟁탈전과 관산성 전투」	『진단학보』 111
	강종훈	2011	「나제동맹의 결성 배경과 고구려의 대외 관계」	『대구사학』 105
	나승균	2012	「나제전쟁에서의 간접접근전략 연구 : 나·당연합군과 백제군과의 전쟁을 중심으로」	『군사발전연구』 6
百济与加耶关系	金泰植	1992	「6 세기 중엽 加耶의 멸망에 대한 연구」	『韓國古代史論叢』 4 , 가락국사적개발연구원
	이희진	1994	「4 세기 중엽 百濟의 ' 加耶征伐 '」	『韓國史研究』 86 , 한국사연구회
	李熙眞	1994	「加耶의 消滅過程을 통해 본 加耶 - 百濟 - 新羅關係」	『歷史學報』 141, 역사학회
	金鉉球	1994	「4 세기 가야와 백제 야마토왜의 관계」	『韓國古代史論叢』 6 , 가락국사적개발연구원
	李永植	1995	「百濟의 加耶進出過程」	『韓國古代史論叢』 7, 가락국사적개발연구원
	李熙眞	1996	「百濟勢力의 加耶進出과 加耶의 對應」	『軍史』 33 , 국방군사연구소
	延敏洙	1997	「金官國의 멸망과 동아시아」	『伽倻文化』 10, 가야문화연구원

类别	著者	年份	题目	发表刊物
百济与加耶关系	金泰植	1997	「百濟의 加耶地域 關係史 - 交涉과 征服 -」	『百濟硏究論叢』5 - 百濟의 中央과 地方 , 충남대 백제연구소
	南在祐	1998	「加耶時代 昌原 馬山地域 政治集團의 對外關係」	『昌原史學』4 - 以峯 朴東百博士停年紀念論叢 - , 창원대 사학회
	백승충	1998	「문헌에서 본 가야 삼국과 왜」	『韓國民族文化』12, 부산대 한국민족문화 연구소
	洪潽植	1998	「百濟와 加耶의 교섭 - 토기를 중심으로 -」	『百濟文化』27
	백승충	2000	「6 세기 전반 백제의 가야진출과정」	『백제연구』30
	南在祐	2001	「6 세기대 安羅國과 百濟와의 관계」	『白山學報』60
	김병남	2003	「백제 근초고왕의 가야 진출과 신라의 대응」	『대동사학』2
	곽장근	2006	「웅진기 백제와 가야의 역학관계 연구」	『백제연구』37
	이한상	2006	「장식대도로 본 백제와 가야의 교류」	『백제연구』43
	노중국	2006	「4 세기 伽倻諸國과 百濟의 관계」	『역사와 세계』30
	이근우	2007	「웅진시대 백제와 가야」	『百濟文化』37
	김량훈	2007	「4 ~ 5 세기 남부가야제국과 백제의 교섭 추이」	『역사와 경계』65
	홍보식	2008	「문물로 본 가야와 백제의 교섭과 교역」	『호서고고학』18
	朴天秀	2009	「호남 동부지역을 둘러싼 大伽耶와 百濟 : 任那四縣과 己汶 , 帶沙를 중심으로」	『한국상고사학보』65
	우재병	2009	「5 ~ 6 世紀 百濟・加耶・倭사이의 廣域交易體系 再編과 그 背景」	『先史와 古代』31
	곽장근	2010	「전북 동부지역 가야와 백제의 역학관계」	『百濟文化』43
	金奎運	2011	「5 世紀 漢城期 百濟와 加耶 關係」	『중앙고고연구』9
	이재석	2011	「백제의 가야 진출과 倭國 : 소위 '397 년 체제'의 성립과 전개를 중심으로」	『지역과역사』29
	곽장근	2011	「전북지역 백제와 가야의 교통로 연구 전북지역 백제와 가야의 교통로 연구」	『韓國古代史硏究』63
	김재홍	2012	「전북 동부지역 백제 , 가야 , 신라의 지역 지배」	『한국상고사학보』78

续表

类别	著者	年份	题目	发表刊物
百济与马韩关系	盧重國	1987	「馬韓의 成立과 變遷」	『마한 백제문화』10
	李基東	1987	「馬韓領域에서의 百濟의 成長」	『마한 백제문화』10
	成周鐸	1987	「馬韓 初期百濟史에 對한 歷史地理的 管見」	『마한 백제문화』10
	李基東	1990	「馬韓史 序章 - 西海岸航路와 馬韓社會의 黎明」	『마한 백제문화』12
	李基東	1990	「百濟國의 成長과 馬韓 倂合」	『백제논총』2, 백제문화개발연구원
	이현혜	1991	「마한 백제국의 (伯濟國) 형성과 지배집단의 출자」	『백제연구』33
	李道學	1992	「伯濟國의 성장과 소금 交易網의 확보」	『백제연구』23
	俞元載	1994	「晋書의 馬韓과 百濟」	『韓國上古史學報』17, 한국상고사학회
	박찬규	1995	「百濟의 馬韓征服過程 연구」	단국대 대학원 박사학위
	柳哲	1996	「全北地方 墓制에 대한 小考 - 百濟 南進 前後時期를 中心으로 -」	『湖南考古學報』3
	俞元載	1997	「百濟의 馬韓 征服과 支配方法」	『百濟論叢』6, 백제문화개발연구원
	李賢惠	1997	「3 세기 馬韓과 伯濟國」	『百濟研究論叢』5 - 百濟의 中央과 地方, 충남대 백제연구소
	김수태 유원재	1998	「3 세기 중 후반 백제의 발전과 마한」	『백제연구총서』6
	김수태	2001	「백제의 대외교섭권 장악과 마한」	『백제연구』33
	박순발	2001	「마한 대외교섭의 변천과 백제의 등장」	『백제연구』33
	임영진	2010	「묘제를 통해 본 마한의 지역성과 변천과정 - 백제와의 관계를 중심으로」	『백제학보』3
	최범호	2010	「백제 온조왕대 강역획정 기사의 제설 검토」	『白山學報』87
百济与中国关系	이문수	1980	백제의 요서경략에 대한 고찰	『한사대논문집』1
	문명대	1981	부여 정림사터에서 나온 불상과 도용	『계간미술』겨울호
	朴性鳳	1983	東夷傳 百濟對中關係 同一年代記事의 對北	『경희사학』11
	이명규	1983	百濟 對外關係에 關한一試論 - '大陸進出說' 考察을 위한 하나의 假說로서 -	『史學研究』37
	김선욱	1984	백제의 수당관계소고 - 내외상관성을 중심으로 -	『百濟研究』15

类别	著者	年份	题目	发表刊物
百济与中国关系	권오영	1988	고고자료를 중심으로 본 백제와 중국의 문물교류	『진단학보』 66
	임영진	1988	서울 석촌동출토 백제칠기와 중국칠기와의 관계	『진단학보』 66
	유원재	1989	'百濟略有遼西' 기사의 분석	『백제연구』 20
	양기석	1990	백제의 대륙진출설의 허실	『역사산책』 2
	鄭孝雲	1990	7세기代의 한일관계의 연구上 - 백강구전에의 왜국파견 동기를 중심으로 -	『고고역사학지』 5・6
	김수태	1991	백제의 멸망과 당	『백제연구』 22
	강종훈	1992	백제 대륙진출설의 제문제	『한국고대사논총』 4
	유원재	1992	魏虜의 백제침입 기사	『백제연구』 23
	유원재	1995	Ⅲ. 백제의 대외관계	『한국사』 6 삼국의 정치와 사회Ⅱ - 백제
	문안식	1996	百濟의 對中國郡縣 一考察	『傳統文化研究』 4, 조선대 전통문화연구소
	박윤선	1996	도일 백제유민의 활동	『숙명한국사론』 2
	김기섭	1997	백제의 요서경략설 재검토 : 4세기를 중심으로	『한국고대의 고고와 역사』
	全榮來	1998	百濟의 興起와 帶方故地	『百濟研究』 28
	金榮官	1999	羅唐聯合軍의 百濟侵攻戰略과 百濟의 防禦戰略	『STRATEGY212-2, 한국해양전략연구소
	유원재	1999	百濟 黑齒氏의 黑齒에 대한 檢討	『백제문화』 28- 백제부흥운동과 임존성의 제문제
	이용현	1999	'梁職貢圖' 百濟國使條의 '旁小國'	『朝鮮史研究會論文集』 37
	金春寶	2000	百濟 7세기 佛像과 中國 佛像	『先史와 古代』 15, 한국고대학회
	김영관	2001	滅亡 之後 百濟 遺民의 動向	『典農史論 - 松籃李存熙教授停年紀念號 -』 7, 시립대국사학과
	여호규	2001	백제의 요서진출설 재검토	『진단학보』 91
	徐炳國	2001	「百濟와 高句麗의 遼西統治」	『역사와실학』 19・20
	권오영	2002	「喪葬制를 中心으로 한 武寧王陵과 南朝墓의 비교」	『百濟文化』 31

续表

类别	著者	年份	题目	发表刊物
百济与中国关系	김병남	2002	「百濟 溫祚王代의 ‘東有樂浪’에 대하여」	『대동사학』 1
	양종국	2002	7세기 중엽 의자왕의 정치와 동아시아 국제관계 변화	『百濟文化』 31
	여호규	2002	6세기말~7세기초 동아시아 국제질서와 고구려 대외정책의 변화	『역사와 현실』 46
	강종훈	2003	4세기 백제의 요서지역 진출과 그 배경	『한국고대사연구』 30
	권오영	2003	백제의 대중교섭 진전과 문화변동	『강좌한국고대사』 4
	문명대	2003	한국고대조각의 대외교섭	『삼국시대 불교조각사 연구』, 예경
	임기환	2003	남북조기 한중 책봉·조공 관계의 성격 - 고구려·백제의 책봉·조공에 대한 인식을 중심으로 -	『한국고대사연구』 32
	宋知娟	2003	漢城百濟와 帶方郡의 관계	한국학중앙연구원 한국학대학원 석사학위논문
	강종훈	2004	백제의 성장과 對中國郡縣 관계의 추이 : ‘삼국사기’ 백제본기 초기기록의 '樂浪' 관련 기사의 검토를 겸하여	『韓國古代史研究』 34
	김무중	2004	고고자료를 통해 본 백제와 낙랑의 교섭	『호서고고학』 11, 호서고고학회
	김수태	2004	漢城 百濟의 성장과 樂浪·帶方郡	『百濟研究』 39
	박순발	2004	한성기 백제 대중교섭 일례	『백제시대의 대외관계』, 호서고고학회
	윤용구	2004	삼한과 낙랑의 교섭	『한국고대사연구』 34
	임기환	2004	한성기 백제의 대외교섭	『한성기 백제의 물류시스템과 대외교섭』, 학연문화사
	權五榮	2005	백제문화의 이해를 위한 中國 六朝文化 탐색	『韓國古代史研究』 49
	이성규	2005	4세기 이후의 낙랑교군과 낙랑유민	『동아시아 역사 속의 중국과한국』, 서해문집
	정재윤	2005	中國 史書에 보이는 백제의 요서진출에 대한 고찰	『漢城百濟 史料 研究』 漢城百濟叢書 Ⅰ, 畿甸 文化研究院
	文東錫	2006	梁武帝의 佛敎政策에 대하여 - 백제와 연관성을 중심으로 -	『東亞考古論壇』 2
	박윤선	2006	위덕왕대 백제와 남북조의 관계	『역사와 현실』 61
	곽동석	2007	제2장 중국과의 문물교류 제2절 웅진기 중국과의 문물교류	『백제의 문물교류』

类别	著者	年份	题目	发表刊物
百济与中国关系	강종훈	2007	제 2 장 백제의 중국 대륙진출	『한성도읍기의 백제』 백제문화사대계 연구총서 3
	김영관	2007	나당연합군의 백제공격로와 금강	『백제와 금강』, 서경문화사
	김은숙	2007	7 세기 동아시아의 국제 관계 - 수의 등장 이후 백제 멸망까지를 중심으로 -	『韓日關係史研究』 26, 한일관계사학회
	문명대	2007	사비기 중국과의 문물교류	『백제의 문물교류』, 백제문화사대계 연구총서 10
	박윤선	2007	5 세기 중반 - 7 세기 백제의 대외관계	숙명여자대학교 박사학위논문
	박윤선	2007	7 세기 전반 삼국의 역관계와 백제의 대당외교 - 백제의 입장을 중심으로 -	『역사문화연구』 27
	서영수	2007	제 2 장 중국과의 관계 제 1 절 남북조와의 관계	『백제의 대외교섭』
	양종국	2007	웅진시대 백제와 중국	『百濟文化』 37
	윤용구	2007	새로 발견된 낙랑목간	『한국고대사연구』 46
	윤용구	2007	중국계 관료와 그 활동	『백제의 대외교섭』 백제문화사대계 연구총서 9
	임영진	2007	제 2 장 중국과의 문물교류 제 1 절 한성기 중국과의 문물교류	『백제의 문물교류』
	정동준	2007	5 세기 백제의 중국식 관제 수용과 그 기능	『韓國史研究』 138, 韓國史研究會
	강종훈	2008	제 4 장 백제의 요서 진출	『한성백제사 4 대외관계와 문물교류』
	노중국 권오영	2008	보론 백제의 중국대륙진출	『백제 역사와 문화』, 충청남도역사문화연구원
	박윤선	2008	백제와 송 제 양 교섭기사에 대한 고찰	『역사문화연구』 31
	양 홍	2008	고고자료를 통해 본 중국 남 북조의 문화교류	『대백제국의국제교류사』
	윤용구	2008	중국과의 대외관계와 문물교류	『한성백제사』 4- 대외관계와 문물교류
	박윤선	2009	무왕대 전반기 삼국의 각축과 백제의 외교	『한국고대사연구』 53
	이휘달	2009	백제와 중국 육조청자의 비교 검토	『연구논문집』 9, 호남문화재연구원
	정재윤	2009	5 ~ 6 세기 백제의 南朝 중심 외교정책과 그의	『백제문화』 41

续表

类别	著者	年份	题目	发表刊物
百济与中国关系	윤용구	2010	낙랑·대방지역 신발견 문자자료와 연구동향	『한국고대사연구』57 한국고대사학회
	이기동	2010	중국 진사과 및 제과에 합격한 한국인들	『한국사시민강좌』46, 일조각
	李道學	2010	百濟의 海外活動 記錄에 관한 檢證	『2010 세계대백제전국제학술회의발표집』, 충청남도역사문화연구원
	정재윤	2010	중국계 백제관료에 대한 고찰	『백제문화』45
	김수태	2011	「5 세기 후반 백제의 대왜 관계와 남조」	『백제학보』6
	박윤선	2011	「백제와 중국왕조와의 관계에 대한 연구 현황과 과제」	『百濟文化』45
	양종국	2012	「백제 의자왕대의 정치와 對中外交 성격 검토」	『百濟文化』47
百济与倭政治军事关系	崔在錫	1989	「百濟의 大和倭와 高句麗 新羅와의 關係」	『한국학보』57, 일지사
	崔在錫	1990	「百濟의 大和倭의 ‘日本’으로의 變身過程」	『동방학지』69, 연세대 국학연구원
	李道學	1990	「百濟 七支刀銘文의 再解釋」	『한국학보』60, 일지사
	金恩淑	1990	「日本書紀 의 백제관계기사의 기초적 검토」	『백제연구』21
	金昌鎬	1990	「百濟 七支刀 銘文의 재검토 - 日本學界의 任那日本府說에 대한 反論 (3)-」	『역사교육논문』13 14 合
	李根雨	1990	「百濟本記와 任那問題」	『가라문화』8, 경남대 가라문화연구소
	鄭孝雲	1991	「七世紀代의 韓日關係의 研究 : ‘白江口戰’ 에의 倭軍派遣 動機를 中心으로」	『考古歷史學志』5·6·7
	李基東	1992	「騎馬民族說에서의 韓 倭연합왕국론 비판」	『한국사시민강좌』11, 일조각
	羅幸柱	1993	「古代朝 日關係에 있어서의'質' 의 意味 - 특히 '質' 의 파견목적을 중심으로 -」	『건대사학』8, 건국대 사학회
	崔在錫	1993	「百濟와 肥後倭와의 關係 - 日本書記를 中心으로 -」	『일본학』12, 동국대 일본학연구소
	崔在錫	1993	「任那의 위치 강역과 인접 5 國과의 關係」	『아세아연구』36-1, 고려대아세아문제연구소
	盧重國	1994	「7 世紀 百濟와 倭와의 關係」	『國史館論叢』52, 국사편찬위원회
	延敏洙	1994	「百濟와 倭國과의 初期交涉記事 檢討」	『日本學』13, 동국대 일본학연구소

类别	著者	年份	题目	发表刊物
百济与倭政治军事关系	沈正輔	1995	「廣開土王 陵碑文의 析疑 - 특히 辛卯年 倭來渡 記事에 대하여 -」	『韓國上古史學報』 19
	李載浩	1995	「百濟의 發展過程과 對倭關係 研究」	『韓國史研究』 88
	盧柄煥	1995	「6 세기 百濟 威德王의 對 大和倭 불교정책과 法興寺 (飛鳥寺) 조영」	『교육논총』 15
	崔在錫	1996	「5 世紀後半 百濟와 倭國 - 昆支의 행적과 東城王의 卽位事情을 중심으로 -」	『정신문화연구』 65
	임윤자	1996	「5 세기 후반의 倭와 百濟의 관계」	대구효성가톨릭대 대학원 석사학위
	延敏洙	1997	「百濟의 對倭外交와 王族 - 百濟 外交史의 特質 -」	『百濟研究』 27
	鄭孝雲	1997	「7 世紀 中葉의 百濟와 倭」	『百濟研究』 27
	최재석	1999	「'日本書紀'에 나타난 百濟에 의한 大和倭 경영 기사와 그 은폐 기사에 대하여」	『韓國學報』 25-3
	최재석	1999	「백제 의자왕에 의한 소아입록 부자 주살과 '일본서기'의 기사에 대하여」	『民族文化論叢』 20-1
	李炳銑	2000	「對馬島에 있었던 百濟勢力에 대하여 - 백제군과 임나 건국을 중심으로」	『韓國學報』 26-4
	김택균	2000	「4 세기말 5 세기초의 백제와 왜와의 관계」	『江原史學』 15
	강종훈	2001	「4 세기 백제 - 왜 관계의 성립과 그 배경」	『역사와 현실』 40
	이재석	2001	「5 세기말의 백제와 왜국 - 동성왕의 대왜국관계를 중심으로」	『日本歷史研究』 14
	유불란	2001	「百濟와 倭의 政治外交關係考察을 통해 본 새로운 歷史認識의 姿勢」	『역사와사회』 2
	이재석	2001	「5 세기말 곤지의 도왜 시점과 동기에 대한 재검토」	『백제문화』 30
	우재병	2002	「4 ~ 5 세기 왜에서 가야 , 백제로의 교역 루트와 고대항로」	『호서고고학』 6 · 7
	延敏洙	2002	「古代 韓日 外交史 : 三國과 倭를 中心으로」	『韓國古代史研究』 27
	김현구	2002	「백제와 일본간의 왕실외교 - 5 세기를 중심으로 -」	『백제문화』 31
	김병남	2003	「한국사학 : 백제 동성왕대의 대외 진출과 영역의 확대」	『韓國思想과 文化』 22
	서현주	2004	「4 ~ 6 세기 백제지역과 일본열도의 관계」	『호서고고학』 11
	李在碩	2004	「5 세기 백제와 倭國의 관계」	『百濟研究』 39

类别	著者	年份	题目	发表刊物
百济与倭政治军事关系	김수태	2004	「백제 의자왕대의 대왜외교 - 왕족들의 재등장과 관련하여 -」	『백제문화』 33
	정재윤	2007	「웅진시대 백제와 왜의 관계에 대한 예비적 고찰」	『백제문화』 37
	이재석	2007	「7세기 왜국의 대외 위기감과 출병의 논리」	『日本歷史研究』 26
	박현숙	2007	「6세기 백제와 일본의 관계」	International Journal of Korean History, Vol.11
	서보경	2008	「百濟의 同盟 形成과 管理 - '宋書'에 보이는 倭王의 都督百濟軍事號 요청과 관련하여」	『日本研究』 35
	김현수	2010	「6세기 백제의 대외외교 양상과 의미」	『한국학논총』 34
	洪性和	2010	「5세기 百濟의 정국변동과 倭 5王의 작호」	『韓國古代史研究』 60
	洪性和	2010	「4～6세기 百濟와 倭의 관계 : '日本書紀' 내 倭의 韓半島 파병과 百濟·倭의 인적 교류 기사를 중심으로」	『한일관계사연구』 36
	洪性和	2011	「웅진시대 백제의 왕위계승과 대왜관계」	『백제문화』 45
	洪性和	2011	「百濟와 倭 왕실의 관계 : 왕실 간 혼인관계를 중심으로」	『한일관계사연구』 39
	권오영	2012	「계체왕조의 등장을 둘러싼 고고학적 환경 - 무령왕대 백제와 왜의 교섭을 이해하기 위한 사전작업 -」	『백제문화』 46
	이다운	2012	「'大寺' 창건과 百濟·倭의 교섭」	『동북아 문화연구』 34

原载《朝鲜·韩国历史研究》第 15 辑，2014 年

中古东亚史研究的新视野

一　从中原视野到东亚视野

王禹浪著《东亚视野下的东北史地研究》作为"清华东方文库"的一种，于 2015 年 10 月由社会科学文献出版社出版。该书是作者近三十年期间"对东北地区实地踏查和在教学过程中的学

术研究成果的选编"，对于古代东北史地进行了多面向的探索研究。按照作者的研究旨趣，全书共分为四章即东北历史地理研究、东北古史文化研究、东北考古文化研究、东北古代筑城研究四个研究主题。

第一个主题东北历史地理，是对汉至元时期东北部族国家相关的地理考证。主要对索离国及其扶余初期王城、渤海东牟山地理位置、金代初期乌古迪烈统军司地望及春水纳钵之地、大元蓟国公张应瑞墓碑进行了实证考察。东北历史地理的研究，是作者多年的着力点，也是东北史研究实证特点的体现。此为节省篇幅，以本章第二节"渤海东牟山"为例，介绍其研究内容及特点。关于唐代渤海国最初的都城旧国即大祚荣建国地问题，作者首先明确列出两唐书的基本史料，其次全面梳理国内外学者关于古东牟山的沈阳说、额穆县嵩岭说、敦化鄂多力城说、宁古塔说、桦甸县说、集安东明山说、额敦山说、敦化六顶山说、敦化贤儒镇城山子说等十种不同观点，继而增补《文献通考》和《册府元龟》两种史料以为奥援，提出根据文献落实东牟山地理位置应具备的八个条件——高句丽五部之桂娄部的发祥地位置、位于长白山东北方向、山下必有山城、山下必有音近于"奥娄河"之名江河、附近应有与忽汗名称相近的地名、应与渤海上京距旧国直三百里相合、应与文献记载西距营州两千里相合、此山城上和附近当有高句丽及渤海文化遗存，最后按满足此八种条件的前提打破既有十说，将渤海国建国地东牟山断为今延边朝鲜族自治州境内延吉市城子山山城，并由此认为渤海国"旧国"则是指城子山山城及附近的西古城而言。

第二个主题东北古史文化，是对东北古族、古国、古文化的研究，主要对"三燕"（前燕、后燕和北燕）故都朝阳的历史文化与民族融合问题、"契丹"和"女真"称号的含义与民族精神、宏观视野下墨尔根·嫩江流域的历史与文化、乌裕尔河流域的历史与文化予以探讨。作者对于东北古史文化的研究，以《"契丹"称号的含义与民族精神》为代表。契丹称号含义的研究历来不乏其人，总计有以《金史·太祖本纪》"辽以镔铁为号"为据的"镔铁"说、白鸟库吉《东胡民族考》提出的"刀剑"说、德国汉学家 W. Schote 为代表的"切断"说、方壮猷《契丹民族考》提出的"领地"说、俄国学者"寒冷"说、冯家昇"酋长、长老"说、巴图《契丹国号解》"大中"说、"水草丰美之地"说、郑英德提出的"奚东说"、爱宕松男"类似奚人"说、王民信"积合名词"说共十一种说法。作者对此进行一一辩驳，提出反证或驳论。受冯家昇《太阳契丹考释》一文启发，作者用石刻史料和《册府元龟》出现的"奚丹"为引，利用古汉语音与北方民族族称对译特点，认为"契"与"奚"的本义均为东方之义，并通过分析"东丹国"国号，推导出"契丹"一词的语义就是"东方太阳神"之义，它与中国古代文献所记载的东方语族集团的神话中的奇首可汗、佶首可汗、奚首可汗、君基太一、东皇太一、东华帝君、东王父、东木公等均同出一辙，均属于东方太阳神体的崇拜。其后，作者继续援引《辽史》《新五代史》等记载的契丹人"崇东拜日"习俗的史料，并将体现阿保机的建国政策的契丹"四楼"的案例与"四时捺钵制"以及后来产生的"五京"制度联系到一起，探讨了契丹人的"十"字即太阳神宇宙观，这一部分的论据多采近年出土契丹文等边八角形铜镜、墓葬彩绘天文星图等新史料。最后，作者总束全文，从宏观视野对于契丹太阳神崇拜的道家和佛教渊源以及其民族精神作更富于启发意义的阐述。

第三个主题东北考古文化，是对东北区域某一次区域考古文化或遗迹的研究，分别对辽东半岛的贝丘与积石冢和大石棚文化、东北地区的玉石文化与巫史文化、牡丹江群力岩画地理环境及其年代和族属、唐鸿胪井刻石题铭及渤海国初期国号、金代"建元收国"石尊、"勿汗州兼三王大都督"官印进行了研究。第四节"唐鸿胪井刻石题铭及渤海国初期国号考",从旅顺黄金山唐代崔忻"唐鸿胪井刻石题铭"的学术史切入,围绕该刻石相关的凿井时间、纪年疑问、发现时间、日本人盗窃等诸多问题提出一系列追问,并就其中涉及的渤海国初期国号是否为刻石提及的"靺鞨"展开论证,驳斥了"渤海"说和"振国"(震国)说,提出762年受册封渤海国王以前国号为自称"靺鞨国"的主张。第六节"'勿汗州兼三王大都督'官印初探",梳理自金毓黻《渤海国志长编》以降诸书对"勿汗州兼三王大都督"官印的介绍,指出他们不仅没有超出金毓黻的成就,而且因袭了金氏判定"印文当为渤海国王兼勿汗州都督印十一字"的错误,回避了"兼三王大都督"。作者进而从史源学角度论证了出土时所作释文准确性不能轻易推翻,并依据出土地黑龙江省宁安市所属的镜泊湖畔城墙砬子山城以及重唇河山城址、城子后山城考古特征,推定这三座古城均具有高句丽及勿吉靺鞨时期的特征,其始筑年代可能是高句丽被灭亡之后的渤海早期。并援引《渤海国志长编》记述东京城发现的"渤海大王"四字印,推断渤海早期确实有过三王的历史事实,而"渤海大王"则很可能就居于这三王之首。进而得出今镜泊湖畔的城墙砬子山城、重唇河山城及城子后山城就是勿汗州三王之王城,而城墙砬子山城则就是三王大都督及渤海大王的治所,亦即大祚荣所统辖的勿汗州都督治所之地的结论。

第四个主题东北古城分布,是对东北境内诸流域或地区高句丽、渤海、辽金古城址的研究,涉及黑龙江流域渤海古城、黑龙江金源地区金代古城、辽东半岛高句丽山城、辽宁地区辽金古城、嫩江流域辽金古城、牡丹江流域辽金时期女真筑城。其中,辽东半岛高句丽古城是作者继其名著《高句丽渤海古城遗址汇编》① 后对辽东半岛这一高句丽重要区域所遗存的古城遗址的调查研究成果②。文章对辽东半岛地理位置及高句丽入主辽东的历史予以论述,着重剖析了辽东半岛海岸曲折、气候湿润的地理环境和多山地丘陵、少平原低地的地貌特征,进而通过对高句丽经略辽东过程的梳理,将高句丽对辽东的经略划分为窥视辽东、逐鹿辽东、称雄辽东和兵败辽东四个历史阶段,揭示高句丽在辽东半岛大量修筑山城防御体系和战略部署的历史背景。接下来为了掌握辽东半岛地区高句丽山城的分布状况、建筑特点及军事部署,按照辽东半岛高句丽山城的规模划分为五类分别予以著录,并按照流域分布给出提示。并在此基础上总结出辽东半岛高句丽山城四大特征:地理位置前突;位于外流河附近,具有地理环境的特殊性;构筑要塞,屯驻重兵;辽东半岛的高句丽守军,成为隋唐军队进攻辽东和朝鲜半岛地区的最大障碍。

该书作者对历史地理、民族历史文化、考古特别是山城方面的研究特色鲜明。

一是有自觉的学术史意识,对于前人的诸多分歧和问题点有敏锐的把握,尤其是在东牟山地理位置及其暗含的渤海国旧国所在地一系列问题上,作者的立论之基首先是前人各种学说及其优劣,作者的新观点往往建立在全面整理各学说合理及不合理成分的前提下展开,这种研究方法对于读者迅速了解学术动态、领会作者新的见解十分有助益,同时也体现了学术研究譬如积薪后来居上的应有精神。

二是旧史料的穷尽和新史料的挖掘,作者在进行渤海史、辽金史问题探讨时,既对传世文献给予全面的提示,又对山城、官印、铜镜铭文、墓志等不见于传统史料的珍贵资料予以细致的检讨,这无疑是现代学术创新的重要途径,正所谓一时代有新学问

---

① 王禹浪、王宏北:《高句丽渤海古城遗址汇编》,哈尔滨出版社,1994。
② 作者另著有《辽东半岛地区的高句丽山城》,哈尔滨出版社,2008。

乃依赖于新史料者也。

三是观点的独创性。以上所介绍的篇章，对于熟悉中古东北史地研究的人来说，无一不是耳目一新。作者正是在全面审视旧史料、增补新史料并系统辨析诸家观点及其论据的异同后，经过自我非人云亦云的思考，甚至引入文化人类学、语言学（如"契丹"一文）等其他学科理论，进行历史问题的新思索。这是推动学术发展的重要手段，值得学习。比如作者在该书绪论"东北的地理环境与历史文化"中，再次重申了作者此前提出的"中国东北流域史"概念，他认为："中国东北地区特殊的地貌、多变的地势以及复杂的气候环境，决定了东北地区的历史文化根脉和走向，事实上东北的历史与文化是沿着东北地区的江河流域，或沿海、沿湖的走向分布着。因此，与其说是'东北区域文明'，还不如说是'东北的流域文明'更加贴切。"在他的视野中，既没有把中国东北史研究的范围限制在当代中国东北的行政区划范围内，也没有按照传统的编年体系进行东北的历史分期，而是把东北区域史划分为"五大流域的历史与文化"，提出了黑龙江流域、辽河流域、大小凌河流域、鸭绿江流域、图们江流域五大文明的说法。这种"流域史观"为东北史提供了一种创新性的诠释思路。该书第四主题山城部分尤为明显地体现了作者这种研究实践。

四是以上几点创新实际上还反映了作者长期以来对东北地区的民族学、考古学及历史学方面进行实地考察不断实践的成果，这就是"在行走中解读东北历史"（参阅该书后记）的学术态度。据悉，作者曾长期实地踏查记录东北境内的高句丽、渤海及辽金古城，这本身在学术界就是一项壮举[①]。由于东北地区的古代历

---

① 参见王禹浪、王宏北《高句丽渤海古城遗址汇编》，哈尔滨出版社，1994；王禹浪《东北辽代古城研究汇编（上、下）》，哈尔滨出版社，2007；王禹浪、王文轶《辽东半岛地区的高句丽山城》，哈尔滨出版社，2008。

史所保存下来的文献寥若晨星，因此东北古代族群、国家的研究需要学者长期的实地踏查、揣摩分析、梳理研究。该书许多篇章都浸透着作者实地调查取得的新认识和新突破，乃是吾侪楷模。

五是在这些具体创新研究的基础上，作者书名中提出的"东亚视野"值得称道。因为东北地区本身具有跨地域性、跨国境的特点，中国东北与幽燕地域、山东半岛地区、内亚草原地区、朝鲜半岛地区，以及俄罗斯远东地域都有十分密切的关系。对于东北史地的研究和理解，就必须是在打破现有的中国东北行政区划的限制的东亚视野中方能展现出该区域的重要意义。虽然中国东北史研究传统悠久、积淀深厚，自金毓黻《东北通史》问世以来，截止到目前学术界已出版十余部中国东北通史或通论性著作问世，扶余、靺鞨、高句丽、渤海、辽、金等重要断代史或专题史的研究著作亦是大量涌现，这代表着中国东北区域史研究的持续热潮[1]，但从学术史角度回顾这些成果，在东北史地研究中的"东亚视野"仍然值得强调。原因正是由东北区位历史上农耕与游牧文化交融、族群及政治权力生成的国家活动频繁的特点，中原对其固然具有一种吸引[2]，但东北诸族群、国家的活动却绝非仅止于与中原的二元互动，至少不应忽视的是东北、中原与草原的三元互动[3]。非但东亚视野需要强调，其实，超越"欧亚世界东部"的研究概念及其所代表的视野业已引入区域史研究实践，这对东北史的研究富于启发意义。正如林沄先生所说，自20世纪30年代以来的研究者将东北作为中国这一整体有机组成部分，力求从东北史与中国史的内在联系来看问题，但实际上将东北与全

---

① 可参阅王禹浪《我国十种东北通史研究评述》（上、下），《满族研究》2014年第2、4期；刘信君：《改革开放三十年中国东北地方史研究述评》，《社会科学战线》2008年第8期。

② 李鸿宾：《逐鹿中原：东北诸族南向之拓展》，《中国社会科学报》2015年1月28日。

③ 林沄：《〈中国东北史〉（第一卷）读后》，《史学集刊》1989年第1期。

国的联系归纳为东北与中原两方面的关系不够全面，因为在东北和中原之外还有一个横亘欧亚大陆草原腹地的第三个区域，需要用三元观点代替二元观点。目前中国史学界方兴未艾的内亚史研究视角①，正与欧亚世界东部的研究视野相合。目前关于高句丽、渤海、契丹等发源于东北的部族及其国家的研究，诸多内亚视角的实证性研究已经展开。② 蒙古史、清史研究者在此方面的成就也十分值得注意。这就要求东北史的研究绝不能再停留于寻找该区域与中原有多么悠久的交流和联系、多么深刻受到中原文化的影响，而应摆脱或多或少带有的中原中心主义史观，以族群的、文化的线索还原历史时期东北及其周边区域在更广阔范围内的实际样貌，以及这一历史样貌随时间变化的动态"东北史"。这就要求实证分析超越现在东北行政区划内考古遗迹及其历史对应部族、国家的历史，在这个意义上，甚至"东北"这一概念都是需要重新解读的，因为这个方位词本身就是一种中原本位的产物。东亚视野下的东北史地研究是一种有益于更接近历史原貌的努力。

总之，这部文集使我们对于作者几个面向的研究得以加深了解，作者整体的东北史成绩其实有目共睹，在古城址汇编、东北史研究成果回顾与总结、古族古国文化研究拓展、历史地理的实证研究上，作者作为一代学人的贡献绝不止于该书。我们期待着王禹浪先生更多宏大视野的成果问世。

原载《大连大学学报》2016 年第 1 期

---

① 参阅罗新《内亚视角的北朝史》，《历史学评论》第一卷，社会科学文献出版社，2013；李鸿宾《中原与北部地区的共生关系》，氏著《唐朝的北方边与民族》，宁夏人民出版社，2011。

② 如，罗新：《高句丽兄系官职的内亚渊源》《东北亚国际关系史的性质》，韩国东北亚历史财团，2009；卢泰敦：《关于高句丽渤海与内陆亚细亚住民的交涉之考察》，《高句丽史研究》，四季出版社，2003；冯立君：《高句丽与柔然的交通与联系——以大统十二年阳原王遣使之记载为中心》，《社会科学战线》2016 年第 8 期；等等。

二　《天圣令译注》与东亚学术交流

天一阁藏明抄本北宋《天圣令》残卷（以下简称《天圣令》）于 1999 年被发现，特别是其后中国社会科学院历史研究所天圣令整理课题组《天一阁藏明钞本天圣令校证（附唐令复原研究）》（中华书局，2006；下称《天圣令校证》）的出版，极大提升了东亚各国史学界的研究热情，对《天圣令》与唐宋史研究具有重要推动意义。随着研究的不断深化，《天圣令》研究的基础性工作——令文的译注也已在日程上。中国社会科学院历史研究所《天圣令》读书班最先发表精审详勘的译注稿（已发表《赋役令》、《仓库令》和《厩牧令》三篇译注稿，分见《中国古代法律文献研究》第 6、7、8 辑，社会科学文献出版社，2012～2014；《关市令》和《捕亡令》译注稿经多次修订也已完成，均发表于 2015 年社会科学文献出版社出版的《中国古代法律文献研究》）。目前正在稳步推进《医疾令》、《假宁令》及后续各篇令文的译注和精细化研读。此外，台湾学术界以高明士为首的研究团队也一直在逐条细读唐代律令，日本学者以渡边信一郎等为代表业已完成多卷令文的日文译注。[①]

韩国《天圣令》研究者敢为天下先，率先刊出了东亚第一部《天圣令》全文译注——《天圣令译注》[②]。因为《天圣令》的研究实际上已从中国史范畴延伸至东亚史领域，得到海内外学者越

---

① 相关研究成果的综述，可参阅《唐研究》第 12、14 两卷（北京大学出版社，2006、2008）相关回顾文章；赵晶《〈天圣令〉与唐宋法典研究》，载《中国古代法律文献研究》第 5 辑，社会科学文献出版社，2011；牛来颖《天一阁藏〈天圣令〉刊布以来研究热点与空间拓展》，《中国史研究动态》2014 年第 5 期；黄正建《〈天圣令〉读书班——〈天圣令〉研究的基础建设》，新史料、新方法与唐史研究新趋势学术论坛，首都师范大学，2014 年 5 月 31 日。

② 金铎敏、河元洙主编《天圣令译注》，慧眼出版社，2013，共 768 页，定价 45000韩元。

来越多的关注和研究精力的投入。对于《天圣令》这一以汉字写就的古代法令文本，中、日、韩三国学者将其分别翻译成现代汉语、日本语和韩国语，并展开学术对话，这种现象本身就是东亚汉字文化圈一个特有的现象。所以，中国学术界有必要了解韩国学术界《天圣令》译注成果。对于这样一部大书的评价，特别是对其研究成绩的深入评估、学术不足的发现及补正，无疑需要更多专家的深厚功力，这固然远非笔者一己之力可为（例如《唐研究》第 14 卷登载的关于《天圣令校证》的长篇书评，就是由高明士等十位学者共同撰写的）。因此，本文仅仅是对《天圣令译注》一书基本内容及价值的初步介绍，我们期待更深入的学术批评和争鸣会在今后的对话中逐步展开。

该书以《天圣令校证》录文为"底本"，是韩国学者集令文翻译、文献提示、研究校注于一身的成果，由金铎敏、河元洙两位担纲主编。金铎敏是高丽大学历史教育科教授，曾在高丽大学史学科完成本、硕、博三阶段的学习，著有《中国土地经济史研究》（高丽大学出版部，1998）、《中国古代刑法》（Acanet 出版社，2002）等，他也是《译注唐六典》（上中下，新书苑，2003～2009）、《译注唐律疏议》（名例编、各则编，韩国法制研究院，1994～1998）译注者之一。河元洙教授执教于成均馆大学史学科，韩国国立首尔大学史学科本、硕、博毕业，博士论文为《唐代的进士科及士人研究》（1995，261 页），参译《中国正史外国传译注》（1～12 册，东北亚历史财团，2009～2012）等。该书译注者除李俊衡等人当时为高丽大学、成均馆大学史学科博士生外（营缮令），其余全是唐宋史或中国古代文献、法制史方面的专门研究者：河元洙（田令、赋役令）、金珍佑（仓库令、厩牧令，高丽大学史学科讲师）、金贞姬（关市令、捕亡令，东北亚历史财团研究员）、金澔（医疾令、假宁令，高丽大学东亚文化交流研究所教授）、金宗燮（狱官令，首尔市立大学国史科教授）、金永镇（丧葬令、杂令，高丽大学东亚文化交流研究所教授）。

《天圣令译注》作为一部大部头作品，工作量巨大。译注正文部分仍然承袭天一阁藏明抄本《天圣令》残卷顺序，实际分十二章，依次为田令、赋役令、仓库令、厩牧令、关市令、捕亡令、医疾令、假宁令、狱官令、营缮令、丧葬令、杂令。

令条的标识方式上，译注者采用"现×"（×为阿拉伯数字）格式指称北宋《天圣令》行用令文，此即中国学者习惯使用的"宋×"条；用"旧×"则指称北宋弃之不行的旧令，它对应中国学术界习称之"唐×"条。这种标识方式反映出译注者对待令文的理念，似乎是一种有别于中国学术界在《天圣令》研究中"唐热宋冷"局面的宋朝本位观。由这一细节反观国内学术界某些不自觉的思考范式是一件有趣的事情，也颇有启发意义。

在每条令文译注的结构上，实际上可分为令文原文、令文翻译、令文和译文注释、有关文献四个部分。第一部分《天圣令》令文及所附唐令，用黑体字列出。令文移录《天圣令校证》校录文，断句点校偶有不同。第二部分用宋体字，是令文的现代韩国语翻译。由汉语文言文向现代韩国语的翻译过程中，以"［　］"表示必要的补入成分。第三部分注释，又分为两种，一种是对令文的"校勘注"；另一种是对韩文译文所做的解释。译文加上对于译文所做的注释，其实是反映韩国学者《天圣令》研究成绩的主要内容。第四部分为"有关唐宋文"，用小号字，罗列与本条令文内容有关联的文献史料，摘引相关段落语句，此皆出自中国古代典籍。如有与本条令文相关的高丽令文，则再单列"有关高丽令"一项，如有与日本令相关者，则单列"有关日本令"，分别摘引高丽、日本令文。这一部分每条所摘引的中韩日古代文献史料都详细标明名称、卷数、分卷数、页码，可与书后参考文献合并使用。这一部分的最末，还附有"复原唐令"，提示《天圣令校证》以及仁井田陞《唐令拾遗》（东方文化学院东京研究所，1933；东京大学出版会，1964）、《唐令拾遗补》（仁井田陞著，池田温补编，东京大学出版会，1997）分别对应的令条、页码。总之，第四部分所引文献皆为中韩日古代汉文典籍，中日两国读者也可直接使用。每章令文先"现×"令，后"旧×"令，二者译注格式大体相同。

该书除译注正文外，文前还含有前言、解题、译注凡例，文后附参考文献和索引。前言交代译注者自1990年代开始《唐律疏议》《唐六典》读书会及译注工作，在中国《天圣令校证》出版之际，正值读书会《唐六典》译注工作完成，遂将译注《天圣令》作为新目标。截至2012年末，译注共花费5年时间完成，由此可以看出他们耗费的心血。该书的"解题"（1～19页）从韩国学术界的独特角度，指出天圣令抄本的史料价值：解决了长期缺乏唐宋法令典籍的窘境；对于唐宋史研究的深化提供了更多可能；有利于开辟新的研究课题；使学术界具备了追踪长时段视角下历史图景变化的可能性。书末两种附录也很便利读者进一步研究使用。参考文献（731～751页）较为丰富，囊括中国正史（及韩国正史《高丽史》）、经书、笔记和其他类古籍共约120种，以及截至该书出版前中韩日三国的研究专著46部（中文32部）、论文372篇（中文236篇），作为研究文献目录，配合正文使用，是不错的研究指南。同样，索引（753～766页）的制作也非常细致，它的原意虽是给韩国语读者提供方便，所以按照韩文字母顺序编排，并且绝大部分词语附上了汉字原词，但这无形中也便利了习惯汉字的中日两国学者使用。反观中文（特别是大陆）的学术专著，无论是学术界还是出版界，至今都远没有对学术著作的索引编制达成整体性的自觉意识。

　　韩国《天圣令译注》的学术价值主要表现在以下四方面。

　　其一，关于其令文的翻译。笔者在参加中国社科院历史研究所《天圣令》读书班在研读《医疾令》《假宁令》过程中，曾对照该书相应译文和注释（承蒙黄正建先生赐阅），其所译一般较为准确，可为中国研读者提供参考。翻译者大量直接采用原有汉字词。以《假宁令》现18为例，对于"大祥""小祥""大功""小功"这类韩国语中没有对应的词，只能直接音译，而对"朝集""宿直"这类可作意译者，亦多保留原词。进行意译的词语，如"节假"译为"节日休假"，"被起者"译为"被［朝廷］启用的情况"（我们初译为"被启用的官员"）。其实，中国《天圣令》读书班已发表的译注稿虽为现代汉语，同样具有类似保留原词的特征，两相对照，韩国同行的翻译水平值得肯定。

　　其二，校注部分作为韩国学术界初步释读成果，其细节之处理较为精到。就笔者粗见，这些注释其实是一种零散的研究札记，或增补理解令文的材料，或提示相关文献的互见及矛盾，或对名物予以解释，都非常便于读者进一步查证、研究。全书注释总量巨大，达2486条之多，而且这其中最多的单条注释竟有超过一页篇幅者，可谓翔实。全书注释中还有多份有价值的表格，如解题部分关于各令文内容、条数的分类统计简表（14页），使《天圣令》残卷基本情况一目了然，又如《丧葬令》章末所附八份五服制度对照表（615～625页），实际上是另一种形式的长篇注释，有助于对唐宋丧葬制度变迁的理解。此外，113页解释"内命妇"时所引的龚延明关于妃嫔等级品秩的简表，381页历代《假宁令》《医疾令》篇目比较表，426页除名、免官、免所居官的对照表，442页解释"官荫"时据《续资治通鉴长编》卷八十四宋真宗大中祥符八年正月条所作的官名、亲属关系、授官简表，444页据《旧唐书》卷四十三和《宋会要辑稿》仪制所作的唐宋妇人邑号表，皆有化繁为简之妙，值得学习。

其三，关于令文相关的唐宋及高丽、日本文献之对照，是一项很有特色的工作。特别是高丽令，译注者多以《高丽时代律令的复原与整理》（韩国岭南大学民族文化研究所著，景仁文化社，2010）为奥援，使得我们开始注意本来就与唐宋令有千丝万缕联系而又与日本令有所不同的高丽令，这应是一个探讨东亚律令传播很好的切入点。它需要中国学术界充分关注韩国"国史"取得的精细化实证研究成果，这恐怕也是东亚古代关系史研究的共同课题①。

其四，韩国有关《天圣令》的研究成果尚未形成规模，除前引高丽令成果《高丽时代律令的复原与整理》、该书译注者金澔《唐代太医署的医学分科与医书：依据〈天圣令·医疾令〉关联条文》（《中国古中世史研究》第27辑，2012、《唐代皇帝的医疗官府》（《历史学报》第217期，2013）、《唐代官人的休假》（《东洋史学研究》第130期，2015），金珍佑《古代中国的国家授田的关联法律规定》（《中国古中世史研究》第34辑，2014），李俊衡《唐代水利设施的营缮》（《中国古中世史研究》第33辑，2014）外，只有零星几篇论文②。在此背景下，该书的开拓之功应予表彰。韩国2015年第36辑《中国古中世史研究》集中刊发

---

① 参阅冯立君《韩国与中国近30年百济史研究述要》，《朝鲜·韩国历史研究》第15辑，延边大学出版社，2014，第220~248页。

② 杨正硕（音）：《通过营缮令看〈三国史记〉屋舍条》，《韩国史学报》第28辑，2007；金相范：《土牛仪礼的法制化过程及相关礼仪变化中的时代含义：以天圣令与唐令的比较为考察中心》，《历史教育》第112期，2009；魏恩淑：《高丽时代〈关市令〉与市估》，《民族文化论丛》第46辑，2010；金正植（音）：《唐前期官人父母丧的确立及其性格》，《中国古中世史研究》第28辑，2012。此外，还有一些中日学者在韩国发表的《天圣令》研究论文，如，渡边信一郎：《古代中国的身份制的土地所有：以开元二十五年田令为中心》，《中国古中世史研究》第24辑，2010；侯振兵：《试论唐代杂畜的含义：以〈厩牧令〉为中心》，《亚细亚研究》第14号，2011；赵晶：《仓夫令狐良嗣牒补说：兼论〈仓库令〉宋1的唐令复原问题》，《中国史研究》第90辑，2014。

了一组文章，这是该书译注者对各自承担令文的史料价值分析和新译注成果。译注者谦逊地自我审视，指出"这部书（指《天圣令译注》）的内容基本上局限于现有的中国和日本学术界的研究成果"，"与高丽令的比较分析很不充分"（河元洙）；"'有关唐宋文'估计有相当的脱漏，令文的译注也不完全正确"（金珍佑）。这可以看出译注者不断求索的心情。另据黄正建先生介绍，该书原稿还有一部分"评释"，最终没有刊入。译注者指出，评释的目的在于"说明各个条目的历史脉络"，后因"不自信而最终放弃刊行"。抛却其谦虚之词，我想这更多的是体现了一种谨严的学风。中日两国所发表的译注称"译注稿"或"初稿"、"未定稿"，也与此相通。我们固然要看学者拿出的成果水平，有时也要看到成果本身并未直观表现出来的学术劳动及学术判断。

但该书有一些译注，其实存在进一步深入的空间。例如《假宁令》现 12 条："诸无服之丧，若服内之亲祥、除及丧枢远（还），若已应祖（祖）免或亲表丧葬，诸如此例，皆给一日。"对于"若……，若……"一句的翻译，中国《天圣令》读书班讨论中曾有分歧，其实质是两个"若"后面的内容与"无服之丧"关系究竟为何的问题。一种意见认为两个"若"是从属于"无服之丧"的举例，可译作"如果……，如果……"；另一种意见是"无服之丧"、与"若服内之亲祥、除及丧枢远（还），若已应祖免或亲表丧葬"为并列三种不同情况，"若……，若……"可以翻译为"或者……，或者……"表示选择，三者都给假一日。吴丽娱老师解释了无服之丧包括两重含义：服内亲属若无服祥、除、丧枢远的情况都可以给一日假；为五服外的亲戚服丧时给一日假。为什么五服内的亲属又有无服之丧？例如五服内的缌麻亲遇到殇服要减、降，这样就成了无服之丧；另外还有出嫁了的女子虽依然属于服内之亲，但在其去世后也降为了无服之丧的情况。《大唐开元礼》中便注明："三从兄弟，三从姐妹，出嫁者则无服。"据此，宋 12 条中后两种情况均为无服之丧，由此确定可将"若……，若……"译为"像……，像……"（此据《天圣令》读书班中央民族大学吕学良所作译注初稿及北京师范大学任强记录的 2015 年 6 月 11 日讨论纪要）。对照该书译注（395 页），"若……，若……"明确译为"或者……，或者……"，对该句的注释中引《唐律疏议》卷十四《户婚》182 条解释舞服之丧与婚姻的关系、引《宋史》卷七《真宗本纪》及《礼记注疏》卷三十三《丧服小记》解释祥除，引《唐律疏议》卷十一《职制》143 条解释亲表（译作亲属），却似未对"若……，若……"有其他疑义，与中国同行后来的关切相比，略显粗疏了些。当然，如此"琐碎"的要求对于一部鸿篇大著来讲可能是吹毛求疵了。

河元洙在该书出版后两年总结说，有些注释，例如"将《赋役令》中的'差科赋役'译为'税役的差科'等等"，都是"谨慎地拿出了独立的见解"（《〈天圣令·田令〉、〈赋役令〉的史料价值及其译注：兼为韩语译注的总论》，《中国古中世史研究》36辑，2015，1～35 页）。这条令文的"差科"确实很难理解，也正是这类有难度的令文能够显示出译注的水平。查诸该书《赋役令》现 9 条，译注者将"差科赋役，皆据此簿，凡差科，先富强，后贫弱，先多丁，后少丁"译为作"赋役的差科全都依据此簿。凡是差科［的顺序］，富有或身体健康在先，贫穷或身体虚弱在后，丁多在先，丁少在后"（此处为笔者试据韩国语译文再译回中文，参阅 115～116 页）。关键在"差科"的理解。其中"差科赋役，皆据此簿"一句，《天圣令校证》录为"差科、赋役，皆据此簿"。中国《赋役令》译注稿将此试译为"征发差科和征敛赋税，都依据此簿。凡是征发差科，先差富户强户，后差贫户弱户，先差多丁户，后差少丁户"（《中国古代法律文献研究》第6辑，343～344页）。中国译注稿援引朱雷对唐代差科有广义（泛指赋役征敛）、狭义（特指征收内容包括多种物资的征敛制度）的区分以及王曾瑜关于宋代差科的研究，认为此处"差科"与"赋役"连用，可能使用了其狭义概念。日本渡边信一郎先生的译注把"差科"译为"征发"，所谓"差科赋役"即"征发赋役"[《北宋天圣令による唐开元二十五年赋役令の复原并びに訳注（未定稿）》，《京都府立大学学术报告》（人文·社会）第五十七号，2005。此蒙赵晶兄教示]。相形之下，本书译文虽然看似颇有新意，但窃以为所译与日文意思大致相同。而且，该书出版时，中国《赋役令》译注稿已然发表半年左右，但该书并未将其列入参考文献，这多少有些遗憾。对于海内外研究成果（如朱雷、王曾瑜关于"差科"的研究）的吸收也不尽如人意。毋庸置疑，要做出优秀的研究（包括提出所谓"独立"的见解），前提之一当然是要尽可能搜罗并参考海内外既有的研究成果。

需指出的是，该书相关文献史料工作亦存在疏漏。例如，该书在《假宁令》现20条后，宣称没有与之相关的唐宋文献（401页），而其实《庆元条法事类》卷七十七《丁忧服阕·服制令》"诸命官祖父母、父母丧，应解官，因公在他所若本家无人报者，听申所在官司移文报。其被制出使者，仍具奏"即与此令文有关（《中国珍稀法律典籍续编》第一册，黑龙江人民出版社，2002，830页；此据乔惠全博士所作译注初稿提示）。《假宁令》现13"有关唐宋文"所录《大唐开元礼》卷三《序例下·杂制》"师经受业者，丧给三日"一句断句有误（396页），当为"师经受业者丧，给三日"。此乃受《通典》卷一百八《开元礼纂类三·序例下·杂制给假》（中华书局，1988，2812页）点校误导，如稍微对照《令集解》卷四十"凡师经受业者丧，给假三日"，以及《天圣令校证》校录本"诸师经受业者丧，给假三日"，则完全可以避免。而且，该书在标注本条文献同时还出自《通典》时，又将"序例下"误作"序礼下"，也是不该有的技术性失误。

总之，该书作为韩国学术界《天圣令》研究的开创之作、阶段性成果，它求诸中国乃至东亚古代汉文典籍来理解《天圣令》，客观上也使我们获得更多学术准备，从而能够由唐宋令文文本研究向领域更为宽广的古代东亚历史研究迈进，因此它值得东亚各国学人予以重视。朝鲜半岛和日本古代国家都曾引进唐朝律令来建设本国，千余年之后的今天，以《天圣令》研究为纽带，当代东亚学者互通有无、共同努力，不断获取重要的成果，韩国《天圣令译注》就是其中的成果之一。以此为契机，我们也期待着中日韩三国学术界更多更优秀的研究成果问世！

原载荣新江主编《唐研究》第 21 卷，2015 年

长安之东：唐代丝绸之路的延伸

——从撒马尔罕壁画"鸟羽冠使者"说起

　　学界对唐代丝绸之路的关注面主要集中在长安以西，对于长安以东的研究并不充分。在长安之东，作为欧亚帝国的大唐帝国，其境内腹地纵深的文化交流及其向周边的延伸，往来于长安的陆上、海上文化贸易通道，构成了丝路文明向东延展的两条"纵贯线"，从而交织成一张文明之网。通过中原视角、草原视角、东北视角审视中国古代帝国及其周边世界构成的东部欧亚世界，可以得到不同以往的观察认识：东部欧亚的广域文化交流从来不是单向的，更非一元的，而是方向不一、多种多样的文化错综复杂地混融在一起。4~10世纪初辽东与朝鲜半岛通过中原但不限于中原的途径受到内陆欧亚文明的影响，与整个丝路文明发生联系，同时发展出自己独特的文明样态并进而丰富了欧亚文明。通过幽营区域的东西衔接作用、古夫余国区域的文化蓄积作用、靺鞨世界文明演进的推动作用，高句丽、百济、新罗、渤海国政治体对外多元外交和文化联系带来的内生性涵化作用，促使处在汉字文化圈强力辐射范围内的东亚区域仍然持续吸收汉字文明以外的其他文明。东方诸国对中原、草原、西域等多元文明的受容与独特贡献，促使我们思考唐代丝绸之路并不局限于长安以西的世界，更经由长安联通其东、北、南多个方向，其中的东亚文明尤其值得关注。

关于唐代丝绸之路历史与文化研究的成果丰硕，但关注面主要集中在长安以西，对于长安以东的研究并不充分。在长安之东，作为欧亚帝国的大唐帝国境内腹地纵深的文化交流及其向周边的延伸，譬如自长安出发向北方至蒙古草原，向南方至长江以南，尤其是向东方至洛阳再分别通向幽州、营州、辽东的陆上文化贸易通道，通向登州、明州、海东的海上文化贸易通道，构成了丝路文明向东延展的两条"纵贯线"。陆海两线错综交织成一张文明之网，由此既可以透视长安在丝路文明中的重要意义，也对全面理解丝路历史与文化有相应的价值。本文拟从地跨辽海的高句丽与内陆欧亚的文化交流的一项个案着手，探讨以长安为中心的东西交流问题，特别是东方诸国对中原、草原、西域等多元文明的受容与独特贡献。希望能有助于丝绸之路文明整体研究的推进。

一

在今天乌兹别克斯坦境内，撒马尔罕阿夫拉西阿卜（Afra-siab）保存着粟特国王大使厅的壁画，位于该厅西墙上描摹有诸国使节的国际聚会场景的壁画中出现了两位戴鸟羽冠的人物（见前彩色插图）。学界一般将其视为来自东方的使者。那么，这两位鸟羽冠使者究竟是哪一国使臣？目前国际学界对其身份的争论中，已经出现新罗使者、渤海国使者、日本使者、高句丽使者等多种观点。笔者倾向于高句丽说，因其文献、图像的依据最为充分。

　　韩国学者对鸟羽冠使者的形象较为关注，并持续不断搜集中外资料进行综合性整理研究。最早是对高句丽、百济、新罗三国并立时期出现的鸟羽冠进行概论，近来仍有学者从这一角度再做整理①，其后专门对高句丽服饰进行分类研究的论文就涉及鸟羽冠问题。② 最近也有从朝鲜半岛之外的中国和内亚的资料来探讨古代朝鲜半岛人物以鸟羽冠形象出现的问题。③ 针对高句丽墓葬壁画中的鸟羽冠形象/鸡羽冠形象的个案研究，对揭示高句丽人服饰文化亦有特殊意义。韩国学者申敬燮的《韩国冠帽鸟羽插饰的象征意义研究》一文以鸟羽插饰的相关文献与文物为中心，对鸟羽冠、鸟羽装饰的演变过程、象征意义进行了综合考察。认为鸟羽插饰的风俗盛行于北方游牧民族，最初与鸟崇拜、太阳崇拜有关，之后还掺入了萨满元素，由此将朝鲜半岛鸟羽、鸟尾冠饰与内陆欧亚民族文化联系一起。④ 学者们也将鸟羽冠溯源到北方民族文化和中原文化的双重影响。申敬燮另一篇关于鸟羽冠与中国鹖冠的比较研究论文认为，通过中国文化的媒介，韩国古代文化受到了北亚的影响。鸟类崇拜思想是北亚文化的一个重要因素和表现，针对中国的鹖冠象征勇武而无崇拜鸟之意的现象，他强调了朝鲜半岛摄取外来文化时保留本民族心理特征的一面。⑤ 或许正是在这一思路下，韩国学者自然地将视野聚焦到内陆欧亚文

---

① 金文子：《三國時代　鳥羽冠：變形　鳥羽冠을　中心으로》，《水原大学論文集》5，1987；서길수：《춤무덤의 사신도와 조우관에 대한 재검토》，《역사민속학》46，2014。

② 정완진，이순원：《고구려 관모 연구》，《服飾》23，1994。

③ 정호섭：《조우관을 쓴 인물도의 유형과 성격 – 외국 자료에 나타난 古代 한국인의 모습을 중심 으로 – 》，《嶺南學》24，2013。

④ 北京大学韩国学研究中心编《韩国学论文集 2011》第 20 辑，中山大学出版社，2012，第 120 页。

⑤ 신경섭：《한국의 조우관과 중국의 갈관 비교연구》，《服飾》50，2000。

明中与此有关的文化现象，例如对于西域佛教艺术中鸟翼冠与冠带的专门研究，关注西亚、犍陀罗、西域文化之间的交流现象。①古代服饰研究者还通过壁画和文献中包括鸟羽等服饰文化在内的现象，阐释高句丽民族地域的不断扩张使得这一民族的文化具有多元化的特点。东北地区在古代是我国少数民族聚居之地，其服饰属于胡服体系，因此东北地区的高句丽居民服饰具有明显的胡服特征，诸如裤褶服、鸟羽冠等。平壤地区经箕氏朝鲜、卫满朝鲜和乐浪文化时期，深受汉文化的影响，因此平壤地区的高句丽居民服饰具有明显的中原文化特征。②赵润载最近进行了研究史的总结，是在鸟羽冠所反映的东西文化交流内涵方面研究的集大成者。③学界总体上认为，撒马尔罕大使厅壁画中的两位鸟羽冠人物应该是高句丽使者，这一见解在服饰文化上的证据最为充分，也与高句丽文化特点各方面无不符合。

实际上，撒马尔罕大使厅壁画的研究，还应当同西安出土唐章怀太子李贤壁画墓《客使图》鸟羽冠使者、"都管七国六瓣银盒铭文"中的鸟羽冠人物（见前彩色插图），以及高句丽、新罗、渤海人物服饰形象的文献与文物资料综合比对，才能获得更为准确的认识。唐章怀太子李贤壁画墓东壁《客使图》中的鸟羽冠使者的身份，在目前国际学界的争论中，也已经出现新罗使者④、

① 임영애：《서역불교미술에서의 조익관과 관대 - 서아시아, 간다라, 서역 간의 교류를 중심으로 - 》，《중앙아시아연구》 11，2006。
② 竺小恩、葛晓弘：《中国与东北亚服饰文化交流研究》，浙江大学出版社，2015，第 23 页。
③ 조윤재：《고대 한국의 조우관과 실크로드 : 연구사 검토를 중심으로》，《선사와 고대》 39，2013，121 - 146 쪽。
④ 金元龍：《唐李賢墓 壁畫의 新羅使（?）에 對하여》，《미술사학연구》 123、124，1974；云翔：《唐章怀太子墓壁画客使图中"日本使节"质疑》，《考古》 1984 年第 12 期；西谷正：《唐章懷太子李賢墓の禮賓図をめぐって》，《兒嶋隆人先生喜壽記念 古文化論叢》，1991；王维坤：《唐章怀太子墓壁画"客使图"辨析》，《考古》1996 年第 1 期。

渤海国使者①、日本使者②、高句丽使者③等多种观点。最近，杨瑾又从新罗使者的可能性进行了富于启发的探讨，其切入点是使者穿戴的服饰，主要引昭陵、乾陵残存新罗王室贵族"蕃臣像"的服饰等为奥援，其结论具有开放性，认同"基于不同视角和理论范式下的高句丽说或新罗说均有理论指导意义"，提供了多角度认定的可能性，值得重视。④ 与撒马尔罕大使厅壁画鸟羽冠使者、《客使图》鸟羽冠使者相关的另一件文物，是现藏西安博物院的"都管七国六瓣银盒"，其中既有"高丽国"铭文，亦有鸟羽冠人物。《译注韩国古代金石文》对此铭文有收录和说明⑤。这一文物最早是由西安的学者揭示出来⑥，日本学者进行过研讨。⑦韩国学者在对乌兹别克斯坦境内撒马尔罕古王宫壁画中"鸟羽冠"使者身份的探讨中，也引证此铭文以证明其高句丽人的身份。⑧ 日本学者赤羽目匡由结合铭文等资料，则将其时间比定为9

---

① 西谷正：《唐章懐太子李賢墓の禮賓図をめぐって》，《兒嶋隆人先生喜壽記念古文化論叢》，1991，第 781 页。

② 武伯纶：《西安历史述略》，陕西人民出版社，1979，第 213 页；文物编辑委员会：《文物考古工作三十年 1949—1979》，文物出版社，1979，第 136 页；姚嶂剑：《遣唐使》，陕西人民出版社，1984，第 74 页；王仁波：《从考古发现看唐代中日文化交流》，《考古与文物》，1984 年第 3 期，第 104 页。

③ 郑春颖：《唐章怀太子墓"客使图"第二人身份再辨析》，《历史教学》2012 年第 2 期；冯立君：《高句丽与柔然的交通与联系——以大统十二年阳原王遣使之记载为中心》，《社会科学战线》2016 年第 8 期。

④ 杨瑾：《唐章怀太子李贤墓〈客使图〉戴鸟羽冠使者之渊源》，《中国国家博物馆馆刊》2018 年第 7 期。

⑤ 한국고대사회연구소：《역주 한국고대금석문》(전 3 권)，가락국사적개발연구원，1992。

⑥ 张达宏、王长启：《西安市文管会收藏的几件珍贵文物》，《考古与文物》1984 年第 4 期。

⑦ 西谷正：《唐章懐太子李賢墓の禮賓図をめぐって》，《兒嶋隆人先生喜壽記念古文化論叢》，1991 年。

⑧ 노태돈：《예빈도에 보인 고구려》，서울대학교출판부，2003。

世纪中后期，因此认为银盒中的鸟羽冠形象是渤海国人。[1] 但总体而言，目前的研究成果无法撼动高句丽人说的牢固地位，毕竟高句丽而非新罗与中原的关系是 7 世纪中叶以前隋唐东亚政治关系中最为核心的一组。[2]

阿夫拉西阿卜 7 世纪壁画中的两位头戴鸟羽冠的使节形象，与唐朝章怀太子李贤墓中鸟羽冠者、梁职贡图中的高句丽人形象、都管七国银盒中的鸟羽冠人物以及高句丽古坟壁画和文献记录的"折风"相联系（见前彩色插图），基本可以确认大使厅壁画鸟羽冠人物就是高句丽使节。[3] 结合东北亚地区的考古发现特别是壁画资料、汉文诗文、史籍记载，高句丽使者的可能性最大，论据更充足一些。[4] 从隋唐东部欧亚世界的国际关系角度，可以给鸟羽冠使者就是高句丽使者这一结论增添新的证据。7 世纪拜占庭史家提奥菲拉克特·西莫卡塔记录下来了有关阿哇尔（阿瓦尔，Avars）和 Mukri 两个部族的关系："阿哇尔被突厥击破后，其一部分逃往 Taugas 人的城市，另一部分逃到邻接 Taugas 的勇敢的 Mukri 族之下。"[5] 这里的阿哇尔指的是柔然，Taugas 应指中国，[6] Mukri 指的是高句丽。由于柔然与高句丽关系密切，柔然在被突厥击溃四散（552）后，其一支可能逃亡高句丽。这一方面

---

① 赤羽目匡由（아카바메 마사요시）：《동아시아에서의 고구려·발해 문화의 특징：도관칠국 육판은합의 조우관 인물상을 통해서》，《고구려발해연구》38，2010。

② 马一虹：《书评：拜根兴〈七世纪中叶唐与新罗关系研究〉》，《中国学术》2005 年第 1 辑。

③ 郑春颖：《高句丽"折风"考》，《考古与文物》2014 年第 4 期；徐吉洙：《外国高句麗人物画中出现的鸡羽冠和高句麗的位相》，《高句丽渤海研究》第 51 辑，第 157~213 页，2015。

④ 郑春颖：《高句丽"折风"考》，《考古与文物》2014 年第 4 期。

⑤ Theophylacti Simocattae, *Historiae*, vii, 7, Oxford, 1981；内田吟風：《柔然（蠕蠕）アヴァール同族論考》，氏著《北アジア史研究 鮮卑柔然突厥篇》，同朋舍，1975，第 397~421 页（汉译文参阅余大钧译《北方民族史与蒙古史译文集》，云南人民出版社，2003，第 252~272 页）。

⑥ 内田吟風：《柔然（蠕蠕）アヴァール同族論考》，第 254 页。

是因为高句丽与柔然二者之军事协作关系，另一方面也因为历来被
漠北与中原所击溃的国家、部族、政治势力，逃入或者企图逃入高
句丽避难的事例有很多，比如北燕冯弘，以及后来的斛斯政、徐敬
业等。[①] 亨宁（W. B. Henning）在讨论柔然可汗即阿瓦尔（Avars）
可汗问题时，在注释中略提到古希腊文 Μονκρί = 梵文 Mukuri = 吐蕃
文 Muglig = 突厥文 Bökli（Bükli）= Korea，即汉文"高丽"（高句
丽）。[②] 钟焓先生对此总结认为，"故东罗马史料中的 Mukri 指代 7
世纪时期割据辽东半岛西部和朝鲜半岛北部的高句丽当无疑
问"。[③] 对于高句丽与柔然、突厥以及更西的部族、国家关系的认
识久为汉文史料所囿，相信通过非汉文史料以及考古遗存，可以
重新认识高句丽与内陆欧亚的联系。[④] 高句丽与契丹、柔然、突
厥、粟特等族存在广泛的联系。更为重要的是，高句丽与隋唐帝
国的七十年战争辽东之役搅动东部欧亚政治关系，无疑使其声名
远播。由此可见，高句丽使者形象出现在撒马尔罕大使厅这一国
际盛会中十分合乎情理和历史事实。

---

① 北魏太延二年（436）三月北魏伐北燕，"文通迫急，求救于高丽。高丽使其大将
　葛蔓卢，以步骑二万人迎文通。""五月乙卯，冯文通奔高丽。"（《魏书》卷 4 上
　《世祖太武帝纪》，第 86～87 页）。隋大业九年（613）六月，"礼部尚书杨玄感
　反于黎阳。戊辰，兵部侍郎斛斯政奔于高丽。"（《隋书》卷 4《炀帝纪下》，第
　84 页）唐光宅元年（684），"敬业奔至扬州，与唐之奇、杜求仁等乘小舸，将入
　海投高丽。追兵及，皆捕获之。"（《旧唐书》卷 67《李勣传附徐敬业传》，第
　2492 页。）

② W. B. Henning, "A Farewell to the Khagan of the Aq-RAqatärān," in *Bulletin of the
　School of Oriental and African Studies*, University of London, Vol. 14, No. 3, Studies
　Presented to Vladimir Minorsky by His Colleagues and Friends (1952), pp. 501–522.

③ 钟焓：《一位阿尔泰学家论内亚史》，《中国边疆民族研究》第四辑，中央民族大
　学出版社，2011；收入氏著《重释内亚史》第二章《丹尼斯·塞诺眼中的内亚
　史》，社会科学文献出版社，2017。杨军认为这些词都是"貉"（或"貊"）的音
　译，但未予详论。参阅《高句丽民族与国家的形成和演变》，中国社会科学出版
　社，2006，第 132～133 页。

④ 罗新：《高句丽兄系官职的内亚渊源》，《中古北族名号研究》，北京大学出版社，
　2009；罗新：《好太王碑与高句丽王号》，《中华文史论丛》2013 年第 3 期；《中
　亚的高句丽人足迹》，东北亚历史财团，2008。

那么，高句丽使者出现在这样一场国际聚会中的原因和意义是什么？笔者曾撰文揭示辽东及朝鲜半岛的高句丽、百济、新罗与内陆亚洲政治文化关系。[①] 东北方诸族群、政治体在与中原发生绵远频仍的交流并被汉文典籍记录下来之外，他们与内亚草原及其更西方的文明之间的互动关系在很大程度上因史料的匮乏而被忽视了。唐代是丝绸之路最为辉煌的时期，留下了许多珍贵的文化遗迹，丝绸之路在中外文化交流史上亦处于特殊的地位，高句丽等海东诸国与丝绸之路文明的关系是怎样的？韩国学者赵胤宰《古代韩国的鸟羽冠与丝绸之路》一文，考察了古代匈奴、敦煌壁画、乾陵墓葬壁画、长安兴庆宫、洛阳出土墓葬资料中的鸟羽冠的形象及与韩国鸟羽冠的传承关系。[②] 他的这项研究带给人们解答上述疑问许多启示，由长安、粟特、辽东等地存在内在联系的高句丽戴鸟羽冠使者这一形象，我们可以进一步探讨中古时期中外文化交流的两个方向，以明了丝绸之路在长安以东部分的情形。

二

如果将唐代中外文化交流作一整体概观，从不同的政治体视角去观察，那么中原视角、草原视角、东北视角可成为审视中国古代帝国及其周边世界构成的东部欧亚世界的三种维度，综合这三种视角得到的不同观察面相，给予我们一个重要认识：在欧亚

---

① 冯立君：《高句丽与柔然的交通与联系——以大统十二年阳原王遣使之记载为中心》，《社会科学战线》2016 年第 8 期；《百济与北族关系问题》，复旦大学《韩国研究论丛》2016 年第 2 期。

② 中国唐史学会、南京师范大学社会发展学院编《唐代江南社会国际学术研讨会暨中国唐史学会第十一届年会第二次会议论文集》，江苏人民出版社，2015，第 577 页。

大陆东部的广域文化交流从来不是单向的，更非一元的，而是方向不一、多种多样的文化交流繁复错综地交织在一起。除了从政治关系、贸易、军事等交流方式理解唐代中外文化交流之外，上述三种地域视角的交叉运用能够带来不少新知。

　　所谓中原视角，对于中国学者而言是非常熟悉甚至有时是无意识的一种研究角度，主要是因循海量的中原汉文典籍所建构的中原王朝对外视域，无形之中所观看到的图景带有汉地王朝的某种限制。草原视角是内亚史、北方民族史学者近来颇为强调的一种以之为主体的研究视角，提倡将非汉民族及其政治体作为主体去探讨其历史问题，而不是将其作为中原的敌对方或附庸国。东北视角的北方民族文化史研究方兴未艾，林沄先生很早就提出东北地区（有时也含有东北亚）古代史除了中原—东北二元关系之外，还应注意东北与草原的文化联系。[①] 在东北—草原之间的文化互动上，李鸿宾[②]、罗新[③]等少数学者依托自身的一部分具体研究成果已经彰显出这一考察视角的创新性。当然，中原与北方草原之间的关系常常表现为南北两大巨型帝国的对峙与冲突，特别是在中古时期，因对于中国史的意义似乎更为紧要而为人们所瞩目，因此论著也非常集中。[④]

　　这三种视角无论如何变换，都能够使人发现欧亚大陆东部世界既非单向更非一元的文化交流与中央帝国政治权力和疆域扩展的盛衰有密切的关系。换言之，唐朝帝国的兴盛将保证其广袤疆域内——作为一个占据欧亚版图相当比重的广域帝国，其面积如

---

① 林沄：《〈中国东北史〉（第一卷）读后》，《史学集刊》1989 年第 1 期。
② 李鸿宾：《逐鹿中原：东北诸族南向之拓展》，《中国社会科学报》2015 年 1 月 28 日。
③ 罗新：《高句丽兄系官职的内亚渊源》，《中古北族名号研究》，北京大学出版社，2009。
④ 李鸿宾：《唐朝的北方边地与民族》，宁夏人民出版社，2011。

所周知相当于整个欧洲版图——纵横交叉的交通网络充分活跃，并进而向内陆欧亚及其更西、更南的世界延伸。值得注意的是，这一交通网在帝国版图的东方也有相当广阔的延伸扩展，抵达海滨甚至逾越海洋，遍及唐朝法律所未覆盖的"化外"之地——高句丽、百济、新罗、日本、靺鞨诸国（7世纪中叶以后在高句丽、百济旧地，唐朝分别设置熊津都督府、安东都护府等予以统治，使之成为"化内"）①。

如果抉取东亚的视角，将地图倒转，或可视为东亚诸国借由唐朝帝国/突厥汗国等中介而与丰富多元的欧亚文化接通，源源不断受容新鲜元素（具体方面见后文）。唐朝时期以及此前的魏晋南北朝时期，以长安、洛阳为都的中国帝国与西域的文化交流和外交、商贸等联系固然十分重要，但唐朝长安的文物一方面自然向东传播，另一方面外国人、蕃人的流动也促使文化向东传播，甚至超出域内，向辽海以东朝鲜半岛、日本传布。辽海以东受到西域文化影响，也并非中原一途，存在其他途径，主要是来自内陆草原。

荣新江先生对于中古时期中国与外来文明及中外交流史的多角度研究显示，汉唐时期中西交流在地域上表现为广袤辽阔，在文明内容上表现为多元并包；特别是针对活动范围纵贯东部欧亚区域的粟特人，长安以东的幽州、营州地区也是一个重要的文化交流地带。② 同样，集中于幽营两地民族文化的研究，显示出其"胡化"的面相。陈寅恪先生提出河北胡化现象及其因由，"盖自玄宗开元初，东突厥衰败后，其本部及别部诸胡族先后分别降附中国……于是河北之地，至开元晚世，约二十年间，诸胡族入居者日益众多，喧宾夺主，数百载山东士族聚居之旧乡，遂一变为

---

① 王义康：《唐朝的化外与化内》，《历史研究》2014年第5期。
② 荣新江：《中古中国与外来文明》，生活·读书·新知三联书店，2001；《中古中国与粟特文明》，生活·读书·新知三联书店，2014；《丝绸之路与东西文化交流》，北京大学出版社，2015。

戎区"，"夫河北士族大抵本是地方豪强，以雄武为其势力基础，文化不过其一方面表现而已。今则忽遇塞外善骑射之胡族，土壤相错杂，利害相冲突，卒以力量不能抗敌之故，惟有舍弃乡邑，出走他地之一途。"① 安史二人"以蕃将之资格，根据河北之地，施行胡化政策，恢复军队部落制"②，安史乱后，"其人之氏族虽为汉族，而久居河朔，渐染胡化，与胡人不异"③，在河北，统治集团成员"为安史将领及其后裔所谓藩镇者，此种人乃胡族或胡化汉人"④，"因唐代自安史乱后，名义上虽或保持其一统之外貌，实际上则中央政府与一部分之地方藩镇，已截然划为二不同之区域，非仅政治军事不能统一，即社会文化亦完全成为互不关涉之集团，其统治阶级氏族之不同类更无待言矣。盖安史之霸业虽俱失败，而其部将及所统之民众依旧保持其势力，与中央政府相抗，以迄于唐室之灭亡，约经一百五十年之久，虽号称一朝，实成为二国。"⑤ 在陈寅恪之后的各种解说，大多未逾出其论述范畴，或在具体细节有所充实，或对后续影响有所揭示。章群认为方镇世袭或军中推立形成风气，"河北数镇之由蕃胡世为节度使，足为河北胡化提供具体的证据"⑥。荣新江认为安史起家的营州一带在开元时已成为粟特人的新家园，经过安禄山的经营，河北地区成为粟特商胡的向往之地，加上突厥部落内的胡人南下，在天宝末年以前，河北已成为胡化之区。安史乱后，唐朝出现排斥胡人的情绪，许多粟特人向河北三镇转移，加重了河北的胡化倾向。⑦ 傅乐成认为，"因河北因胡化而培植成的武力，过于强大，唐室中

① 陈寅恪：《金明馆丛稿二编》，生活·读书·新知三联书店，2015，第5页。
② 陈寅恪：《金明馆丛稿初编》，生活·读书·新知三联书店，2015，第309页。
③ 陈寅恪：《唐代政治史述论稿》，生活·读书·新知三联书店，2015，第212页。
④ 陈寅恪：《金明馆丛稿二编》，生活·读书·新知三联书店，2015，第1页。
⑤ 陈寅恪：《唐代政治史述论稿》，生活·读书·新知三联书店，2015，第203页。
⑥ 章群：《唐代蕃将研究》，联经出版事业公司，1986，第96页。
⑦ 荣新江：《中古中国与粟特文明》，生活·读书·新知三联书店，2014，第79页。

央武力无法与之对抗，因此不得不采取放任政策。河北的胡化，不但直接影响唐帝国的分裂与衰亡……就是对唐朝以后数百年的政局，都不能说没有关系"。① 河北地区特别是幽营地域多族共存、多种文化兼蓄的特点从文物考古和典籍与金石文献等各种历史材料中都鲜明地反映出来。在这其中，如果我们稍加注意幽营以东的辽东及朝鲜半岛地带的政治体，并能从细部补苴对这一历史大势的认知，欧亚文明交流的图景也就会更加清晰和完整。

三

高句丽、百济、新罗时代（主要是 4～7 世纪）辽东与朝鲜半岛如何受到内陆欧亚文明影响，进而与整个丝路文明（西方文明）发生联系呢？这可以从以下几个区域的路径透视，它们彰显出地缘和交通道的重要影响。

其一，幽营区域的东西衔接作用。如果将地跨辽河流域东部、鸭绿江流域、大同江与清川江流域、图们江流域南部、汉江流域北部的高句丽的疆域（鼎盛时期）作为一个地理范围在欧亚大陆地图中标注出来，我们很容易发现，高句丽与内陆欧亚之间的交通道必须要跨越辽西走廊，其间一个重要节点是幽州，这就凸显出幽州地区和辽水流域（辽西和辽东）的衔接作用。在史料中，突厥等北族南下中原的一个重要突破口是幽州，更东部的突破口则是辽西的营州（柳城），更西部的则是距离长安更迫近的云州（大同）等地。在突厥之前，高句丽也曾通过契丹地区前往草原上柔然的牙帐。中古时代高句丽与内陆欧亚的联系、百济与北族的政治联系，无疑与此陆上通道东西存在莫大关联。

---

① 傅乐成：《汉唐史论集》，联经出版事业公司，1977，第 303 页。

　　其二，古夫余国区域的文化蓄积作用。① 无论是高句丽还是百济，这一北一南两个政治体的对向扩张，即百济北进、高句丽南进，在 4 世纪初（313 年前后）终于把西汉武帝以来在朝鲜半岛建置沿袭下来的政治文明的直接体现——乐浪郡等古郡县地吞并，两国遂凿通中空而相遇。这也是被后来金富轼等史学家目为"三国"时代的真正开始，此时半岛东南端的新罗尚处于相对弱势地位。高句丽、百济虽然在军事与外交上的互竞称雄，但在文化系统上都与辽东北部地区的古夫余国有着密切的联系。汉魏时期的夫余"在长城之北，去玄菟千里，南与高句丽，东与挹娄，西与鲜卑接，北有弱水，方可二千里。户八万。"② 最早为东夷诸民族立传的《三国志》，在记述高句丽、挹娄、沃沮诸族时引人注意地以夫余为坐标来标明其各自的方位，类似于后来以辽东为坐标的撰写方式，这反映了中原的认知中夫余在辽东塞外的核心地位。特别是高句丽的始祖朱蒙、百济的始祖温祚皆出自夫余系统，就更加凸显出夫余的这种涵育东方政治文明的独特作用。《魏书·高句丽传》开篇就说："高句丽者，出于夫余"，继而详述朱蒙出自夫余王室出奔至纥升骨城"号曰高句丽"，以及朱蒙子孙莫来"乃征夫余，夫余大败，遂统属焉"的事迹。③ 同书《百济传》同样以"百济国，其先出自夫余"开篇。④《周书》开始揭示百济的统治者来自夫余而民众为马韩人的特性："百济者，其先盖马韩之属国，夫余之别种。"⑤ 百济统治者身上带有更深刻的"夫余烙印"，一方面体现为姓氏即为扶余，另一方面体现在后期一度改国号为"南扶余"，韩国学者因此而将这一现象称为

---

① 夫余，也作扶余、夫馀等，本文除引用史料外，统一写作"夫余"。
② 《三国志》卷 30《魏书·东夷传》，中华书局，1982，第 841 页。
③ 《魏书》卷 100《高句丽传》，中华书局，1974，第 2213 页。
④ 《魏书》卷 100《百济传》，中华书局，1974，第 2215 页。
⑤ 《周书》卷 49《百济传》，中华书局，1971，第 886 页。

百济的"夫余意识"。① 在高句丽身上更多体现的是对夫余故地的征服，对夫余政治文明的吸收，甚至在某种意义上讲，朱蒙建国一方面固然有中原郡县统治带来的先进文明之影响，另一方面更为直接的可能是从夫余受容的中原与北族文明。高句丽好太王碑文中体现高句丽与夫余政治关系的记事有两处：一是"惟昔始祖邹牟王之创基也，出自北夫馀"，二是"（永乐）廿年庚戌，东夫馀旧是邹牟王属民，中叛不贡。王躬率往讨。军到馀城，而馀城国……于是旋还，又其慕化，随官来者……凡所攻破，城六十四，村一千四百。"② 通过人、地两方面对夫余政治体固有遗产的受容，无疑在高句丽大举南迁之前造就了其北族王国的特质。当然，更细致的研究认为东夫余、北夫余共存，前者实际上是高句丽始祖朱蒙所出之地。③ 金毓黻亦曾指出"邹牟王新建之夫余，后既改称高句骊"，高句丽政治文明统绪来自夫余则更为明白。④古代北族政权除了本部之外还有不少别部附庸其下，夫余如此，高句丽更是如此，从这一角度来说，高句丽兼蓄北族文明与汉地文明，并不断发展自身文化的结果本身就是多元文化的产物。其中，夫余作为前期文化"蓄积池"的作用是显而易见的。

其三，靺鞨世界文明演进的推动作用（主要是 7 世纪末至 10 世纪初）。高句丽灭亡以后，一部分高句丽遗民——这些人既有所谓高句丽人，也有靺鞨人或汉人等，他们由辽东迁居幽营地区。在契丹人掀起的营州之乱中，本居于营州的高句丽人和靺鞨人东迁曲折建国，经受唐朝册封之后始称"渤海国"。但是他们

① 노중국：《백제의 고대동아시아 세계에서의 위상》，《백제문화》40，2009，155 - 184；배재영：《백제의 부여 인식》，《백제문화》41，2009，131 - 172。
② 罗振玉释文、金毓黻释文，《韩国古代金石文资料集》（高句丽·百济·乐浪篇），国史编纂委员会，1995，第9~19页。
③ 范恩实：《夫余兴亡史》，社会科学文献出版社，2013，第232页。
④ 金毓黻：《东北通史》上编六卷，五十年代出版社，1943，第170页。

在出使日本的时候，很可能冒用或习惯性地沿用"高丽国"的名号，① 虽然他们自己完全清楚高句丽与渤海国是完全两个不同的政权，比如渤海创建者大祚荣儿子大门艺对其身为国王的兄长大武艺就说："昔高丽盛时，士三十万，抗唐为敌，可谓雄强，唐兵一临，扫地尽矣。今我众比高丽三之一……"② 然而，渤海国的政治文明一方面作为靺鞨文明演进的突变，主要展现的是广泛分布于松花江流域具有渔猎文明特色的靺鞨文化向中原汉地农耕文明的靠拢，另一方面借由"高句丽化"的内隐性政治文明借鉴，也体现出凝聚靺鞨人、高句丽人、汉人等不同人群的渤海国在辽东族群政治体纵向序列中的应有地位。在这其中，我们格外注意到渤海国与后突厥、契丹、黑水靺鞨等北族之间的文化联系。举一个并不广为人所知的例子，2004～2008 年在蒙古国境内发现了渤海类型的考古遗迹：在蒙古国布尔干、中央等省境内的契丹时期城址，通过考古发掘从位于图拉河中游的一些城址中发现了渤海类型的遗物，其类型的遗物以往多发现于俄罗斯远东地区、滨海边区和中国东北地区的遗址。③ 虽然，这属于一个契丹活动时期渤海人被动移转的例子，渤海文化的何时、如何传播到蒙古草原的问题理所当然与契丹国政治军事政策有关，但是这恰好说明蓄积了二百年的渤海文化不仅在形成过程中有来自东部欧亚文化的融入，就是在其政治体倾覆瓦解之后其鲜明的文化又复融入欧亚多元文明之内。

其四，高句丽、百济、新罗、渤海国政治体扩张中对外多元外交和文化联系带来的内生性涵化作用，促使处在汉字文化圈强力辐

---

① 李宗勳：《渤海文化の二重性特征》，鈴木靖民编《古代日本の異文化交流》，勉誠出版，2008。

② 《新唐书》卷 219《北狄·渤海传》，中华书局，1975，第 6180 页。

③ A. 오치르，L. 에르덴볼드：《몽골국 내 발해 고고유적》，《동북아역사논총》31，2011，321-344；阿·敖其尔勒、额尔顿宝力道：《蒙古国境内的渤海考古学文化遗存》，萨仁毕力格译，《草原文物》2012 年第 2 期。

射范围内的东亚区域仍然持续吸收汉字文明以外的其他文明。高句丽的扩张源自浑江与鸭绿江中游地域，在东西南北四个方向的疆域拓展中，分别北向收纳夫余故地，西向进入辽东郡县地，南向夺取乐浪（平壤）旧地，东向威服东濊、沃沮，但是从其官方历史书写的巨型景观性碑刻——好太王碑，以及目前发现的两座相对小型的碑刻中原高句丽碑、集安高句丽碑以汉字汉文对内向臣民宣示，对外与新罗寐锦达成外交协议的做法来看，高句丽作为一个汉字文化圈政治体的影响目前还未得到应有的揭示。百济在向南北朝所进的上表文，以丝毫不亚于中原内地的汉文公文表达水平，特别是百济向北魏状告高句丽勾结柔然、南朝夹击北魏的描述，用典遣词、文风笔法都很精彩："高丽不义，逆诈非一，外慕隗嚣藩卑之辞，内怀凶祸豕突之行。或南通刘氏，或北约蠕蠕，共相唇齿，谋陵王略。昔唐尧至圣，致罚丹水；孟常称仁，不舍涂詈。涓流之水，宜早壅塞，今若不取，将贻后悔。"① 百济国内对汉文坟典的热爱在朝鲜半岛各国中具有代表性。新罗王自真兴王以降，也以纯熟的汉文在石碑上镌刻君权神授的旨意，并向臣民和邻国宣示疆土界线，真兴王多座巡狩碑便是明证。新罗的巡狩碑一方面关乎空前的领域扩张，另一方面则彰显汉字文化对于新罗王权、国家权威的重要塑造作用。中外学界诸多研究在梳理史料中诸多记事后，归纳了新罗（包括 676 年未统一大同江以南地区以前的前期新罗，以及之后作为朝鲜半岛中南部政治一元化的后期新罗）在汉字文化圈中受容中原汉文明远较高句丽、百济更为彻底。虽然我们仍需注意这些汉字文化圈成员在对汉字文化吸收时的变异和取舍，但毕竟整体上在东亚广域范围内缔造了具有共通知识素养的士人群体。② 与统一新罗

---

① 《魏书》卷 100《百济传》，中华书局，1974，第 2218 页。

② 高明士将东亚区域内的士人用汉文交流、共享知识的现象称为"东亚古代士人的共通教养"，参阅氏著《天下秩序与文化圈的探索》第三章（上海古籍出版社，2008）。

并峙的渤海国，"宪象中国"，典章制度、文化教育无不以唐朝为榜样，汉字文化得到进一步扩散，许多上层人士与内地士人频繁深入的诗文酬唱便是一个明证。7世纪以后隋唐巨型帝国倾举国之力，合胡汉大军，历七十余年的辽东之役，促成新罗统一政治体在半岛的空前独大，辽东北部则酝酿成为新的多元族群凝聚的渤海国政治体，在幽州和契丹形势突变的新局面中，逐渐成长为具有根深蒂固的民族意识的区域性微型帝国，其扩张和涵化他族的能力与方式直接模仿了汉人及其政治文明。这里笔者要强调的并非各国通过汉字吸收中原文明，而是通过汉字也可以吸收其他文明，因为目前不少新的研究已经指出北朝隋唐政治文明、精神文化上胡汉融合的特点，特别是唐朝时期域外与中原文化的大融合，使得汉字文化作为载体的兼容力得以提升，东亚诸国很难不受此影响。

同时，不可忽视的是这四个政治体本身虽然长期、频繁、密切地与中原政权交错互动，但毕竟在地理上远离汉唐帝国的政治核心区[①]；在人群组成上成分复杂且不以汉人为主，文化上有其

---

① 在吸收融合冀朝鼎的基本经济区、史念海的农牧交界区等概念的基础上，李鸿宾从战略角度格外强调政治核心区的理念。李鸿宾以唐朝为例阐述说："唐朝北方边地的自然区划，最根本的依凭就是农牧分界线。……北方游牧和南方农耕分别依托于不同的政治集团和国家政权。就南部农耕王朝讲，这里是农耕核心区得以保障的重要条件。"（《北方边地在唐朝的战略地位及其变化》，刘庆主编《孙子兵法论丛》第1辑，解放军出版社，2010，第144~145页）。最近在文章中多次使用"中原核心"这一提法以和高昌、突厥、高句丽这些非核心区相对举，"从唐高祖起家树立中原王朝的框架，到唐太宗、高宗前后相继征服东西突厥、高昌、高句丽等形成的农耕游牧兼具的帝国盛局之形成，经过数十年的积累与开拓，以汉人为统治核心的一统化王朝最终确立。"以描述唐朝帝国南北兼跨的壮举及其内涵。（《唐朝前期的南北兼跨及其限域》，《中国边疆史地研究》2016年第2期）。对此更为全局的阐述则是："这一格局就是以活跃在中原农耕地区汉人群体为王朝依托的核心与活动在周边外围地带的各族群体为附属的内外二重结构而呈现出来的。唐朝建国后稳固本土内地的同时向周边开拓，它从东北和西北两翼伸展其军力并辅之以行政建置的举措，最终的目标则是控制北方草原的游牧势力，虽然在时间上进军西域腹地征服高昌国和挺向东北用兵高丽要晚于征服东突厥，这并不妨碍我们理解唐廷经营周边的整体战略。"（《中华正朔与内亚边疆》，《学术月刊》2017年第2期）。

自身传统，经济生活与中原内地迥然不同（兼具游牧、畜牧、渔猎、游耕、农耕）①，最重要的一点是在政治传统上，诸政治体的延续其来有自，且赓续绵长。因此，在强调草原、中原文明的外来影响的同时，我们是否对于东北地区独特的文明类型多有忽视？从长时段视角来看，东北民族的发展实际上被割裂为几段，其整体性的文明突进及其背后蕴含的冲击能力似乎除了清朝史的研究外还鲜有清晰的认识。黄永年先生在关于河北藩镇与契丹、奚关系的文章中说："我国古代少数民族对中原以汉族为主体的政权的威胁即所谓'边患'，前期多来自北方、西方，后期则多来自东北方。其转折一般都认为开始于五代时契丹阿保机、德光父子的南侵。其实武则天时契丹李尽忠等的变乱早已见其端倪。如果不是唐朝统治者及时采取措施，建立河北藩镇，则五代北宋时那么严重的东北边患很有可能提前在中唐时就出现。"② 这一问题仍有待更多古代史学者的着重开拓。

由此，高句丽、百济、新罗时代（主要是 4~7 世纪）以及统一新罗、渤海国时代（7 世纪末至 10 世纪初）辽东与朝鲜半岛通过中原但不限于中原的途径受到内陆欧亚文明影响，与整个丝路文明（西方文明）发生联系，同时发展出自己独特的文明样态并进而丰富了欧亚文明。

唐代长安以东的文明交流将"丝绸之路"向东延伸到亚洲的

---

① 周振鹤将冀朝鼎和施坚雅的经济区划分作为代表性研究提出并予以表彰："对于行政区划以外的各种政治区的划分，历来很少人关心。而对于基本经济区，却早有代表性的成果，如冀朝鼎对于中国历史上基本经济区以及施坚雅关于中国大经济区的研究。"周振鹤：《中国历史上两种基本政治地理格局的分析》，《历史地理》第 20 辑，上海人民出版社，2004，第 2 页。但遗憾的是，这两位对于作为全国经济区一部分的东北地区经济区划分及其研究仍尚显粗疏，这代表了中古史学界对于王朝化外的东北史地的不熟悉。

② 黄永年：《唐代河北藩镇与奚契丹》，《中国古代史论丛》1982 年第 2 辑，第 220 页。

最东端，使得欧亚大陆东西两端的文明交流得以贯通。辽东的高句丽及其邻近的百济、新罗、渤海、日本（本文未曾展开论及日本，但实际上通过奈良东大寺和正仓院文物的比对，可以发现列岛作为欧亚世界的极东之地沉淀西来文物的强大能力，而通过这些文物携带的欧亚文明的"基因密码"，又可以绘制一幅微型的东西文化交融图景）为中心的视角，呈现中原文明、草原文明、西域文明在内的诸多文化要素向东传播的一个面相，同时他们也发展出不断变化的独特文明，既处在汉字文化圈的强大辐射力之下，又兼蓄多元文明，整体上作为传统意义上的丝绸之路之东部延伸而屹立东方。这一认识对于从学术意义上加深对中外交流史的全面理解，从现实意义上推进当下"一带一路"倡议在东亚地区的合作共赢，都富于启迪。

原载《唐都学刊》2019 年第 3 期。

主要征引文献

（以汉语拼音为序）

一 古籍类

《北齐书》，中华书局，1975。

《北史》，中华书局，1974。

《册府元龟》，凤凰出版社，2006。

《陈书》，中华书局，1972。

《大唐创业起居注》，上海古籍出版社，1983。

《读史方舆纪要》，中华书局，2005。

《高丽史》，人民出版社，2014。

《桂苑笔耕集校注》，中华书局，2007。

《汉书》，中华书局，1962。

《后汉书》，中华书局，1965。

《金史》，中华书局，1975。

《晋书》，中华书局，1974。

《旧唐书》，中华书局，1975。

《旧五代史》，中华书局，1976。

《类聚国史》，吉川弘文馆，1979。

《类聚三代格》，吉川弘文馆，1988。

《梁书》，中华书局，1973。

《辽史》，中华书局，2016。

《明史》，中华书局，1974。

《南齐书》，中华书局，1996。

《全唐文》，中华书局，1983。

《日本书纪》，吉川弘文馆，2000。

《日本后纪》，吉川弘文馆，1971。

《入唐求法巡礼行记》，上海古籍出版社，1986。

《入唐求法巡礼行记校证》，花山文艺出版社，2007。

《三代实录》，吉川弘文馆，1988。

《三国史记》，吉林文史出版社，2003。

《三国史记》，日本朝鲜史学会，近泽书店，1941。

《三国史记》，首尔大学：奎章阁本，番号：贵 3614 号。

《三国遗事》，吉林文史出版社，2003。

《三国志》，中华书局，1963。

《史记》，中华书局，1959。

《水经注校证》，中华书局，2007。

《宋史》，中华书局，1985。

《宋书》，中华书局，1974。

《隋书》，中华书局，1973。

《太平广记》，中华书局，1961。

《太平寰宇记》，中华书局，2007。

《唐大诏令集》，中华书局，2008。

《唐大诏令集补编》，上海古籍出版社，2003。

《唐会要》，上海古籍出版社，2006。

《唐六典》，中华书局，1992。

《通典》，中华书局，1988。

《魏书》，中华书局，1974。

《新唐书》，中华书局，1975。

《新五代史》，中华书局，1976。

《续日本后纪》，吉川弘文馆，1980。

《续日本纪》，吉川弘文馆，1989。

《延喜式》，吉川弘文馆，1987.

《战国策》，上海古籍出版社，1985。

《周书》，中华书局，1971。

《资治通鉴》，中华书局，1956。

二　论著类

〔韩〕임영애：《서역불교미술에서의　조익관과　관대－서아시아，간다라，서역　간의　교류를　중심으로－》，《중앙아시아연구》11，2006。

〔韩〕노태돈：《예빈도에 보인 고구려》，서울대학교출판부，2003。

〔韩〕한국고대사회연구소：《역주　한국고대금석문》（전3권），가락국사적개발연구원，1992。

〔韩〕조윤재：《고대　한국의　조우관과　실크로드：연구사검토를　중심으로》，《선사와　고대》39，2013。

〔韩〕노중국：《백제의　고대동아시아　세계에서의　위상》，《백제문화》40，2009。

〔韩〕배재영：《백제의 부여 인식》，《백제문화》41，2009。

〔韩〕서길수：《춤무덤의　사신도와　조우관에 대한　재검토》，《역사민속학》46，2014。

〔韩〕정완진, 이순원：《고구려　관모　연구》，《服飾》23，

1994。

　〔韩〕신경섭:《한국의　조우관과　중국의　갈관　비교연구》,
《服飾》50, 2000。

　〔韩〕정호섭:《조우관을　쓴　인물도의　유형과　성격 - 자
료에　나타난　古代　한국인의　모습을　중심으로 - 》,《嶺南
學》24, 2013。

　〔韩〕《百濟史論文選集》, 불함문화사 (제 10 - 11 권 대외관계),
1996。

　〔韩〕강종원:《4 세기　백제사　연구》, 서경문화사, 2002。

　〔韩〕강종원:《백제　국가권력의　확산과　지방》, 서경문화사,
2012。

　〔韩〕국립부여문화재연구소:《백제도성의　변천과　연구상의
문제점》, 서경문화사, 2003。

　〔韩〕국사편찬위원회:《한국고대금석문자료집》1 ~ 3, 국사
편찬위원회, 1995 ~ 1996。

　〔韩〕국사편찬위원회:《한국사 6 : 삼국의　정치와　사회 2 :
백제》, 탐구당, 2013。

　〔韩〕권덕영:《고대한중외교사》, 일조각, 1997。

　〔韩〕김기섭:《백제 漢城都邑期 연구동향과　과제》,《백제문화》
33, 2004。

　〔韩〕김기섭:《백제 漢城都邑期 연구동향과　과제》,《백제문화》
44, 2011。

　〔韩〕김기섭 :《백제와　근초고왕》, 학연문화사, 2000。

　〔韩〕김문경:《장보고 (해양경영사연구)》, 이진, 1996。

　〔韩〕김문경:《장보고자료집》, 해상왕장보고기념사업회, 2006。

　〔韩〕김수태:《백제의　전쟁》, 주류성, 2007。

　〔韩〕김수태:《사비시대　백제사연구의　성과와　과제》,《백제

文화》 33, 2004。

〔韩〕 김영관:《백제부흥운동연구》, 서경문화사, 2005。

〔韩〕 김종만:《백제토기》, 글을읽다, 2012。

〔韩〕 김종만:《백제토기연구》, 서경문화사, 2004。

〔韩〕 김종만:《백제토기의 신연구》, 서경문화사, 2007。

〔韩〕 김주성:《사비시기 백제사의 전개과정과 신 자료 발견》, 《백제문화》 44, 2011。

〔韩〕 김택민、하원수:《천성령 역주》, 혜안, 2013。

〔韩〕 노계현:《고려외교사》, 갑인출판사, 1994。

〔韩〕 노중국:《4 세기 伽倻諸國과 百濟의관계》,《역사와 세계》 30, 효원사학회, 2006。

〔韩〕 노중국:《5 ~ 6 세기 고구려와 백제의 관계: 고구려의 한강유역 점령과 상실을 중심으로》, 북방사논총 11, 2006。

〔韩〕 노중국:《7 世紀 百濟와 倭와의 關係》,《국사관논총》, 제 52 집, 국사편찬위원회吗, 1994。

〔韩〕 노중국:《百濟政治史研究》, 일조각, 1988。

〔韩〕 노중국:《高句麗·百濟·新羅사이의 力關係變化에 대한一考察》,《동방학지》 28, 1981。

〔韩〕 노중국:《마한의 성립과 변천》,《마한백제문화》 10, 원광대학교 마한·백제문화연구소, 1987。

〔韩〕 노중국:《新羅와 百濟의 交涉과 交流 : 6 ~ 7 세기를 중심으로》,《신라문화》 17·18, 2000。

〔韩〕 노중국:《무령왕대 백제의 동아시아 상에서의 위상》, 《백제문화》 46, 2012。

〔韩〕 노중국:《백제부흥운동 이야기》, 주류성, 2003。

〔韩〕 노중국:《백제부흥운동사》, 일조각, 2005。

〔韩〕 노중국:《백제사회사상사》, 지식산업사, 2010。

〔韩〕노중국:《백제의 대외 교섭과 교류》, 지식산업사, 2012。

〔韩〕노중국:《백제의 대중교류 – 지 (阯) 의 변화와 서산지역을 중심으로 – 》,《백제문화》34, 2005。

〔韩〕노중국:《백제정치사 연구》, 일조각, 1988。

〔韩〕노중국:《백제학 연구의 현황과 전망》,《백제학보》창간호, 2009。

〔韩〕노태돈:《삼국통일전쟁사》, 서울대학교출판부, 2009。

〔韩〕梁起錫:《백제문화의 우수성과 국제성》,《백제문화》40, 2009。

〔韩〕양기석:《백제의 국제관계》, 서경문화사, 2013。

〔韩〕양기석:《백제 정치사의 전개과정》, 서경문화사, 2013。

〔韩〕盧重國:《고대동아시아 세계에서의 위상》,《백제문화》40, 2009。

〔韩〕權五榮:《백제의 대외교류에 나타난 개방성》, 한국대학박물관협회 학술대회, 2008。

〔韩〕문동석:《백제 지배세력 연구》, 혜안, 2007。

〔韩〕문안식:《백제의 영역확장과 지방통치》, 신서원, 2002。

〔韩〕문안식:《백제의 왕권》, 주류성, 2008。

〔韩〕문안식:《백제의 흥망과 전쟁》, 혜안, 2006。

〔韩〕박순발:《백제의 도성》, 충남대학교출판부, 2010。

〔韩〕박순발:《한성백제의 탄생》, 서경문화사, 2001。

〔韩〕박윤선:《백제와 중국왕조와의 관계에 대한 연구 현황과 과제》,《백제문화》45, 2011。

〔韩〕박현숙:《백제의 중앙과 지방》, 주류성, 2005。

〔韩〕백제문화개발연구원:《百濟史料集》, 1985。

〔韩〕백제문화개발연구원:《百濟研究論著總覽》1~2, 1982~1983。

〔韩〕백제사연구회:《백제와 금강》, 서경문화사, 2007。

〔韩〕손보기:《장보고와 청해진》, 혜안, 1997。

〔韩〕서영교:《나당전쟁사 연구》, 아세아문화사, 2007。

〔韩〕서울특별시사편찬위원회:《한성 백제사》(전 5 권), 2008。

〔韩〕서정석:《백제의 성곽》, 학연문화사, 2002。

〔韩〕성정용、노중국 외:《백제와 영산강》, 학연문화사, 2012。

〔韩〕신채호:《단재신채호전집》, 형설출판사, 1972～1977。

〔韩〕신형식:《百濟史》, 이화여자대학교출판부, 1992。

〔韩〕신형식:《高句麗史》, 이화여자대학교출판부, 2003。

〔韩〕신형식:《韓國 古代史에 있어서 漢江流域의 政治 軍事的性格》,《郷土서울》41, 서울시사편찬위원회, 1983。

〔韩〕신형식:《漢城百濟의 對外關係》, 서울특별시사편찬위원회,《한성백제아카데미。서울과 백제》, 한성백제박물관, 2011。

〔韩〕신형식:《統一新羅의 繁榮와 西海》,《統一新羅史研究》, 三知院, 1990。

〔韩〕신형식:《新羅史》, 이화여자대학교출판부, 1985。

〔韩〕신형식:《新羅通史》, 주류성, 2004。

〔韩〕신형식:《백제사》, 이화여자대학교출판부, 1992。

〔韩〕신형식:《백제의 대외관계》, 주류성, 2005。

〔韩〕신형식:《한국고대의 서해교섭사》,《국사관논총》2, 국사편찬위원회, 1989。

〔韩〕신형식:《한반도에서의 대외관계와 문물교류》,《漢城百濟史》(제 4 권, 대외관계와 문물교류), 서울특별시사편찬위원회, 2008。

〔韩〕완도군문화원:《장보고 신연구》, 샘물(서현), 2000。

〔韩〕양기석、권오영 외:《백제와 섬진강》, 서경문화사, 2008。

〔韩〕양기석:《백제 정치사의 전개과정》, 서경문화사, 2013。

〔韩〕양기석:《백제의 국제관계》, 서경문화사, 2013。

〔韩〕여홍기、백종오、김병희:《백제사연구논저총람》, 경문화사, 2003。

〔韩〕유득공:《발해고》, 송기호 역, 홍익출판사, 2000。

〔韩〕유원재:《백제사의 연구현황과 과제》,《백제문화》25, 1996。

〔韩〕유원재:《백제의 대외관계》,《백제의 역사》, 공주대학교 백제문화연구소, 1995。

〔韩〕유원재:《백제의 대외관계》,《백제의 역사와 문화》, 학연문화사, 1996。

〔韩〕유원재:《백제의 대외관계》,《한국사 6: 삼국의 정치와 사회 Ⅱ (백제)》, 1995。

〔韩〕유원재:《웅진백제사연구》, 주류성, 1997。

〔韩〕유원재:《웅진백제사연구》, 주류성, 1997。

〔韩〕유원재:《중국정사 백제전 연구》, 학연문화사, 1993。

〔韩〕윤명철:《장보고시대의 해양활동과 동아지중해》, 학연 문화사, 2002。

〔韩〕윤재운:《8~9세기 동아시아의 교역》,《백산학보》66, 2003。

〔韩〕윤재운:《渤海의 왕권과 對日貿易》,《한국사학보》11, 2001。

〔韩〕윤재운:《발해의 왕권과 대중국무역》,《白山學報》68, 2004。

〔韩〕윤재운:《한국 고대무역사 연구》, 경인문화사, 2006。

〔韩〕이기동:《백제사연구》, 일조각, 1996。

〔韩〕이남석:《百濟墓制의 研究》, 서경문화사, 2002。

〔韩〕이남석:《百濟石室墳研究》, 학연문화사, 1995。

〔韩〕이도학:《백제 사비성 시대 연구》, 일지사, 2010。

〔韩〕이도학:《백제 한성 웅진성 시대 연구》, 일지사, 2010。

〔韩〕이도학:《살아있는 백제사》, 휴머니스트, 1997。

〔韩〕이도학:《새로쓰는 백제사》, 푸른역사, 2003。

〔韩〕이상훈:《나당전쟁 연구》, 주류성, 2012。

〔韩〕전해종:《동아시아사의 비교와 교류》, 지식산업사, 2000。

〔韩〕전해종:《한국과 중국》, 지식산업사, 1982。

〔韩〕정동준:《동아시아 속의 백제 정치제도》, 일지사, 2013。

〔韩〕정재윤:《백제의 웅진도읍기 연구현황과 과제 – 대외관계를 중심으로 –》,《백제문화》33, 2004。

〔韩〕정재윤:《백제의 웅진도읍기 연구현황과 과제》,《백제문화》44, 2011。

〔韩〕조원창:《백제사지 연구》, 서경문화사, 2013。

〔韩〕조원창:《백제의 토목건축》, 서경문화사, 2011。

〔韩〕조이옥:《統一新羅의 北方進出 研究: 8世紀를 中心으로》, 서경문화사, 2001。

〔韩〕최몽룡:《백제사의 이해》, 학연문화사, 1998。

〔韩〕충남대학교백제연구소:《고대 동아시아와 백제》, 서경문화사, 2003。

〔韩〕충남대학교백제연구소:《백제사상의 전쟁》, 서경문화사, 2000。

〔韩〕车垠和:《8-9世纪唐罗日地方政府涉外权力的增强与东亚贸易圈的形成》, 博士学位论文, 山东大学, 2009。

〔韩〕韓圭哲:《渤海의 對外關係史——南北國의 形成과

展開》，新書苑，1994。

〔韩〕金德洙：《张保皋与"东方海上丝绸之路"》，《登州与海上丝绸之路》，人民出版社，2009。

〔韩〕金文经：《七—十世纪新罗与江南文化交流》，杭州出版社，1997。

〔韩〕金文经：《新罗和江南》，金健人主编《中韩古代海上交流》，辽宁民族出版社，2007。

〔韩〕金文子：《三國時代 鳥羽冠：變形 鳥羽冠을 中心으로》，《水原大学論文集》5，1987。

〔韩〕金元龍：《唐李賢墓 壁畫의 新羅使（？）에 對하여》，《미술사학연구》123、124，1974。

〔韩〕具洸范：《中国研究韩国学的动向分析》，《韩国学论文集》第21辑，2012。

〔韩〕李丙焘：《韩国史大观》，正中书局，1961。

〔韩〕李炳鲁：《关于张保皋和文室宫田麻吕的研究》，《中韩古代海上交流》，辽宁民族出版社，2007。

〔韩〕李基白：《韩国史新论》，国际文化出版公司，1994。

〔韩〕李奎泰：《当代韩国"中国学"与中国"韩国学"之比较》，《当代韩国》2012年春季号。

〔韩〕卢泰敦：《新罗、唐战争与新罗、日本关系》，李花子译，余太山、李锦绣主编《欧亚学刊》总第9辑，2007。

〔韩〕全海宗：《中韩关系史论集》，中国社会科学出版社，1997。

〔朝〕박시형：《발해사》，김일성종합대학출판사，1979。

〔朝〕박시형：《발해사》，송기호 해제，이론과실천，1991。

〔朝〕박영해、강석희：《조선 대외관계사》（1~3），사회과학출판사，2012。

〔朝〕주영헌：《발해문화》，사회과학출판사，1971。

〔日〕阿南史代：《追寻圆仁的足迹》，雷格、潘岳译，五洲传播出版社，2007。

〔日〕八木充：《筑紫太宰とその官制》，《太宰府古文化论丛》上卷，吉川弘文馆，1983。

〔日〕坂本太郎：《日本史概说》，汪向荣等译，商务印书馆，1992。

〔日〕滨下武志：《朝貢システムと近代アジア》，岩波书店，1997。

〔日〕滨下武志：《近代中国的国际契机——朝贡贸易体系与近代亚洲经济圈》，朱荫贵等译，中国社会科学出版社，1999。

〔日〕滨下武志：《中国、东亚与全球经济》，王玉茹等译，社会科学文献出版社，2009。

〔日〕濱田耕策：《渤海国興亡史》，吉川弘文馆，2000。

〔日〕池田温：《论天宝后期唐朝、新罗与日本的关系》，《唐研究论文集》，中国社会科学出版社，1999。

〔日〕赤羽目匡由（아카바메　마사요시）：《동아시아에서의고구려·발해　문화의　특징：도관칠국　육관은합의　조우관인물상을　통해서》，《고구려발해연구》38，2010。

〔日〕村井恭子：《唐代东北海运和海运使》，《黎虎教授古稀纪念中国古代史论丛》，世界知识出版社，2006。

〔日〕村井康彦：《从遣唐使船到唐商船——9世纪日中交流的演变》，《郑州大学学报》2008年第9期。

〔日〕大津透：《唐仪凤三年度支奏抄·四年金部旨符补考——唐朝の军事と财政》，《东洋史研究》第49卷第2号，1990年9月。

〔日〕渡边信一郎：《古代中国的身份制的土地所有：以开元二十五年田令为中心》，《中国古中世史研究》第24辑，2010。

〔日〕渡边信一郎：《中国古代的王权与天下秩序》，徐冲译，中华书局，2008。

〔日〕岡田正之：《慈覺大師の入唐紀行に就いて》，《東洋學報》13－1，1924。

〔日〕和田清：《东洋史》，商务印书馆，1963。

〔日〕江上波夫：《骑马民族国家》，张承志译，光明日报出版社，1988。

〔日〕今西龍：《慈覺大師入唐求法巡禮行記を讀んで》，《新羅史研究》，近藤書店，1933。

〔日〕金子修一：《東アジア世界論と册封体制論》，田中良之、川本芳昭編《東アジア古代国家論 プロセス・モデル・アイデンティティ》，すいれん舍，2006。

〔日〕金子修一：《東アジア世界論の現在》（2015年度駒沢史学会大会記念講演），《駒沢史学》第85号，2016。

〔日〕金子修一：《古代東アジア研究の課題——西嶋定生・堀敏一両氏の研究に寄せて——》，（專修大学社会知性開発研究センター《東アジア世界史研究センター年報》一），2008。

〔日〕镜山猛：《大宰府都城の研究》，风间書房，1968。

〔日〕镜山猛：《大宰府遺迹》，ニュー・サイエンス社，1979。

〔日〕九州歷史資料館：《太宰府古文化論叢》，吉川弘文館，1983。

〔日〕堀敏一：《東アジア世界の歴史》，講談社，2008。

〔日〕堀敏一：《東アジア世界の形成：中国と周辺国家》，汲古書院，2006。

〔日〕堀敏一：《東アジア世界史への提言》，《歷史學研究》第276號，1963。

〔日〕堀敏一：《隋唐帝国与东亚》，韩昇译，云南人民出版社，2002。

〔日〕堀敏一：《中国通史：问题史试探》，邹双双译，社会科学文献出版社，2015。

〔日〕堀敏一：《中國と 古代東アジア世界：中華的世界と諸民族》，岩波書店，1993。

〔日〕李成市：《東アジア文化圏の形成》，山川出版社，2000。

〔日〕李成市：《日本历史学界东亚世界论的再探讨——兼与韩国学界的对话》，王坤译，《唐史论丛》第 21 辑，三秦出版社，2015。

〔日〕李成市、葛继勇：《从韩国出土木简看东亚世界论——以〈论语〉木简为中心》，《郑州大学学报》2016 年第 6 期。

〔日〕李成市编《古代東アジア世界と日本》，岩波書店，2000。

〔日〕砺波护：《隋唐佛教文化》，韩昇译，上海古籍出版社，2004。

〔日〕妹尾达彦：《东亚都城时代的诞生》，《唐史论丛》第 14 辑，陕西师范大学出版社，2012。

〔日〕木宫泰彦：《日中文化交流史》，胡锡年译，商务印书馆，1980。

〔日〕内藤隽辅：《新羅人の海上活動について》，《大谷学報》9-1，1928。

〔日〕内田吟風：《北アジア史研究 鮮卑柔然突厥篇》，同朋舍，1975。

〔日〕仁井田陞：《唐令拾遗》，长春出版社，1989。

〔日〕《日本的古代 3·九州》，角川书店，1970。

〔日〕日野開三郎：《羅末三国の鼎立と對大陸海上交通貿易》，《朝鮮学報》16、17、19、20，朝鮮學會；《東北亞細亞国際交流史研究》，三一書房，1984。

〔日〕桑原骘藏:《唐宋贸易港研究》,商务印书馆,1936。

〔日〕山崎雅稔:《日本的遣唐使与张保皋》,《中韩古代海上交流》,辽宁民族出版社,2007。

〔日〕上田雄:《渤海使の研究——日本海を渡った使節たちの軌跡——》,明石书店,2002。

〔日〕太宰府地方编《大宰府の歴史》,西日本新闻社,1984。

〔日〕藤家礼之助:《日中交流二千年》,北京大学出版社,1982。

〔日〕藤间生大:《九世紀における新羅人の海外での活躍》,《東亞細亞世界的形成》,春秋社,1966。

〔日〕藤井功・亀井明徳:《西都大宰府》,日本放送出版協会,1977。

〔日〕田村圓澄:《大宰府探求》,吉川弘文館,1990。

〔日〕田中史生:《新罗人与大宰府贸易》,《中韩古代海上交流》,辽宁民族出版社,2007。

〔日〕西嶋定生:《六-八世紀の東アジア》,《岩波講座日本歴史》第2卷,岩波書店,1962。

〔日〕西嶋定生:《西嶋定生東アジア史論集》,岩波書店,2002。

〔日〕西嶋定生:《中國古代國家と東アジア世界》,東京大學出版會,1983。

〔日〕西谷正:《唐章懷太子李賢墓の禮賓図をめぐって》,《兒嶋隆人先生喜壽記念　古文化論叢》,1991。

〔日〕小宫秀陵:《新羅・渤海の対唐藩鎮交渉に関する研究》,博士学位论文,首尔大学,2014。

〔日〕伊原泽周:《近代朝鲜的开港——以中美日三国关系为中心》,社会科学文献出版社,2008。

〔日〕依田憙家:《简明日本通史》,上海远东出版社,2003。

〔英〕阿诺德·J. 汤因比:《历史研究》,刘北成译,上海人民出版社,2005。

〔英〕W. B. Henning, "A Farewell to the Khagan of the Aq-Aqatārān," in Bulletin of the School of Oriental and African Studies, University of London, Vol. 14, No. 3, Studies Presented to Vladimir Minorsky by His Colleagues and Friends (1952).

〔俄〕A. 오치르, L. 에르덴볼드:《몽골국 내 발해 고고유적》,《동북아역사논총》31, 2011。

〔俄〕阿·敖其尔勒、额尔顿宝力道:《蒙古国境内的渤海考古学文化遗存》,萨仁毕力格译,《草原文物》2012 年第 2 期。

〔俄〕3·B·沙弗库诺夫:《渤海国及其俄罗斯远东部落》,宋玉彬译,东北师范大学出版社,1997。

〔美〕费正清主编《中国的世界秩序——传统中国的对外关系》,杜继东译,中国社会科学出版社,2010。

〔美〕L. S. 斯塔夫里阿诺斯:《全球通史:1500 年以前的世界》,上海社会科学院出版社,吴象婴、梁赤民译,1999。

〔美〕托马斯·库恩:《科学革命的结构》,金吾伦、胡新和译,北京大学出版社,2003。

〔美〕Edwin O. Reischaner, *Ennin's Travels in T'ang China*, The Ronald Press Company, New York, 1955.

〔美〕John King Fairbank, Ed., *The Chinese World Order: Traditional China's Foreign Relations*, Cambridge. Mass.: Harvard University Press, 1968.

〔美〕Thomas S. Kuhn, *The Structure of Scientific Revolutions*, The University of Chicago, 1962.

〔美〕Wontack Hong, *Korea and Japan in East Asian History*, Seoul: Kudara International, 2006.

〔东罗马〕Theophylacti Simocattae, *Historiae*, vii, 7, Oxford, 1981.

拜根兴：《〈大唐平百济国碑铭〉关联问题考释》，《唐史论丛》第 8 辑，三秦出版社，2006。

拜根兴：《高句丽遗民高足酉墓志铭考释》，《碑林集刊》第 9 辑，2003。

拜根兴：《九世纪初海洋活动关联问题研究的现状》，《唐史论丛》第 11 辑，三秦出版社，2009。

拜根兴：《论九世纪初张保皋海洋活动的动因》，《唐都学刊》2008 年第 5 期。

拜根兴：《论罗唐战争的性质及其双方的交往》，《中国边疆史地研究》2005 年第 1 期。

拜根兴：《七世纪中叶唐与新罗关系研究》，中国社会科学出版社，2003。

拜根兴：《唐朝与新罗关系史论》，中国社会科学出版社，2009。

拜根兴：《唐代高丽百济移民研究》，中国社会科学出版社，2012。

拜根兴：《唐与新罗使者关联问题的新探索》，《中国边疆史地研究》2008 年第 1 期。

拜根兴、冯立君编译《古代东亚交流史译文集》第 1 辑，中国社会科学出版社，2018。

北京大学韩国学研究中心编《韩国学论文集 2011》第 20 辑，中山大学出版社，2012。

蔡美花：《东亚韩国学方法之探索》，《东疆学刊》2008 年第 4 期。

苌岚：《7—14 世纪中日文化交流的考古学研究》，中国社会科学出版社，2001。

陈高华、陈尚胜：《中国海外交通史》，文津出版社，1997。

陈国灿：《略论日本大谷文书与吐鲁番新出墓葬文书之关联》，《敦煌吐鲁番学研究论文集》，汉语大辞典出版社，1990。

陈国灿等：《〈全唐文〉职官丛考》，武汉大学出版社，1997。

陈尚胜：《登州港与中韩交流国际学术讨论会文集》，山东大学出版社，2005。

陈尚胜：《分裂时代的外交竞争——魏晋南北朝中韩关系述评》，《中韩关系史论》，齐鲁书社，1997。

陈尚胜：《论唐代的新罗侨民社区》，《历史研究》1996 年第 1 期。

陈尚胜：《论唐代与新罗的文化交流》，《山东大学学报》1995 年第 4 期。

陈尚胜：《中国传统对外关系的思想、制度与政策》，山东大学出版社，2007。

陈寅恪：《邓广铭〈宋史职官志考证〉序》，1943 年 3 月《读书通讯》第 62 期。

陈寅恪：《金明馆丛稿初编》，生活·读书·新知三联书店，2015。

陈寅恪：《金明馆丛稿二编》，生活·读书·新知三联书店，2001。

陈寅恪：《唐代政治史述论稿》，生活·读书·新知三联书店，2015。

陈玉龙、杨通方等：《汉文化论纲——兼述中朝中日中越文化交流》，北京大学出版社，1993。

陈忠凯：《唐三蕃将墓志铭文之研究》，《碑林集刊》第 5 辑，1998。

程妮娜：《古代东北民族朝贡制度史》，中华书局，2016。

程妮娜：《古代中国东北民族地区建置史》，中华书局，2011。

程妮娜主编《东北史》，吉林大学出版社，2001。

程尼娜：《唐代安东都护府研究》，《社会科学辑刊》2005 年第 6 期。

仇鹿鸣：《韩昇：在东亚世界研究开疆拓土》，《中华读书报》2010 年 3 月 24 日。

戴伟华：《唐方镇文职僚佐考》，广西师范大学出版社，2007。

党银平：《唐与新罗文化关系研究》，中华书局，2007。

董延寿、赵振华：《洛阳、鲁山、西安出土的唐代百济人墓志探索》，《东北史地》2007 年第 2 期。

范恩实：《夫余兴亡史》，社会科学文献出版社，2013。

费孝通主编《中华民族多元一体格局》，中央民族大学出版社，1999。

冯鸿志：《朝鲜古代中世纪史研究》，《中国世界历史学 30 年（1978～2008）》，中国社会科学出版社，2008。

冯立君：《百济与北族关系问题》，复旦大学《韩国研究论丛》2016 年第 2 期。

冯立君：《韩国与中国近 30 年百济史研究述要》，《朝鲜·韩国历史研究》第 15 辑，延边大学出版社，2014。

冯立君：《书评：金铎敏、河元洙主编〈天圣令译注〉》，荣新江主编《唐研究》第 21 卷，北京大学出版社，2015。

冯立君：《唐朝与新罗、日本的对外贸易机构比较》，李宗勋主编《东北亚历史与文化》第 4 辑，九州出版社，2010。

傅乐成：《汉唐史论集》，联经出版事业公司，1977。

盖莉萍：《五十年来俄罗斯学界的渤海史研究》，《黑龙江社会科学》2006 年第 6 期。

甘怀真：《皇权、礼仪与经典诠释：中国古代政治史研究》，华东师范大学出版社，2008。

甘怀真编《东亚历史上的天下与中国概念》，台大出版中心，2007。

高句丽研究财团编《韩国高句丽史研究论文集》，延边大学译，2006。

高明士：《从天下秩序看古代的中韩关系》，韩国研究学会编《中韩关系史论文集》，台湾商务印书馆，1983。

高明士：《东亚古代的政治与教育》，台大出版中心，2004。

高明士：《东亚教育圈形成史论》，上海古籍出版社，2003。

高明士：《隋唐天下秩序与羁縻府州制度》，（台北）《中华民国史专题论文集》第5辑，"国史馆"，2000。

高明士：《唐代东亚教育圈的形成》，台北"国立编译馆"，1984。

高明士：《天下秩序与文化圈的探索》，上海古籍出版社，2008。

高明士主编《天圣令译注》，元照，2017。

葛继勇：《从遣唐使研究到赴日唐人研究》，《郑州大学学报》2008年第9期。

葛兆光：《宋代"中国"意识的凸显——关于近世民族主义思想的一个远源》，《文史哲》2004年第1期。

葛兆光：《想象异域》，中华书局，2014。

葛兆光：《宅兹中国》，中华书局，2011。

耿铁华：《高句丽史研究史》，吉林大学出版社，2012。

耿铁华：《好太王碑新考》，吉林人民出版社，1994。

耿铁华：《好太王碑一千五百八十年祭》，中国社会科学出版社，2003。

耿铁华：《中国高句丽史》，吉林人民出版社，2002。

古怡青：《从〈天圣·厩牧令〉看唐宋监牧制度中畜牧业经

营管理的变迁》，《新史料·新观点·新视角——天圣令论集》（上、册），元照出版有限公司，2011。

韩国磬：《南北朝隋唐与新罗百济的往来》，《历史研究》1994 年第 2 期。

韩昇：《"魏伐百济"与南北朝时期东亚国际关系》，《历史研究》1995 年第 3 期。

韩昇：《白江之战前唐朝与新罗、日本的关系的演变》，《中国史研究》2005 年第 1 期。

韩昇：《百济与南朝的文化交流及其在东亚的意义》，石源华主编《东亚汉文化圈与中国关系》，中国社会科学出版社，2008。

韩昇：《东亚世界形成史论》，复旦大学出版社，2009。

韩昇：《海东集：东亚古代史实考论》，上海人民出版社，2009。

韩昇：《南北朝与百济政治、文化关系的演变》，《百济研究》26，1996。

韩昇：《日本古代的大陆移民》，文津出版社，1995。

韩昇：《唐朝对百济的战争：背景与性质》，《百济文化》32，2003。

韩昇：《唐平百济前后的东亚国际形势》，《唐研究》第 1 卷，北京大学出版社，1995。

韩树英、罗哲文主编《唐鸿胪井碑》，人民出版社，2010。

韩雪松：《北魏外交制度研究》，博士学位论文，吉林大学，2009。

韩亚男、苗威：《渤海西京鸭绿府考》，《中国边疆史地研究》2015 年第 1 期。

黑龙江省文物考古研究所：《渤海上京城》，文物出版社，2009。

黑龙江省文物考古研究所：《海曲华风：渤海上京城文物精华》，文物出版社，2010。

黑龙江省文物考古研究所：《宁安虹鳟鱼场：1992～1995 年度渤海墓地发掘报告》，文物出版社，2009。

黄宽重：《外交关系与社会变迁：百济对中国文化的受容的初步观察》，《百济研究》26，1996。

黄永年：《唐代河北藩镇与奚契丹》，《中国古代史论丛》1982 年第 2 辑。

黄永年：《唐史史料学》，上海书店出版社，2002。

黄约瑟：《"大唐商人"李延孝与九世纪中日关系》，《历史研究》1993 年第 4 期。

黄约瑟：《黄约瑟隋唐史论集》，中华书局，1997。

黄约瑟：《略论古代中韩日关系研究》，《古代中韩日关系研究》，香港大学亚洲研究中心，1987。

黄正建：《〈天圣令〉读书班——〈天圣令〉研究的基础建设》，新史料、新方法与唐史研究新趋势学术论坛，首都师范大学，2014 年 5 月 31 日。

黄枝连：《天朝礼治体系研究》（全三卷），中国人民大学出版社，1992～1995。

吉林省考古研究所、集安市博物馆编著《国内城：2000～2003 年集安国内城与民主遗址试掘报告》，文物出版社，2004。

吉林省考古研究所、集安市博物馆编著《丸都山城：2001～2004 年集安丸都山城调查试掘报告》，文物出版社，2004。

吉林省文物考古研究所、延边朝鲜族自治州文物管理委员会办公室：《吉林和龙市龙海渤海王室墓葬发掘简报》，《考古》2009 年第 6 期，第 38 页。

吉林省文物考古研究所编著《吉林集安高句丽墓葬报告集》，科学出版社，2009。

吉林省文物考古研究所编著《集安高句丽王陵：1990～2003

年集安高句丽王陵调查报告》，文物出版社，2004。

吉林省文物考古研究所等编著《八连城：2004～2009年度渤海国东京故址田野考古报告》，文物出版社，2007。

吉林省文物考古研究所等编著《六顶山渤海墓葬：2004～2009年清理发掘报告》，文物出版社，2012。

吉林省文物考古研究所等编著《西古城：2000～2005年度渤海国中京显德府故址田野考古报告》，文物出版社，2007。

纪宗安、姜清波：《论武则天与原高丽王室和权臣泉氏家族》，《陕西师范大学学报》（哲学社会科学版）2004年第6期。

姜孟山：《朝鲜通史》（第一卷），延边大学出版社，1995。

姜孟山：《熊津时期百济与中国关系》，《百济文化》26，1997。

姜孟山、刘子敏主编《中国正史中的朝鲜史料》第一卷，延边大学出版社，1996。

姜清波：《入唐三韩人研究》，暨南大学出版社，2010。

姜清波：《试论唐代的押新罗、渤海两蕃使》，《暨南大学学报》2005年第1期。

姜维东：《唐丽战争史》，吉林文史出版社，2001。

姜维东等：《正史高句丽传校注》，吉林人民出版社，2006。

蒋秀松、王兆兰：《关于奴儿干都司的问题》，《民族研究》1990年第6期。

金成镐：《中国朝鲜史研究会简史》，《朝鲜·韩国历史研究》第10辑，延边大学出版社，2009。

金锦子：《论百济与北魏的关系——以百济的上表文为中心》，《东疆学刊》2006年第4期。

金锦子：《五世纪中后期的东亚局势和高句丽、百济的外交竞争》，李宗勋主编《中朝韩日关系史研究论丛》第3辑，延边大学出版社，2006。

金锦子：《五至七世纪中叶朝鲜半岛三国纷争与东北亚政局》，香港亚洲出版社，2011。

金强一：《边缘文化：一种多元文化融合的文化资源》，《东疆学刊》2009 年第 4 期。

金荣官：《高句丽遗民高提昔墓志铭研究》，《碑林集刊》第 19 辑，2013。

金文京：《东亚汉文训读起源与佛经汉译之关系——兼谈其相关语言观及世界观》，《日语学习与研究》2012 年第 2 期。

金宪淑：《"百济略有辽西"记事初探》，《延边大学学报》2000 年第 3 期。

金毓黻：《东北通史》，五十年代出版社，1943。

金毓黻等：《渤海国志长编（外九种）》，黑龙江人民出版社，1995。

蓝田：《一个无专著的教授的学术观——访姚大力》，《中华读书报》2012 年 4 月 25 日。

黎虎：《汉唐外交制度史》，兰州大学出版社，1998。

黎虎：《唐代的市舶使与市舶管理》，《历史研究》1998 年第 3 期。

黎虎：《唐代的押蕃使》，《文史》2002 年第 2 期。

黎虎：《唐代缘边政府的涉外行政事务管理权能》，《社会科学战线》1999 年第 1 期。

李斌城：《探索唐代文化丰富内涵的创新尝试》，《中国社会科学院院报》2006 年 8 月 17 日，第 4 版。

李大龙：《〈三国史记·高句丽本纪〉研究》，黑龙江教育出版社，2013。

李大龙：《从高句骊县到安东都护府》，《民族研究》1998 年第 4 期。

李大龙：《汉唐藩属体制研究》，中国社会科学出版社，2006。

李得春：《韩国学与中国的韩国学》，《东疆学刊》2006 年第6 期。

李德山：《6—9 世纪东北边疆民族与中央王朝关系史研究》，博士学位论文，东北师范大学，2006。

李国强、李宗勋：《高句丽史新研究》，延边大学出版社，2006。

李汉祥：《新罗坟墓中西域系文物的现况与解析》，《韩国古代史研究》（45），2007。

李鸿宾：《北方边地在唐朝的战略地位及其变化》，刘庆主编《孙子兵法论丛》第 1 辑，解放军出版社，2010。

李鸿宾：《从全球史语境看唐史研究新范式出现的可能性》，《陕西师范大学学报》2018 年第 3 期。

李鸿宾：《交叉区民众心态之研讨——以唐朝长城区域为例》，邢广程主编《中国边疆学》第二辑，社会科学文献出版社，2014。

李鸿宾：《隋朝帝国的创立与东亚关系的整合》，石源华等编《东亚汉文化圈与中国关系》，中国社会科学出版社，2005。

李鸿宾：《隋唐五代诸问题研究》，中央民族大学出版社，2006。

李鸿宾：《唐朝北部疆域的变迁——兼论疆域问题的本质与属性》，《中国边疆史地研究》2014 年第 2 期。

李鸿宾：《唐朝的北方边地与民族》，宁夏人民出版社，2011。

李鸿宾：《唐朝前期的南北兼跨及其限域》，《中国边疆史地研究》2016 年第 2 期。

李鸿宾：《唐朝朔方军研究》，吉林人民出版社，2000。

李鸿宾：《唐朝中央集权与民族关系——以北方区域为线索》，民族出版社，2003。

李鸿宾：《移民：事项背后的隐喻——苗威著〈高句丽移民

研究〉书后》,《中国边疆史地研究》2013 年第 2 期。

李鸿宾:《中华正朔与内亚边疆——兼论唐朝北部长城地带的意涵》,《学术月刊》2017 年第 2 期。

李鸿宾:《逐鹿中原:东北诸族南向之拓展》,《中国社会科学报》2015 年 1 月 28 日。

李健才:《东北史地考略》,吉林文史出版社,1986。

李健才:《东北史地考略》续集,吉林文史出版社,1995。

李健才:《明代东北》,辽宁人民出版社,1986。

李锦绣:《"以数纪为名"与"以土地为名"》,黄正建主编《隋唐辽宋金元史论丛》,第 1 辑,紫禁城出版社,2011。

李锦绣:《唐代制度史略论稿》,中国政法大学出版社,1998。

李文澜:《"两蕃使"与"押某某两蕃使"》,《〈全唐文〉职官丛考》,武汉大学出版社,1997。

李渊、李大龙:《唐安东都护府的几个问题》,《黑龙江民族丛刊》2002 年第 9 期。

李治安:《两个南北朝与中古以来的历史发展线索》,《文史哲》2009 年第 6 期。

李治亭:《东北通史》,中州古籍出版社,2003。

李忠辉、肖霞:《中国韩国学研究的现状、特征与趋势——基于 1998~2010 年 CSSCI 数据》,《当代韩国》2012 年秋季号。

李宗勋:《百济族源与丽济交融过程之考察》,《朴文一教授80 周年寿辰纪念史学论集》,香港亚洲出版社,2012。

李宗勋:《渤海文化の二重性特征》,鈴木靖民編《古代日本の異文化交流》,勉誠出版,2008。

李宗勋:《韩国社会的高句丽意识与我们的研究方法》,参见李国强、李宗勋主编《高句丽史新研究》,延边大学出版社,2006。

李宗勋:《近二十年来中外学界对古朝鲜的研究与课题》,

《延边大学学报》2016 年第 3 期。

李宗勋：《唐·新罗·日本政治制度比较研究》，延边大学出版社，1998。

李宗勋：《唐州县制与新罗和日本的地方体制》，《朝鲜学·韩国学论丛》6，延边大学出版社，1998。

李宗勋：《新罗村落民生产生活状况》，《延边大学学报》1993 年第 3 期。

李宗勋：《新罗坊考》，《朝鲜—韩国文化与中国文化》，中国社会科学出版社，1995。

李宗勋等：《东亚中韩日三国文化之交融与葛藤》，延边大学出版社，2009。

林龙飞：《东亚汉字文化圈及其形成论析》，《东南亚纵横》2006 年第 8 期。

林士民：《东亚商团杰出人物：新罗张保皋》，《再现昔日的文明：东方大港宁波考古研究》，上海三联书店，2005。

林士民：《再现昔日的文明——东方大港宁波考古研究》，上海三联书店，2005。

林天蔚、黄约瑟：《古代中韩日关系研究》，香港大学亚洲研究中心，1987。

林沄：《〈中国东北史〉（第一卷）读后》，《史学集刊》1989 年第 1 期。

刘宝全：《近三年来中国的韩国学研究》，《当代韩国》2009 年春季号。

刘凤鸣：《山东半岛与东方海上丝绸之路》，人民出版社，2007。

刘凤鸣：《驻青州的押新罗渤海两蕃使与东方海上丝绸之路的繁荣》，《鲁东大学学报》2010 年第 5 期。

刘建明：《隋代政治与对外政策》，文津出版社，1999。

刘建明：《一场求不战而胜的攻战——隋炀帝征高丽试析》，荣新江主编《唐研究》第 1 卷，北京大学出版社，1995。

刘炬：《海东大外交：公元七世纪东北亚各国关系研究》，香港亚洲出版社，2009。

刘炬、姜维东：《唐征高句丽史》，吉林人民出版社，2006。

刘俊文主编《日本学者中国史研究论著选译》（全十卷），中华书局，1992～1995。

刘统：《唐代羁縻府州研究》，西北大学出版社，1998。

刘晓东：《渤海文化研究》，黑龙江人民出版社，2006。

刘信君：《改革开放三十年中国东北地方史研究述评》，《社会科学战线》2008 年第 8 期。

刘永连：《朝鲜半岛康安诸姓群体初探》，《文史》2013 年第 2 辑。

刘永智：《百济略有辽西辨》，《学术研究丛刊》1983 年第 4 期。

刘永智：《中朝关系史研究》，中州古籍出版社，1994。

刘子敏：《百济起源与夫余、高句丽无关》，《朝鲜·韩国历史研究》第 12 辑，延边大学出版社，2012。

刘子敏：《驳〈"百济略有辽西"记事初探〉》，《延边大学学报》2001 年第 1 期。

刘子敏：《高句丽疆域沿革考辨》，《社会科学战线》2001 年第 4 期。

刘子敏：《高句丽历史研究》，延边大学出版社，1996。

刘子敏、苗威：《中国正史〈高句丽传〉详注及研究》，香港亚洲出版社，2006。

楼正豪：《新见唐高句丽遗民高车墓志铭考释》，《唐史论丛》第 18 辑，陕西师范大学出版社，2014。

吕博：《唐代露布的两期形态及其行政、礼仪运作》，《魏晋南北朝隋唐史资料》第 28 辑，2012。

罗冬阳：《4～6 世纪百济与大陆各国的往来》，《马韩·百济文化》16，2004。

罗丰：《固原南郊隋唐墓》，文物出版社，1996。

罗新：《好太王碑与高句丽王号》，《中华文史论丛》2013 年第 3 期。

罗新：《中古北族名号研究》，北京大学出版社，2009。

罗振玉释文、金毓黻释文，《韩国古代金石文资料集》（高句丽·百济·乐浪篇），国史编纂委员会，1995。

马长寿：《乌桓与鲜卑》，上海人民出版社，1962。

马驰：《〈旧唐书·黑齿常之传〉补阙与考辨》，《百济的中央与地方》，忠南大学百济研究所，1997。

马国荣：《唐鸿胪寺述论》，《西域研究》1999 年第 2 期。

马俊民、王世平：《唐代马政》，西北大学出版社，1995。

马一虹：《俄罗斯的靺鞨、渤海史研究》，《中国史研究动态》2006 年第 7 期。

马一虹：《靺鞨、渤海与周边国家、部族关系史研究》，中国社会科学出版社，2011。

马一虹：《书评：拜根兴〈七世纪中叶唐与新罗关系研究〉》，《中国学术》2005 年第 1 辑（总 21 辑）。

蒙曼：《唐朝军事系统中的朝鲜半岛徙民》，《中央民族大学学报》2007 年第 2 期。

苗威：《百济前期疆域述考》，《朝鲜·韩国历史研究》第 14 辑，延边大学出版社，2013。

苗威：《百济前期历史与地理述考》，《韩国研究论丛》第 26 辑，社会科学文献出版社，2013。

苗威：《朝鲜县初置及变迁考》，《北方文物》2005 年第 4 期。

苗威：《高句丽"平壤城"考》，《中国历史地理论丛》2011 年第 2 期。

苗威：《高句丽移民研究》，吉林大学出版社，2011。

苗威：《古朝鲜研究》，香港亚洲出版社，2006。

苗威：《乐浪研究》，高等教育出版社，2016。

乜小红：《唐五代畜牧经济研究》，中华书局，2006。

牟发松：《汉唐间的中日关系与东亚世界》，《史林》2004 年第 6 期，第 63 页。

宁志新：《隋唐使职制度研究》（农牧工商编），中华书局，2005。

宁志新：《唐朝使职的若干问题研究》，《历史研究》1999 年第 2 期。

牛来颖：《天一阁藏〈天圣令〉刊布以来研究热点与空间拓展》，《中国史研究动态》2014 年第 5 期。

朴灿奎：《〈三国志·高句丽传〉研究》，吉林人民出版社，2000。

朴东勋：《中国的韩国政治研究现状述评》，《当代韩国》2013 年夏季号。

朴文一、金龟春：《中国古代文化对朝鲜、日本的影响》，黑龙江朝鲜民族出版社，2000。

朴真奭：《高句丽好太王碑研究》，延边大学出版社，1999。

朴真奭：《高句丽历史诸问题研究》，景仁文化社，2011。

朴真奭：《好太王碑拓本研究》，黑龙江朝鲜民族出版社，2001。

朴真奭：《好太王碑与古代朝日关系研究》，延边大学出版社，1993。

朴真奭：《中朝经济文化交流史研究》，辽宁人民出版社，1984。

朴真奭、姜孟山、朴文一等：《朝鲜简史》，延边大学出版社，1998。

齐东方：《百济武宁王墓与南朝梁墓》，武宁王陵发掘 30 周年纪念国际学术大会，2001。

乔凤岐：《隋唐皇朝东征高丽研究》，中国社会出版社，2010。

权赫秀：《东亚世界的裂变与近代化》，中国社会科学出版社，2013。

权赫秀：《中国的朝鲜史研究与教学：历史的回顾与基于现实的展望》，《朝鲜·韩国历史研究》第 13 辑，延边大学出版社，2013。

权赫秀：《最近三十年来国内学界的中韩关系史研究综述》，《过去的经验与未来的可能走向：中国近代史研究三十年（1979～2009）》，社会科学文献出版社，2010。

全春元：《早期东北亚文化圈中的朝鲜》，延边大学出版社，1995。

荣新江：《从〈井真成墓志〉看唐朝对日本遣唐使的礼遇》，《西北大学学报》2005 年第 4 期。

荣新江：《丝绸之路与东西文化交流》，北京大学出版社，2015。

荣新江：《唐与新罗文化交往史证——以〈海州大云寺禅院碑〉为中心》，《韩国研究》第 3 辑，杭州出版社，1996。

荣新江：《中古中国与粟特文明》，生活·读书·新知三联书店，2014。

荣新江：《中古中国与外来文明》，生活·读书·新知三联书店，2001。

邵磊：《韩国百济武宁王陵出土墓志略论》，《苏州文博论丛》，2010。

石源华：《中国韩国学研究的回顾与展望》，《当代韩国》2002

年春季号。

石源华：《中韩建交二十年来中国韩国学现状及发展》，《当代韩国》2012年秋季号。

史念海主编《中国通史》，上海人民出版社，2015。

史未央：《高句丽与百济、新罗的争霸》，《东北史地》2005年第3期。

宋成有：《百济与中国文化交流的特点及其影响》，北京大学《韩国学论文集》16，2011。

宋成有：《韩国史研究综述》，《世界历史》1999年第2期。

宋成有《东北亚史研究导论》，世界知识出版社，2011。

孙泓：《从考古资料看西域文化在新罗的传播》，《朝鲜·韩国历史研究》第10辑，延边大学出版社，2009。

孙继民：《唐代行军制度研究》，文津出版社，1995。

孙进己、孙海主编《高句丽渤海研究集成》，哈尔滨出版社，1994。

孙仁杰：《从泉氏墓志墓地看高句丽的回葬》，《东北史地》2005年第4期。

孙炜冉：《唐代百济蕃将沙吒相如考疑》，《通化师院学报》2012年第7期。

孙炜冉、苗威：《粟特人在渤海国的政治影响力探析》，《中国边疆史地研究》2014年第3期。

孙秀仁：《新中国时期渤海考古学的进展》，《黑龙江文物丛刊》1982年第2期。

孙玉良编《渤海史料全编》，吉林文史出版社，1992。

谭其骧：《中国历史地图集释文汇编·东北卷》，中央民族学院出版社，1988。

唐长孺：《唐书兵志笺正》，科学出版社，1957。

唐启淮：《唐代都护府述略》，《西南师范大学学报》1982 年第 4 期。

天一阁博物馆、中国社会科学院历史研究所天圣令整理课题组：《天一阁藏明钞本天圣令校证（附唐令复原研究)》，中华书局，2006。

佟冬主编《中国东北史》（第一卷），吉林文史出版社，1998。

王承礼：《记唐代渤海国咸和十一年中台省致日本太政官牒》，《北方文物》1988 第 3 期。

王承礼：《中国东北的渤海国与东北亚》，吉林文史出版社，2000。

王怀中：《唐代安东都护府考略》，《禹贡》第 6 卷第 3－4 期合刊，1936。

王健群：《好太王碑研究》，吉林人民出版社，1984。

王俊、邵磊：《百济武宁王墓志与六朝墓志的比较研究》，《南方文物》2008 年第 8 期。

王力等：《古汉语常用字字典》，商务印书馆，2005。

王连龙：《百济人〈祢军墓志〉考论》，《社会科学战线》2011 年第 7 期。

王绵厚：《高句丽古城研究》，文物出版社，2002。

王绵厚、李建才：《东北古代交通》，沈阳出版社，1990。

王培新：《乐浪文化——以墓葬为中心的考古学研究》，科学出版社，2007。

王仁波：《从考古发现看唐代中日文化交流》，《考古与文物》1984 年第 3 期。

王仁波：《古代中日经济文化交流的门户——大宰府》，《海交史研究》4，1982。

王赛时：《唐代的淄青镇》，《东岳论丛》1994 年第 2 期。

王巍：《东亚地区古代铁器及冶铁术的传播与交流》，中国社会科学出版社，1999。

王维坤：《唐章怀太子墓壁画"客使图"辨析》，《考古》1996 年第 1 期。

王小甫：《"黑貂之路"质疑——古代东北亚与世界文化联系之我见》，《历史研究》2001 年第 3 期。

王小甫：《唐朝与新罗关系史论——统一新罗在东亚世界中的地位》，荣新江主编《唐研究》第 6 卷，北京大学出版社，2000。

王小甫：《新罗北界与唐朝辽东》，《史学集刊》2005 年第 3 期。

王小甫：《中国中古的族群凝聚》，中华书局，2012。

王小甫：《中韩关系视野下的〈三国史记〉撰作》，《韩国学论文集》第 16 辑，辽宁民族出版社，2007。

王小甫等：《中韩关系史·古代卷》（增订版），社会科学文献出版社，2014。

王小甫主编《盛唐时代与东北亚政局》，上海辞书出版社，2003。

王晓秋、大庭修等主编《中日文化交流史大系》，浙江人民出版社，1996。

王义康：《唐朝的化外与化内》，《历史研究》2014 年第 5 期。

王禹浪：《东亚视野中的东北史地研究》，社会科学文献出版社，2015。

王禹浪：《我国十种东北通史研究评述》（上、下），《满族研究》2014 年第 2、4 期。

王禹浪、王宏北编著《高句丽渤海古城址研究汇编》，哈尔滨出版社，1994。

王臻：《高句丽同新罗百济的战和关系》，《东北史地》2005

年第 1 期。

王志刚：《考古学实证下的二十四块石》，吉林大学边疆考古研究中心：《边疆考古研究》总第 8 辑，2009。

王志刚、丁极枭、郭建刚：《二十四块石的发现与研究》，《东北史地》2010 年第 3 期。

王志高：《百济武宁王陵形制结构的考察》，《东亚考古论坛》1，2005。

王志高：《韩国公州宋山里 6 号坟几个问题的探讨》，《东南文化》2008 年第 7 期。

王志高：《六朝墓葬出土玻璃容器漫谈——兼论朝鲜半岛三国时代玻璃容器的来源》，《南京博物院集刊》第 12 辑，文物出版社，2011。

王仲殊：《东晋南北朝时代中国与海东诸国的关系》，《考古》1989 年第 11 期。

王仲殊：《中日两国考古学·古代史论文集》，科学出版社，2005。

魏存成：《渤海都城的布局发展及其与隋唐长安城的关系》，《边疆考古研究》总第 2 辑，科学出版社，2003。

魏存成：《渤海考古》，文物出版社，2008。

魏存成：《渤海政权的对外交通及其遗迹发现》，《中国边疆史地研究》2007 年第 1 期。

魏存成：《高句丽渤海考古论集》，科学出版社，2015。

魏存成：《高句丽考古》，吉林大学出版社，1994。

魏存成：《高句丽遗迹》，文物出版社，2002。

魏国忠：《渤海国史》，中国社会科学出版社，2006。

文物编辑委员会：《文物考古工作三十年 1949—1979》，文物出版社，1979。

吴慧主编《中国商业通史》（第二卷），中国财政经济出版社，2006。

吴玲：《九世纪唐日贸易中的东亚商人群》，《西北工业大学学报》2004 年第 9 期。

吴玲：《试论唐日贸易的形式》，《中日文化论丛》，北京图书馆出版社，2001。

吴廷璆：《日本史》，南开大学出版社，1994。

吴廷燮：《唐方镇年表》，中华书局，1980。

吴晓萍：《宋代外交制度研究》，安徽人民出版社，2006。

吴玉贵：《唐书辑校》，中华书局，2009。

吴玉贵：《突厥第二汗国汉文史料编年辑考》，中华书局，2009。

武伯纶：《西安历史述略》，陕西人民出版社，1979。

夏秀瑞、孙玉琴编著《中国对外贸易史》（第一册），对外经济贸易大学出版社，2001。

辛时代：《唐代安东都护府研究》，博士学位论文，东北师范大学，2013。

熊义民：《公元四至七世纪东北亚政治关系研究》，博士学位论文，暨南大学，2003。

许倬云：《大国霸业的兴废》，浙江人民出版社，2016。

玄花：《金丽外交制度初探》，硕士学位论文，吉林大学，2007。

薛虹等：《中国东北通史》，吉林文史出版社，1991。

延边大学历史系合著《中朝日关系史》（朝鲜文），延边大学出版社，1995。

严耕望：《唐史研究丛稿》，香港新亚研究所，1969。

杨泓：《吴、东晋、南朝的文化及其对海东的影响》，《考古》1984 年第 6 期。

杨瑾：《唐章怀太子李贤墓〈客使图〉戴鸟羽冠使者之渊

源》，《中国国家博物馆馆刊》2018 年第 7 期。

杨军：《渤海国民族构成与分布研究》，吉林人民出版社，2007。

杨军：《朝鲜半岛的古史分期》，《黑龙江社会科学》2015 年第 2 期。

杨军：《从扶余南下看百济国族源》，《北方民族》2001 年第 2 期。

杨军：《夫余史研究》，兰州大学出版社，2011。

杨军：《高句丽民族与国家的形成和演变》，中国社会科学出版社，2006。

杨军、王秋彬：《中国与朝鲜半岛关系史论》，社会科学文献出版社，2006。

杨军、杨乃和：《东亚史》，长春出版社，2006。

杨念群：《"在地化"研究的得失与中国社会史发展的前景》，《天津社会科学》2007 年第 1 期。

杨森：《敦煌壁画中的高句丽、新罗、百济人形象》，《社会科学战线》2011 年第 2 期。

杨通方：《汉唐时期中国与百济的关系》，《中韩古代关系史论》，中国社会科学出版社，1996。

杨通方：《中韩古代关系史论》，中国社会科学出版社，1996。

杨旸、傅朗云等：《明代奴儿干都司及其卫所研究》，中州书画社，1982。

杨昭全：《中国朝鲜古代史研究概述》，《韩国研究论丛》第 4 辑，上海人民出版社，1998。

杨昭全、何彤梅：《中国—朝鲜·韩国关系史》，天津人民出版社，2001。

姚嶂剑：《遣唐使》，陕西人民出版社，1984。

尹铉哲：《渤海国交通运输史研究》，华龄出版社，2006。

尹铉哲：《高句丽渤海国史研究文献目录》，延边大学出版社，2016。

尹允镇、刘志峰：《新罗汉诗中的中国文化要素》，硕士学位论文，吉林大学，2007。

余又荪：《隋唐五代中日关系史》，台湾商务印书馆，1964。

云翔：《唐章怀太子墓壁画客使图中"日本使节"质疑》，《考古》1984 年第 12 期。

张碧波：《渤海国与中亚粟特文明考述》，《黑龙江民族丛刊》2006 年第 5 期。

张伯伟：《域外汉籍研究丛书·总序》，《中华读书报》2007 年 7 月 11 日。

张博泉：《东北地方史稿》，吉林大学出版社，1985。

张博泉主编《东北历史名人传》（古代卷），吉林文史出版社，1986。

张达宏、王长启：《西安市文管会收藏的几件珍贵文物》，《考古与文物》1984 年第 4 期。

张广达：《唐代的中外文化汇聚和晚清的中西文化冲突》，《中国社会科学》1986 年第 3 期。

张国刚：《唐代藩镇研究》，湖南教育出版社，1987。

张全民：《新出唐百济移民祢氏家族墓志考略》，《唐史论丛》第 14 辑，陕西师范大学出版社，2012。

张声振：《中日关系史》（第一卷），吉林文史出版社，1986。

张士尊：《奴儿干都司职能分析》，《辽宁大学学报》2003 年第 9 期。

张泽咸：《唐代工商业》，中国社会科学出版社，1995。

章群：《唐代蕃将研究》，联经出版事业公司，1986。

赵晶：《〈天圣令〉与唐宋法典研究》，《中国古代法律文献研究》第 5 辑，社会科学文献出版社，2011。

赵晶：《仓夫令狐良嗣牒补说：兼论〈仓库令〉宋 1 的唐令复原问题》，《中国史研究》第 90 辑，2014。

赵俊杰：《再论百济武宁王陵形制与构造的若干问题》，《边疆考古研究》第 7 辑，2008。

赵智滨：《安东都护府初建时行政建置考略》，《东北史地》2014 年第 1 期。

赵智滨：《关于唐代熊津都督府的几个问题》，《东北史地》2010 年第 11 期。

赵智滨：《唐朝在百济故地初设行政建置考略》，《中国历史地理论丛》2012 年第 1 期。

赵智滨：《熊津都督府陷落始末——兼论唐罗战争的爆发》，《中国边疆史地研究》2010 年第 6 期。

郑成宏：《当代中国的韩国学研究现状与趋势》，《中国社会科学院研究生院学报》2003 年第 1 期。

郑春颖：《高句丽"折风"考》，《考古与文物》2014 年第 4 期。

郑春颖：《高句丽服饰研究》，中国社会科学出版社，2015。

郑春颖：《唐章怀太子墓"客使图"第二人身份再辨析》，《历史教学》2012 年第 2 期。

郑毅：《唐安东都护府迁治探佚》，《社会科学辑刊》2008 年第 6 期。

郑永振：《富居里一带的渤海遗迹》，香港亚洲出版社，2011。

郑永振：《高句丽、渤海、靺鞨墓葬比较研究》，延边大学出版社，2003。

郑永振、李东辉、尹铉哲：《渤海史论》，吉林文史出版社，2011。

郑永振、严长录:《渤海墓葬研究》,吉林人民出版社,2000。

中国商业史学会编《货殖:商业与市场研究》第一辑,中国财政经济出版社,1995。

中国社会科学院考古研究所编《六顶山与渤海镇:唐代渤海国的贵族墓地与都城遗址》,中国大百科全书出版社,1997。

中国唐史学会、南京师范大学社会发展学院编《唐代江南社会国际学术研讨会暨中国唐史学会第十一届年会第二次会议论文集》,江苏人民出版社,2015。

中日韩三国共同历史编纂委员会:《超越国境的东亚近现代史》,社会科学文献出版社,2013。

中日韩三国共同历史编纂委员会:《东亚三国的近现代史》,社会科学文献出版社,2005。

钟焓:《一位阿尔泰学家论内亚史》,《中国边疆民族研究》第四辑,中央民族大学出版社,2011。

钟焓:《重释内亚史:以方法论的检视为中心》,社会科学文献出版社,2017。

周绍良主编《唐代墓志汇编》,上海古籍出版社,1992。

周绍良主编《唐代墓志汇编续集》,上海古籍出版社,2001。

周一良:《百济与南朝关系的几点考察》,《魏晋南北朝史论集》,北京大学出版社,1997。

周有光:《汉字文化圈的文字演变》,《民族语文》1989年第1期。

周有光:《周有光文集》第4卷《世界文字发展史》,中央编译出版社,2013。

周裕兴:《百济文化与南朝文化:以武宁王陵为中心》,《百济文化》40,2009。

周裕兴:《百济与六朝文化交流研究的断想》,《南京历史文化新探》，南京出版社，2006。

周裕兴：《从海上交通看中国与百济的关系》，《百济文化》38，2008。

周裕兴：《东晋高崧家族墓与韩国百济武宁王陵比较研究》，《百济文化》46，2012。

周裕兴：《武宁王陵出土文物探析之三：以炭木兽形佩饰及棺木为例》，《东亚考古论坛》3，2007。

周裕兴：《武宁王陵出土文物探析之二：以三枚铜镜为例》，韩国《百济文化海外调查报告书V》，书景文化社，2006。

周裕兴：《武宁王陵出土文物探析之一：以"琉璃童子像"为例》，《东亚考古论坛》2，忠清文化财研究院，2006。

周裕兴、丁利民：《中国的百济史研究》，《蒋赞初先生八秩华诞颂寿纪念文集》，学苑出版社，2009。

周振鹤：《西汉政区地理》，人民出版社，1987。

周振鹤：《中国历史上两种基本政治地理格局的分析》，《历史地理》第20辑，上海人民出版社，2004。

朱庆之：《佛典与中古汉语词汇研究》，文津出版社，1996。

朱云影：《中国文化对日韩越的影响》，广西师范大学出版社，2007。

竺小恩、葛晓弘：《中国与东北亚服饰文化交流研究》，浙江大学出版社，2015。

祝立业：《试析大对卢产生及其终结》，《社会科学战线》2001年第4期。

索 引

作者学术档案

一　略历

冯立君，1984 年出生于吉林延边。

2003～2010 年，在延边大学学习朝鲜语言与历史。

2014～2017 年，在中央民族大学攻读历史学博士学位。

2011～2017 年，在中国社会科学院社会科学文献出版社担任编辑，"甲骨文"图书品牌创始人之一。

2017 年至今，执教于陕西师范大学历史文化学院，硕士生导师。

主持国家社会科学基金课题、国家民委课题、中央高校课题等多项。

主编《中国与域外》集刊，兼任中国朝鲜史研究会理事等职。

二　主要论著

（一）论文与书评

《东亚抑或东部欧亚——隋唐东亚关系史的理论、范式与成果》，《江海学刊》2019 年第 2 期。

《长安之东：唐代丝绸之路的延伸》，《唐都学刊》2019 年第
3 期。

《东晋十六国时期高句丽的越境外交》，《史林》2019 年第
2 期。

《中国学界百济史近年研究及其反思》，《当代韩国》2019 年
第 1 期。

《高句丽泉氏与唐朝政治关系》，《社会科学战线》2018 年第
8 期。

《百济与中古中国政治关系新探》，《中国中古史集刊》第 5
辑，2018。

《隋唐辽东之役延续性问题》，周伟洲主编《西北民族论丛》
第 17 辑，2018。

《대방군왕 작호에 대한 고찰: 중국과 백제의 관계로 부터》，
《백제학보》19，2017。

《渤海与新罗关系的多面性》，周伟洲主编《西北民族论丛》
第 14 辑，2016。

《百济与北族关系问题》，复旦大学《韩国研究论丛》第 32
辑，2016。

《唐代朝鲜郡王考》，（韩国）《中国古中世史研究》第 42
辑，2016。

《高句丽与柔然的交通与联系——以大统十二年阳原王遣使
之记载为中心》，《社会科学战线》2016 年第 8 期。

《唐朝陇右监牧设置考——以〈天圣令·医疾令〉唐 15 条
"其陇右监牧"句为中心》，（韩国）《中国学报》第 75 辑，2016。

《从国王到囚徒——论高句丽王高藏"政不由己"及其入唐
轨迹》，《暨南史学》第 11 辑，广西师范大学出版社，2015。

《高句丽"西进"辽东问题再探讨》，《东北史地》2015 年第

3 期。

《韩国学的"古代对外关系史"视角》，《当代韩国》2015 年春季号。

《试论南北朝时期高句丽黄海交通活动影响》，《延边大学学报》2015 年第 4 期。

《韩国和中国近 30 年百济史研究成果述要——以对外关系史研究为中心》，《朝鲜·韩国历史研究》第 15 辑，延边大学出版社，2014。

《唐朝与新罗、日本的对外贸易机构比较》，李宗勋主编《东北亚历史与文化》第 4 辑，九州出版社，2010。

《高句丽与慕容鲜卑对辽东地区的争夺》（合著），（韩国）《白山学报》第 83 号，2009。

《展现地中海波澜壮阔的历史画卷》（书评：〔英〕大卫·阿布拉菲亚《伟大的海：地中海人类史》），《中国社会科学报》2019 年 4 月 18 日。

《悠然邂逅大唐之国》（书评：葛承雍《大唐之国：1400 年的记忆遗产》），《光明日报》2019 年 3 月 20 日。

《如何书写武曌?》（书评：〔美〕罗汉《武曌：中国唯一的女皇帝》），《中国社会科学报》2018 年 9 月 27 日。

《朝鲜半岛与古代汉字文化的传播》（书评：戴卫红《韩国木简研究》），《中国与域外》第 3 期，2018。

《假如我们回到唐朝》（书评：〔美〕薛爱华《撒马尔罕的金桃：唐代舶来品研究》），《人民日报》2016 年 6 月 16 日。

《从中原视野到东亚视野》（书评：王禹浪《东亚视野下的东北史地研究》），《大连大学学报》2016 年第 1 期。

《书评：金铎敏、河元洙主编〈天圣令译注〉》，荣新江主编《唐研究》第 21 卷，北京大学出版社，2015。

（二）译著与编著

《武曌：中国唯一的女皇帝》（N. Harry Rothschild, *Wu Zhao: China's Only Female Emperor*, Pearson, 2007；合译，英译中），社会科学文献出版社，2018。

《东亚古代交流史译文集》（合译，日韩译中），中国社会科学出版社，2018。

《中国与域外》第 3 期（主编），社会科学文献出版社，2018 年 8 月。

《중국과 역외》제 2 권（主编），한국학술정보（주），2017 年 12 月。

《중국과 역외》제 1 권（主编），한국학술정보（주），2016 年 8 月。

跋

本书系国家社会科学基金专项基金项目"东北亚视野下的高句丽、渤海史研究"（项目号：17VGB006）成果之一，荣获陕西师范大学2018年度优秀学术著作出版基金资助。中国社会科学院中国边疆研究所范恩实先生、陕西师范大学社会科学处和历史文化学院的领导给予慷慨惠助；中国社会科学院社会科学文献出版社毅然将之列入出版计划，其间杨群总编辑、郑庆寰副编审襄助尤多；拜根兴先生暑中拨冗赐序；康马泰（Matteo Compareti）、李思飞、拜根兴、杨瑾、张全民、耿铁华、范恩实、王飞峰、王连龙、孙昊、김현숙、정경일等学界友人惠赐精美图片，为本书增添许多光彩。对于以上诸位一并致以诚挚谢意。

这部小书所收文字大多是研究生时期的作品：既有一板一眼的学位论文，也有咿呀学语的学术习作，还有故作老练的读书报告等，可以算作研习东亚史的些许心得，付梓一部如此拙稚的论集，恐怕需要相当大的勇气。在求学和工作从未完全分离的十多年时光里，我的写作绝大部分围绕着大唐、朝鲜、东亚这些话题。2018年回到北京驻留的一段闲暇，整理了这些旧稿，竟然掇为一集，为了出版规范稍做分章定名、统一格式的工作，文字和观点多一仍其旧，意在保存幼稚之旧我，勉励今日之新我。

　　至今难忘在京都和奈良的那个夏天，满眼的唐风古迹，让人始终挥之不去的是对唐朝的怀想，而在东京街头一位警察写下寥寥数个汉字就指引我快速找到去神保町的地铁站，又让我捕捉到"东亚汉字文化圈"的触感。独自远离人群，在唐招提寺，在东大寺，竭力追寻历史的踪迹，唐朝与东亚蓦然邂逅。如果说在美丽的延边，那些孜孜不倦地修习朝鲜语言和历史的时光里，心中早已播下了一粒唐朝和一粒东亚的种子，而在匆匆初见的长安，唐朝的无可捉摸又一度让它们长久地深埋雪藏，那么在幽静的日本，短暂的访古却使得它们迅速地萌芽、拔节了。历史的现场似乎具有一种魔力。然而令人费解的是，整理这一切散乱思想的时刻却总是发生在喧闹的北京：当耐心聆听了我对这部书稿的诸多不满意甚至打算推迟出版的想法之后，郑庆寰兄提出一系列修订意见，并提议撰写一篇总领全书的导论性文章，一拍即合，刹那间窗外元大都残垣上空的雾霾仿佛都在加速散去。目前呈现在读者面前的旧稿新集便源于此。

　　李白有一首《高句骊》诗："金花折风帽，白马小迟回，翩翩舞广袖，似鸟海东来。"描绘的是唐代高句丽人舞蹈时的飘逸之姿，十分令人神往，对照着集安和平壤那些精美的高句丽古墓壁画来观赏，就更觉优美惬意。我从小就对家乡附近的渤海国遗迹异常感兴趣，然而正如马戎先生在一次演讲中强调的，边疆的历史、少数民族的历史在人人诵习的历史教科书中并不是受到关注的主要内容。从这一角度来说，选择边缘和冷门的历史内容作为研究方向除了兴趣和热情，似乎还需要更多的情怀。诗仙的这首诗使我在边城立志研究唐代东亚史问题时起到了不可小觑的作用。我开始知道，这些古族不仅仅是海东的霸主，他们在长安的朝堂，在西域的疆场，在藩镇的节度府衙，在突厥的大帐，甚至在撒马尔罕的国际盛宴上，也都是意气风发的主角，他们的多彩经历，不也是汉唐帝国历史的一部分吗？

对于中古时代的东亚史，核心研究对象包括新罗、百济、高句丽、渤海国等，前贤学者特别是国内的学者，往往关心后者，而实际上对于唐朝而言，这四者应该打通研究，在专题研究的基础上贯通东亚，甚至超越现代地理概念限定的东亚，将视域拓展至更广阔的世界。对于所谓东亚即辽海以东地区诸政体予以多角度综合研究，显然十分必要。这里的习作虽然言不及义、肤浅者多，却是朝着这个方向的千里之行努力过程中的"跬步"。繁花满眼，只采摘了几朵。前几年有人总结1980年代出生的学者特质是沉迷学术本身的问题而不一定是家国大历史的"重大问题"。我不知道自己是否符合这样的描写，但我们与前辈贤者肯定是不同的。我倒是认为一个优秀的学者，不仅仅要撰写学术论文、书评、译文，同时也要做好学术演讲、发表通俗文章，还要尽量编辑或参与学术刊物、组织学术活动——当然，最核心的是要以坚实而有创造力的原创研究为基础，我的老师李鸿宾先生戏称之为"硬通货"。因此，我期待着在未来的几年，能陆续将积累的研史心得呈献给读者同道，讲述我们这一代历史学者的"故事新编"。

临窗几株新柳，鸟雀嬉闹奔忙。掩卷信步走在清华园里，手牵着满口稚声的儿子在大礼堂绿草坪边上的日晷前驻足，指读"行胜于言"铭文，默诵陈寅恪为王国维纪念碑所撰"独立之精神，自由之思想"之句。远望红花点缀绿树，白云铺满蓝天，此时此刻，脑海中除了浮现那部讲述人生境界的影片中"爱你所爱，行你所行，听从你心，无问西东"的话，还非常感念每一位给予我关爱的人，无疑这是一份长长的名单，在我的心中深深铭记，怀着无限的感恩之情。

2018年夏写于北京

图书在版编目（CIP）数据

唐朝与东亚／冯立君著. -- 北京：社会科学文献
出版社，2019.5（2021.5）
（九色鹿. 唐宋）
ISBN 978 - 7 - 5201 - 3601 - 3

Ⅰ.①唐… Ⅱ.①冯… Ⅲ.①对外贸易 - 中外关系 -
贸易史 - 东亚 - 唐代 Ⅳ.①F752.731

中国版本图书馆 CIP 数据核字（2018）第 223559 号

九色鹿·唐宋
唐朝与东亚

著　　者／冯立君

出　版　人／王利民
责任编辑／郑庆寰

出　　　版／社会科学文献出版社·历史学分社（010）59367256
　　　　　　地址：北京市北三环中路甲 29 号院华龙大厦　邮编：100029
　　　　　　网址：www. ssap. com. cn
发　　　行／市场营销中心（010）59367081　59367083
印　　　装／三河市东方印刷有限公司

规　　　格／开本：787mm×1092mm　1/16
　　　　　　印　张：22.75　插　页：1.5　字　数：277 千字
版　　　次／2019 年 5 月第 1 版　2021 年 5 月第 3 次印刷
书　　　号／ISBN 978 - 7 - 5201 - 3601 - 3
定　　　价／68.80 元